教育部人文社会科学研究青年基金项目"动态共同配送 运作优化研究"（17YJC630230）资助
广东省普通高校人文社科重点研究基地：珠三角产业生态
广东省社会科学研究基地：东莞理工学院质量与品牌发展研究中心（GB200101）资助

U0516246

电子商务与快递物流 协同关系、发展路径与协调优化

钟耀广◎著

COLLABORATIVE RELATIONSHIP, DEVELOPMENT PATHWAY, COORDINATION AND OPTIMIZATION OF E-COMMERCE AND EXPRESS LOGISTICS

经济管理出版社
ECONOMY & MANAGEMENT PUBLISHING HOUSE

图书在版编目（CIP）数据

电子商务与快递物流协同关系、发展路径与协调优化/钟耀广著. —北京：经济管理出版社，2020.11（2022.8 重印）
ISBN 978 – 7 – 5096 – 7609 – 7

Ⅰ. ①电… Ⅱ. ①钟… Ⅲ. ①电子商务—关系—快递—产业发展—研究—中国 Ⅳ. ①F724. 6 ②F632

中国版本图书馆 CIP 数据核字（2020）第 222859 号

组稿编辑：何　蒂
责任编辑：何　蒂
责任印制：黄章平
责任校对：王淑卿

出版发行：经济管理出版社
　　　　　（北京市海淀区北蜂窝 8 号中雅大厦 A 座 11 层　100038）
网　　　址：www. E – mp. com. cn
电　　　话：（010）51915602
印　　　刷：唐山玺诚印务有限公司
经　　　销：新华书店
开　　　本：720mm×1000mm/16
印　　　张：14.25
字　　　数：236 千字
版　　　次：2020 年 12 月第 1 版　　2022 年 8 月第 2 次印刷
书　　　号：ISBN 978 – 7 – 5096 – 7609 – 7
定　　　价：68. 00 元

前　言

　　电子商务的迅猛发展极大地推动了物流行业的发展，移动互联网与电子商务的紧密结合，催生了快递行业如雨后春笋般的大量涌现。在国家发展"互联网＋"的各项政策引导和消费者"线上＋线下"体验式购物消费习惯的逐步渗透下，近十年来，快递业务量以平均超过 25% 的速度迅猛发展。但是，快递行业粗放式的发展与快递服务质量的不匹配、末端配送效率低且服务质量不高、消费者体验不满意等问题，已成为制约快递行业进一步快速发展的根本性障碍。电子商务与快递物流的协同发展受到了国家的高度重视，2018 年国务院办公厅发布了《关于推进电子商务与快递物流协同发展的意见》的文件。文件提出了鼓励和引导电子商务平台与快递物流企业之间开展数据交换共享，共同提升配送效率；鼓励创新公共服务设施管理方式，明确智能快件箱、快递末端综合服务场所的公共属性；鼓励推广智能快件箱纳入便民服务、民生工程等项目，加快社区、高等院校、商务中心、地铁站周边等末端节点布局等。

　　城市共同配送作为解决末端配送的有效措施越来越受到政府的高度重视，智能自提柜、便利店、配送驿站、社区商户等各种形式多样的末端快递储存点，极大地节约了末端配送的成本，提高了末端配送的效率，成为各大快递公司竞相合作的对象。作为政府机构来说，协助快递公司创新配送模式，构建安全、高效的电子商务共同配送体系，通过培育共同配送主体、规划共同配送网络布局、建立城市共同配送车队不仅可以解决末端配送难的问题，还可以减轻交通压力，降低碳排放。

　　电子商务与快递物流产业的发展已形成了相辅相成、生死相依的紧密关系，快递物流产业的发展壮大，不仅对邻近区域产生溢出效应，还带来了规模效应，从而降低电子商务成本，有助于电子商务行业的扩大。同时，快递物流行业的发展除了与互联网、社会零售业、交通运输业等行业间存在相互推动、相互影响的作用外，还加剧了行业本身的聚集。

电子商务物流城市共同配送的路径与线路优化是提高物流配送效率的关键所在，特别是在网络高度发达、客户需求多样化的背景下。首先，要根据基础设施、经济状况和经营环境等综合因素，选择快递配送中心的网点。其次，根据网点的订单情况，确定车辆的配送路径。运用分批优化策略的思路，将一天的配送任务划分为若干个周期，从数量和时间上进行分批优化（包括执行期和调整期），并根据不同情况，做出不同的响应策略。最后，根据对末端配送量的预测及综合成本确定末端配送的具体方式。

共同配送特别是末端共同配送成功与否，取决于合同对象之间的利益分配是否合理。受新冠肺炎疫情的影响，与日常生活密切相关的生鲜农产品的配送尤为紧迫，在生鲜电商物流服务供应链系统中，根据收益共享理论，对由一个电商平台和一个物流服务商组成的两个主体的利益分配问题进行协调。然而，由于社会分工的日益细化，物流服务商细化为快递和末端配送商，因此演变成电商平台、快递企业与末端配送商三个主体组成的物流服务供应链的协调。

电子商务与快递物流互为支撑，相互促进，推动电子商务与快递物流产业的协同发展，有利于快递物流转型升级、电子商务提质增效，有利于技术标准衔接统一、数据资源规范共享、供应链协同创新，有利于扩大消费、提升用户体验，更好地适应和满足网购消费者美好生活需要，是撬动两个大市场、提升整体经济效率的创新举措。因此，研究电子商务与快递物流产业的协同关系与机理、提升协同绩效尤为迫切且势在必行。

作者

目　录

第一章　互联网背景下电子商务末端配送面临的机遇与挑战

第一节　互联网背景下电子商务发展问题与路径策略

一、"互联网＋"革命对电子商务产业的影响

当前，我国"互联网＋"以一整套信息技术、大数据和云计算在经济、社会生活的广泛扩散与应用且不断释放的数据流动性，正强力推动着电子商务、智能制造、金融创新和"大众创业、万众创新"的发展，并上升为国家战略，与德国的"工业4.0"和美国的"工业互联网"并驾齐驱，成为未来十年促进国家经济增长、产业转型和综合实力提升的重要驱动力，备受全球瞩目。我国作为全球制造业基地，有着较为成熟的技术研发、生产加工、物流供应和市场营销的产业链环境，发展电子商务尤其跨境电商有着天然的基础和优势。自金融危机以来，无论内销还是外销，"互联网＋"电商对我国产业转型升级和传统商业模式转变都产生着重大的推动作用，对加工贸易和出口转内销都发挥着重要的引擎作用。但在产业园区建设、支撑服务体系、平台搭建服务和政策扶持措施等方面，仍存在一定的问题。如何以国家推动"互联网＋"战略和国务院新出台的《关于大力发展电子商务加快培育经济新动力的意见》为契机，顺应"互联网＋"和电子商务发展趋势，立足自身优势，全新定位，重点突出地推进电子商务发

展，引领产业转型升级，成为我国各地方城市实现跨越式发展的新议题。

（一）促进大众创业、万众创新

近几年来，随着"互联网＋"实体产业的融合发展，孕育出互联网经济，并极大地拉动消费需求和加工出口贸易，带动创业就业和推动我国传统产业的转型升级，同时造就了我国商业模式、商品营销和技术研发的自主创新基因，为大众创业、万众创新开辟了崭新的局面。随着阿里巴巴、淘宝天猫和腾讯微商等电商平台的兴起，以其入驻门槛低、令企业间协同高效和丰富网络服务资源等优势，吸引了广大的草根创业者的加入，为数百万中小企业和数亿用户提供商品和服务，加速推动了全社会生产组织关系的变革，刺激所有型经济向分享型经济演进，重构了产业价值链新体系。据统计，2019 年，中国电子商务从业人员达5125.65 万人，同比增长 8.29%。其中，电子商务直接吸纳就业和创业人数达3115.08 万人，带动信息技术、相关服务及辅助行业从业人数达 2010.57 万人。2019 年中国网络招聘行业市场规模达到 107 亿元，增速达到 17.3%，网络招聘平台的企业雇主数量达 486.6 万家。电子商务已成为大众创业、万众创新尤其新生代创新创业的主要阵地。

（二）驱动电商模式与业态不断创新

随着互联网经济的蓬勃发展，特别是以电子商务为代表的应用服务加速向传统领域渗透融合，除主流的 B2B、B2C 和 C2C 电子商务模式之外，不断涌现出C2B、O2O、B2M、M2C 和 B2B2C 等一批新电商模式。其中，以柔性化、消费者需求为中心的 C2B 模式正逐步取代以厂商的标准化、成本导向为中心的 B2C 模式，以最大限度地减少库存，缩短中间流转环节，降低企业运营成本，提高盈利水平。线上订购线下体验的 O2O 模式则打开了比商品网销潜力更大的万亿级的生活服务类网销市场，加速与传统产业融合发展，催生出电商金融、移动电商、农村电商、在线医疗及在线教育等一批新业态。随着移动购物场景及入口的多元化，移动购物逐渐渗透到用户的生活，同时新型垂直应用与服务不断涌现，共同推动移动电商的蓬勃发展。2019 年中国电子商务市场交易规模达 34.81 万亿元，同比增长 6.70%，其中移动购物市场交易规模达 67659.5 亿元，同比增长17.81%。与此同时，基于电商金融平台，包括电商小微贷、P2P 网贷及众筹网贷等新型融资模式为中小微企业拓展融资渠道、缩短融资链条、改善金融生态、降低融资成本起到非常重要的作用。

（三）催生跨境电商，拓展贸易渠道和市场空间

随着世界经济回暖、"中国制造"国际认同度提高和国家政策的大力支持，近年来跨境电商进入爆发增长阶段。据艾瑞数据统计，中国跨境电商交易规模从2010年的1.3万亿元增长到2019年的10.5万亿元，每年以20%左右的增速发展，远超中国进出口贸易增速。跨境电商占进出口贸易总额比例逐年提高，由2010年的6.3%增长至2019年的33.29%，增速迅猛，预计未来几年占比继续扩大。网经社"电数宝"电商大数据库监测数据显示，2019年中国跨境电商行业渗透率为33.29%，相比2018年的29.5%，提升了3.79个百分点。从中国跨境电商交易规模B2B与B2C结构对比来看，由于B2B模式的交易量级较大、易于衔接传统贸易及订单，发展较为稳定，跨境电商B2B交易模式仍占绝对比重，是跨境电商交易中的主流；但随着跨境贸易主体类型多样化、交易订单小额化及碎片化的出现，未来B2C交易模式占比会出现一定的提升。综上所述，跨境电商的市场空间相当广阔，有望成为我国出口外向型企业拓展贸易渠道、促进产业转型、转变经济增长模式的重要抓手。

（四）加速国内产业转型及国际价值链重构

长期以来，我国外贸代工企业因缺乏先进技术和自主品牌，始终在国际贸易中处于全球价值链最底端，依附国外品牌商，议价能力弱。随着电子商务的出现和发展，一方面，在跨境电子商务模式下，国际供应链体系更趋扁平化，传统贸易渠道被弱化或被替代，渠道成本得以降低甚至消失。这些成本一部分转化为让消费者获得的价格优惠，另一部分变成了制造商的利润。另一方面，跨境电子商务打破渠道垄断、拓宽营销渠道、节约交易成本和时间、为企业创建品牌提供有效途径。因此，跨境电子商务帮助"中国制造"实现利润的回归，凸显中国制造优势。此外，"互联网＋"正冲击着传统制造业"微笑曲线"的价值链体系，并对其进行颠覆和重塑。C2B电子商务模式下，个性化需求定制将前端的研发设计交给客户，客户直接向企业下达订单，同时后端销售也被弱化，从而拉平"微笑曲线"，尤其在"互联网＋工业"及智能制造的推进下，重塑制造业价值链，必然成为未来制造业的发展趋势。

（五）构建电子商务产业链及生态圈

国内电子商务经历近10年的发展，已有效整合了以快递配送、第三方支付工具和网络信息服务为代表的物流、资金流和信息流等关键服务环节，催生出代运营与策划、网页美工与摄影、网站建设与维护、网络营销与推广等一系列满足商家对电商运营、软件和营销等个性化经营需求的衍生服务。电商产业链及生态系统日趋完善，逐渐形成了以电子商务平台为核心，以支撑服务为基础，整合多种衍生服务为集成，连接行业组织、政府和教育科研等对象，适应国家经济、政策和社会环境变化的电子商务生态系统，对促进社会分工协作、降低社会交易成本、提高社会资源配置效率起到非常显著的作用。

二、电子商务发展面临的问题与挑战

（一）中小企业主对电子商务化仍存谨慎的态度

在信息开放的电商平台，企业竞争更为激烈。譬如"双十一"的价格血拼，不仅电商之间在竞争，更有线下无数的产品制造者和服务提供商在打价格战。这种"血拼"使得这些企业普遍面临"不触网被边缘化，触网却无利可图"的两难困境。调查发现，74%的企业认为：采用电子商务模式后，发现行业内部的竞争更为激烈，而且逐渐增加了企业的营销推广、信息搜集等相关费用，从而使得很多中小企业抱着谨慎的态度。据对东莞企业拓展跨境贸易电子商务情况调查结果显示，62%的企业认为有必要开展电子商务，但仍有47%的企业还没有开展。

（二）缺乏有实力的本土龙头电商，错失聚集效应

随着电子商务应用的普及，我国企业电子商务化水平日益提升，企业网络经营主体不断增大，但普遍规模不大，缺乏知名度高、创新能力强、具有集聚效应及影响力的电商龙头企业。在商务部2017~2018年度电子商务示范企业评审名单中，广东省有24家被评为电子商务示范企业，其中深圳11家、广州11家、珠海1家、惠州1家。这些国家级电子商务示范企业不乏电商界的龙头，如美的集团、酷狗音乐及唯品会等知名电商平台。与广州、深圳同为国家级电子商务示范城市的东莞，却缺乏省内乃至全国具影响力的电子商务龙头企业，缺少对城市电商产业链各资源环节起整合、带动作用的优秀载体，需要引起我们的重视。

（三）电商产业园综合服务能力普遍薄弱

从调研中了解到，部分电商产业园大多由传统批发卖场改造而成。由于受传统卖场功能规划的限制，电商产业园的规模普遍不大、配套电商服务不完善、综合服务能力不强，仍然摆脱不了原有服务和盈利模式。从问卷调查统计的结果来看，在被调查的中小商户中，认为电商产业园的租金过高和配套服务不完善的分

别占53%和52%；有40%的商户认为公益性支持、扶持力度小、园区开发商运营经验不足；提出希望能提供租金优惠政策和平台建设技术支持服务诉求的商户分别占76.5%和42.4%。此外，虽然部分电商园区在设计规划方面能够符合现代电子商务园区的要求，但是存在园区位置比较偏、交通不便、相关配套生活设施不完善的问题，从而影响招商引资、吸引稳定人才和可持续性发展。

（四）电商支撑服务体系仍不完善，成为发展瓶颈

我国制造业比较发达，但在国际上享有盛誉的城市，如佛山、东莞及赣州等，在利用电子商务拓展内外销通路方面，却没有什么进展，究其原因是电子商务支撑体系不完善，缺乏电商应用快速发展的土壤，相较于广州、深圳的国家级电子商务示范城市来说起步晚，支撑电商发展的关键要素缺乏，尤其高层次人才紧缺、对人才吸引力不足，制约着中小企业电商规模化和专业化的发展，融资难、融资成本高使企业面对瞬息万变的电商市场不能及时把握发展机遇、扩大规模和快速成长，缺乏有效的品牌扶持路径，导致电商企业品牌推广难、品牌附加值低，代运营、培训、数据信息及摄影美工等电商服务型企业力量薄弱、数量不足等问题突出，成为制约电商发展的瓶颈所在。

（五）政府政策及协会力量未能形成合力

目前，大部分城市的电子商务政策在制定和执行上存在顶层政策规划设计滞后、支持力度趋于分散、政策难以形成合力的问题。一方面，由于初期电子商务的主管业务部门归口缺乏前瞻性，导致电商主管部门频繁变更，政策实施缺乏连贯性，以致错失2008年前电子商务发展的第一波浪潮。且相关部门职能划分不清、部门间缺乏共识，造成电商政策分散、扶持对象及资助标准不一致等问题。另一方面，部分地方政府在政策启动和扶持力度上都明显滞后，以致错失先发优势、资源充足优势及人才聚集效应等。以东莞市为例，市属各镇区先后成立9个大大小小的电子商务协会，它们各有不同的服务对象，但均出现服务单一、水平层次低及内耗严重等情况；配套服务于电商的企业不超过4000家，相对东莞5.4万电商网络经营主体的体量来说，服务电商企业的数量明显偏少；具有官方背景的电商联合会筹备成立较晚，未能及时开展相关服务工作；网站平台、微信平台仍未开通运营，整合资源能力不强。

三、加快发展电子商务的路径及策略

（一）着力建设垂直及跨境电商平台，推动企业电商化发展

首先，应加快推进各类电子商务平台建设，集中力量，积极培育及引进B2B、B2C、O2O等领域的综合类及垂直类第三方电子商务平台。通过兼并联合、企业上市、政策支持等多种方式，重点支持专业化电子商务服务平台发展壮大，培育细分行业龙头，以"互联网＋"为切入点，鼓励金融、物流、会展、旅游、文化、教育、健康、医疗、社区服务等领域与互联网渗透融合，开展互联网金融、供应链电子商务等专业化、网络化经营服务。其次，立足地方产业优势，在传统优势产业领域重点扶持一批行业特点突出、整合资源能力强、产业链带动作用明显的垂直电子商务平台，鼓励和支持面向区域特色产业的电商平台发展，强化电商平台区域服务功能，形成若干细分领域专业化龙头骨干平台企业。最后，要着力打造跨境电商园区，跨境电商园区对推动传统加工贸易企业转型升级发挥着重要作用。应借鉴先进城市的经验，抓住加博会和海博会等会展机遇，以争取创建国家跨境电子商务创新发展示范城市为抓手，加快跨境电子商务通关服务平台建设，探索高效便捷的通关管理模式，早日实现跨境电子商务通关服务便利化。

（二）打造线下电商园区聚集载体，强化综合配套服务

在政府引导下，通过企业试点推广和市场化运作，高水平规划、建设区域电商聚集园区。首先，着力建设一批规范、健康、有序和可持续发展的电商产业基地，扶持或引进一批国内知名的园区运营公司和配套服务企业，形成一批具有影响力的电商产业集群。其次，创新电子商务园区服务，打造集运营、快递、金融、信息技术等专业服务，工商、税务、海关、检验检疫等政务服务，餐饮、超市、银行等生活配套服务于一体的生态化电子商务产业园区。推动电子商务产业园区从单纯的"办公场所＋生活配套"的园区1.0模式向"办公场所＋生活配套＋服务配套＋仓储/物流/软件/＋数据/标准/渠道"的园区2.0模式转变，完善园区综合配套服务。最后，充分发挥电子商务园区的辐射效应和聚集优势，着力打造成为覆盖周边区域的电子商务综合服务基地，促进网商、服务商、园区以及相关部门之间逐步形成相互协同分工、共享效益、共创价值的网商聚集、服务聚合的独特生态系统的形成，力争成为国家级电子商务示范基地。

（三）深化电子商务普及应用，创新企业服务模式

首先，着力推进地方优势产业电子商务化应用。结合"互联网＋实体"产业转型升级的新需求，推动电子商务与实体经济融合发展，进一步发挥电子商务在提高产业组织效率、激发市场活力、优化资源配置方面的作用。谋求拓展电子商务在新一代信息技术、智能制造、智能装备、能源环保等高附加值产业领域的应用，提高企业整体的供应链管理水平，推进电子商务在地方优势产业领域的应用。其次，深化外贸电子商务服务应用。积极引导外贸企业利用第三方电商服务平台开展网络销售及采购等经营活动，拓展亚洲及全球市场。培育一批集国际物流、报关退税、海外仓储、外汇兑换等服务于一体的跨境电商服务企业，优化通关、结汇及退税等流程，解决制约中小企业发展跨境电商发展的瓶颈问题。最后，促进电商服务业加强对中小企业电子商务化的服务。鼓励电商服务企业承接中小企业应用电子商务的外包业务。扶持面向电商企业的服务信息平台建设，为中小企业提供安全、标准、有特色的电子商务服务，帮助中小企业开展批发、零售、外贸、服务等电子商务业务，以提升中小企业整体的电商应用水平，并推进企业与电商服务业各领域的深入融合，带动电商服务业快速发展。

（四）健全电子商务支撑服务体系

积极建设以信息流、资金流与物流为支撑的服务体系。一方面，加强电子商务数据信息基础服务建设。以"智慧城市""下一代互联网示范城市""信息消费试点城市"为建设目标，大力推进移动通信网络、互联网和光纤宽带网络建设。同时，大数据应用依托互联网逐渐向更多行业发展，由网络处理走向企业商业应用。因此，有必要建立行业数据中心，选取各部门及行业信息系统中数据进行分析和处理，逐步建立重点行业信息数据库，供政府部门、组织及电商企业共享与应用。另一方面，创新推进电商金融服务建设。加强第三方支付平台及新型支付渠道建设，重点发展移动支付、跨境支付和多种网络支付手段集成的创新应用，形成多元化的电子支付服务体系。探索建立电商融资担保、抵押及风险补偿等机制，扩大小微型电商企业贷款抵质押品范围，鼓励金融与电商的融合发展。此外，规划电商物流园区建设，重构物流商业价值。积极引导传统物流园区转型升级，提高物流的社会化、专业化和信息化水平。使电商物流园区逐渐成为商流、物流、资金流和信息流等"四流"的交汇点和载体。园区运营商对信息和物权的掌控具有天然的优势。鼓励运营商发展小额金融担保业务，创新发展电商

物流供应链融资、联贷联保融资，以此解决中小微企业融资难题，增强客户黏性，提升物流园区商业价值。

（五）加强产业生态环境建设

注重加强电商产业的生态环境建设，以鼓励电子商务企业创新发展，降低创业门槛，优化电商产业链上下游服务水平。首先，构建电子商务综合服务平台。政府应积极搭建为企业、电商平台、金融机构和电子商务服务商提供各类综合服务的公共服务平台及应用平台，促进政府与行业企业沟通交流、资源共享、营造氛围。支持电子商务产业园发挥产业集聚优势，建立电商孵化器平台、电商公共技术平台、电商投融资平台、交易平台等公共服务平台。针对电子商务发达聚集区，鼓励成立产业联盟或电商协会，形成线上线下综合服务体。其次，推动自创品牌转型升级。鼓励制造企业创建自主品牌并通过第三方电商平台或自建电商平台，开展网络直销、网上订货等业务。引入品牌建设服务帮助制造企业建立品牌转型升级路径及提升策略，根据企业的不同类型及立足于自身的资源与优势，实现从 OEM 向 OBM 自创品牌发展的升级策略，向高附加价值产品及产业分工核心环节升级，从而推动整体产业转型升级水平。最后，建设高精专的产业人才队伍。探索政、校、企三方合作的电子商务实用型人才培养的新模式，鼓励校企合作建立教育实践和培训基地，并多渠道强化电子商务继续教育及职业技能鉴定工作。优化电商人才引进机制，强化引进措施，拓宽引进渠道，建立常态化、可持续、具吸引力的电子商务人才沟通交流平台。

因此，我国地方政府应抓住国家推动"互联网＋"发展战略和争创国家电子商务示范城市的契机，在"互联网＋"深度融合制造业、金融业、服务业和地方创新的大潮下，把握互联网＋电子商务的发展趋势，立足自身优势，全新定位、重点发展行业垂直平台和跨境电商，同时加大力度支持构建基础支撑服务体系，有效解决制约电商发展的人才、资金、物流、技术和通关等方面瓶颈问题。以争创国家跨境电子商务创新发展示范城市为抓手，以政策为引导，以电子商务产业园区为依托，以电子商务联合会为龙头，系统有序、重点突出地推进电子商务发展，引领产业转型升级，实现城市电子商务产业的跨越式发展。

第二节　电子商务环境下城市末端配送的现状与问题

一、电子商务环境下城市末端配送的现状

（一）电子商务爆发式增长，推动快递业发展

以东莞为例，随着东莞入选国家电子商务示范城市，电子商务产业在东莞被提到前所未有的战略高度，并凭着坚实的制造业基础和东莞市政府的政策与资金等支持，取得了喜人的成绩。2018 年东莞电子商务交易额达 4800 亿元，是 2011 年的 3 倍，同比增长 14.23%。据阿里研究院发布的《2019 年中国城市电子商务发展指数报告》中的数据显示，在中国电子商务发展百佳城市中，东莞排广东省第 4 位，在全国位居第 11 位。2014 年，东莞市内贸网商密度高居全国第 3、外贸网商密度居全国第 7、网购消费者密度居全国第 9。此外，电子商务的爆发式增长同时推动了东莞邮政快递业的繁荣发展。据国家邮政局公布的 2019 年全国邮政行业运行情况数据显示，东莞快递业务量累计 7.51 亿件，同比增长 61.90%，快递业务收入累计 85.46 亿元，同比增长 46.24%，双双位居全国第 7 位。可见，东莞物流快递业支撑着电子商务产业迅猛发展的同时，电子商务产业也带动了东莞邮政快递业快速发展。

（二）网络销售主要货源地，物流快递重镇

据阿里物流情报报告显示，东莞为全国网络销售提供了近三成的货源，产品种类达 6 万多种，涉及 20 多个行业，发货数量排名全国第二，东莞已经成为国内最大、最集中的网络货源地之一。同时，东莞特别是虎门镇已成为全国快递服务网络中心和转运枢纽之一，集聚了国内外众多知名快递企业。目前，全市依法取得快递业务经营许可证的法人企业 334 家，依法备案的分支机构 543 家，快递从业人员已达 6 万人。EMS、顺丰、圆通等 30 多家快递行业领军企业纷纷在东莞建立总部、区域总部、分拨中心等。东莞已成为广东省快递企业最集中、从业人员最多的地区之一，虎门镇更成为全国著名快递重镇，产业集聚效应明显。

（三）业务量强劲走高，业务收入平稳走低

通过对东莞快递行业运行情况的长期跟踪，笔者发现，2019 年东莞的快递业务量除在春节期间出现波动外，整体呈螺旋式增长的态势。与 2018 年同期相比，2019 年各月快递业务量均有不同程度的增幅，平均增幅 22.51%，其中增幅最大的为 35.55%。而从快递单价来看，整体上呈螺旋下降的趋势（见表 1-1 和图 1-1、图 1-2）。这表明，快递业处于低门槛的快速扩张状态，仅依赖快节奏和规模优势来生存，普遍存在盈利能力薄弱，在产业链中处于弱势的状况。

表 1-1 2019 年东莞快递行业运行情况

月份	快递业务量（万件）	同比增长（%）	环比增长（%）	当月收入（亿元）	同比增长（%）	环比增长（%）	每万件收入（万元）
1	11437.50	3.61		16.28	15.74		14.23
2	6758.07	35.55	-40.91	9.05	29.56	-44.41	13.39
3	12827.70	21.41	89.81	17.09	29.94	88.84	13.32
4	12921.79	25.02	0.73	17.06	30.28	-0.18	13.20
5	14061.29	21.01	8.82	17.71	24.66	3.81	12.59
6	14166.39	24.13	0.75	17.64	23.31	-0.40	12.45
7	14655.48	30.64	3.45	18.05	30.87	2.32	12.32
8	14306.39	29.07	-2.38	18.56	36.14	2.83	12.97
9	14528.40	22.88	1.55	18.53	25.22	-0.16	12.75
10	14127.30	15.23	-2.76	17.77	17.77	-4.10	12.58
11	17025.01	20.11	20.51	20.18	18.39	13.56	11.85
12	16196.79	21.45	-4.86	19.55	16.24	-3.12	12.07

数据来源：东莞邮政管理局。

（四）竞争激烈，利润微薄

从表 1-1 可以发现，2019 年 1~12 月的快递业务量的环比增长率均高于快递业务收入的环比增长率；1~12 月平均每万件快递收入整体呈螺旋下降的趋势。这主要是因为：一方面快递企业对电商卖家的应收账款周转期一般较长，从而造成业务收入波动较大、不平稳，这同时表明快递业的运营压力较大；另一

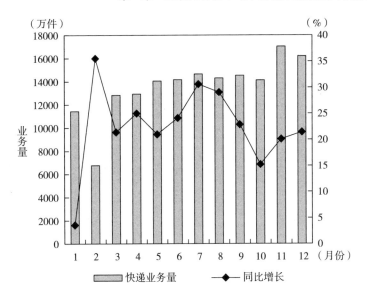

图 1-1　2019 年快递业务量

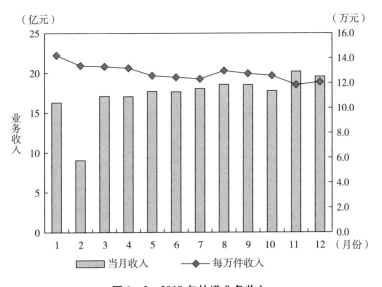

图 1-2　2019 年快递业务收入

方面由于快递业没有明显的运营技术壁垒, 同质化非常严重, 电商卖家选择快递服务商时几乎没有偏好, 大多以价格来衡量, 造成相互竞争非常激烈, 甚至经常出现给发件量大的商家 5 元走全国、3 元走同城的优惠报价。可见, 这种低价抢单、微利跑量、恶性竞争的状况，是造成目前民营快递行业普遍利润微薄，快递行业呈现利润率越来越低的原因。

（五）行业环境逐渐优化

近几年来，随着快递行业的竞争越演越烈，为改变东莞快递业散兵游勇、相互压价、微利运营的状态，2013 年 4 月，由 EMS、顺丰速递等 13 家企业发起，最后囊括 76 家企业共同成立东莞市快递行业协会。该协会为广东省内第四个市级快递行业协会。协会成立后，着力发挥桥梁和纽带作用，在促进行业自律、规范企业行为、维护会员权益和推动东莞快递行业市场健康有序发展等方面起到了积极的作用。经过多年的努力，东莞快递行业经营环境得到进一步改善。比如：一方面，规范了快递市场的行为，遏制了行业内恶性竞争等现象，推动快递业更健康持续地发展；另一方面，搭建了与政府相关部门沟通的桥梁，获得了政府相关部门的认同和政策支持。

（六）行业监管力度进一步加强

为进一步加强邮政管理机构与管理队伍建设、建立公平有序的市场秩序、营造良好的行业发展环境，2012 年 10 月，东莞市邮政管理局成立。至此，东莞的邮政快递行业终于有了专门的监管机构。近几年来，东莞市邮政管理局开展了多项工作，行业监管力度进一步加大，并通过以下措施，使东莞的邮政快递行业实现良性健康地发展，比如：①加强快递行业安全生产检查与监督，开展快递行业服务质量专项整治行动；②为促进邮政快递业的服务质量、维护消费者合法权益，建立了消费者申诉制度并定期公布申诉处理情况；③推进行业专项调查与统计工作，以全面了解与监控快递行业的运行情况；④使东莞快递从业人员职业技能鉴定工作常态化，在提升从业人员的整体素质、优化行业人才结构、提升邮政快递行业服务水平方面起到良好的作用。

二、电子商务城市末端配送面临的问题

（一）快递压力大，"爆仓"现象频发

电子商务的蓬勃发展，在带动快递业务快速增长的同时，也给快递企业带来繁重的压力。据广东省邮政局数据显示，2019 年"双十一"活动当天，东莞市的日寄发快件量和日投递快件量均排在全国前十，广东省第三。此外，2019 年"双十一"期间（11 月 11～18 日），全国全行业处理的邮递快件业务量达到 28

亿件。其中，最高日处理量达到 5.2 亿件，是第二季度以来平均日处理量（1.74 亿件）的 3 倍。高峰期间，日均处理量达 3.5 亿件，超过日常平均处理量的 2 倍。面对如此庞大的包裹处理量，快递企业及从业人员的压力大增，出现包裹积压、处理不及时、"爆仓"频发和配送延迟等现象，给消费者带来不愉快的网购经历。据国家邮政局统计，2019 年"双十一"当天，全国网购包裹数 13.37 亿件。通过调研了解到，临时爆增的业务量其实并未为快递企业带来大量收益。虽然频繁促销使快递量增加了，但电商快件的价格却一路走低，而且为应付"双十一"高峰集中投入的成本太大。一方面，平常能双向装载双向收运费，但由于"双十一"单向流动货运量增加，导致车辆增加，往往是一趟满车出去空车回来；另一方面，临时租仓库往往比长租贵，临时工难招且人工费上涨等。此外，由于促销时节的电商快件价格过低，同样的收货量，快递员收入少了却更加辛苦，以至于临近年底高峰，出现不少快递员选择辞职或者干脆转行的情况。

（二）配送信息化、机械化程度低

据了解，目前各快递公司物流配送的信息化、机械化程度水平较低，具体表现为：首先，快递的信息采集、处理精准性不够。虽然快递的面单都包含条形码，但由于智能识别可能会出错，容易出现收货人姓名、联系电话和地址错误，从而造成误派、重派，配送效率低。其次，包裹流动等操作环节没有实现机械自动化。堆积在集散（中转）中心的大批包裹的分拣操作都以人工为主，无法实现机械自动化的分拣和流动。这样每件包裹从电商企业到客户手中，要经过三到四次的人工分拣和搬运，甚至更多（电商企业自营物流除外），这就导致了配送时间延长、派送延误时有发生的情况，尤其在各大电商企业促销旺季时，快递企业往往不能及时分拣，这也是导致"爆仓"的重要原因。

（三）快递进城难、配送难

在调研中了解到，目前快递企业普遍遇到快递进城难、配送难的问题。一方面，随着房地产价格的上涨和通货膨胀，仓房租金也随之上升，出于成本考虑，很多快递企业的配送中心不得不搬到位置偏远的区域，但快件又往往集中在居民密集度较高的城镇中心，这就造成快递配送路途遥远的情况，而增加的配送半径又间接使快递员不能增加派送频次，不但严重影响配送效率，而且也加剧了城市交通拥堵和环境污染。另一方面，由于东莞实行禁摩禁电的政策，原本经济便利、机动性强的交通工具——摩托车和电动车无法通行，而且又不能与邮政报业那样享受特种车的待遇，这就使本就微利的快递行业不得不使用成本更高的交通工具，不仅增加了快递企业的运输成本，也不利于城市的绿色环保。

（四）配送效率低、成本高

目前，东莞快递城市配送效率低、成本高也是困扰快递发展的难题。据了解，配送效率低的原因主要有：一是进城难、停靠难、装卸难以及缺乏机动性强的交通工具等；二是一些高档住宅区、企事业单位、中小学校等出于安全因素和管理方便的考虑，不让快递员上门派送，只能在大门外守候，而快递员是一个与时间赛跑的职业，快一点就意味着能派发更多的快件，等待时间过长必然导致工作效率降低；三是快递员的派送时间与顾客的闲暇取货时间吻合度不高，造成快递员需要二次投递甚至多次投递，这不仅降低配送效率，而且大大增加快递人员的工作量。此外，从调研反馈意见可知，人工成本、仓储成本和运输成本的日益上涨也成为快递企业经营的主要压力。

（五）业务模式单一，同质化严重

目前，东莞规模以上快递企业有 30 多家，而它们的配送网络组建模式主要分为两种：一种是以顺丰、京东、苏宁为代表的配送网点自建的模式；另一种是以"四通一达"为代表的各镇区配送网点加盟合作的模式。网点自建和网点加盟各有利弊，但从业务量来说，以"四通一达"为首的网点加盟模式所承担的快递业务量占据电子商务快递业务量的近 80%，也就是说，它们承担着电子商务末端派送的主要任务，成为当前电子商务"最后一公里"末端配送的主要模式。另外，除了 EMS 和顺丰外，以网点加盟式扩张的民营快递企业，它们的业务流程和运营模式都大同小异。包裹都是从集散（中转）中心分送到位于各个镇区的多个配送网点，然后由负责各区域的快递员到配送网点分拣、取货，再通过各种交通工具（电动车、三轮车、面包车）送货上门。他们的运输工具上没有明显的企业标识，没有整齐统一的着装，在配送服务流程上也没有明显的差异，以致大多数消费者和电商卖家都认为他们除了快递公司名称不同外其他都一样。这种业务流程和服务方式的严重同质化，导致他们之间的竞争异常激烈。

（六）服务不到位，顾客体验差

在城市末端配送中，快递员是跟顾客直接接触的对象，其服务质量的好坏间接影响着消费者网购的热情，顾客体验差又会进一步影响电商企业的销售。据广东省邮政管理局发布的2018年6月消费者通过"12305"投诉快递业务服务质量的情况显示，在受理的789件有效投诉中，消费者对快递业务投诉的主要问题集中在快件的投递服务上，占快递业务有效投诉量的37.5%，其次是丢失短少及延误问题，分别占24%及17.9%，见表1-2。

表1-2 2018年6月消费者投诉快递业务问题统计

序号	投诉问题	投诉数量（件）	占比（%）	环比增长（%）	同比（%）
1	投递服务	296	37.5	-4.2	-4.5
2	丢失短少	189	24	-9.1	54.9
3	延误	141	17.9	-22.1	-22.1
4	损毁	54	6.8	35	100
5	收寄服务	44	5.6	7.3	4.8
6	违规收费	12	1.5	20	33.3
7	其他	53	6.7	-1.9	43.2
合计	—	789	100	-6.4	8.4

数据来源：东莞市邮政管理局。

同时，通过问卷调查分析得知，在快递派送过程中，顾客对快递服务不满意之处主要体现在快件毁损与丢失（72.36%）、服务态度不好（66.33%）和送货不及时（62.81%）上。由此可知，城市末端配送服务质量不高、顾客体验差主要表现在送达的货物被损坏或丢失、货物配送的时效性差、投递员的服务态度差等方面。

三、电子商务环境下城市共同配送发展新机遇

如上所述，电子商务"最后一公里"配送问题已经成为电子商务与城市发展的瓶颈所在，因此，必须引入一种创新的概念与模式来改善当前末端配送的问题。近年来，我国逐渐引入能有效提高城市物流效率、降低物流成本、缓解城市交通压力、促进节能减排、对优化城市末端配送资源起到关键作用的共同配送概念，并在国家商务部、交通运输部和财政部等相关部委的共同评定中，确定了22座城市作为共同配送全国试点城市。

（一）城市共同配送的概念与内涵

共同配送作为物流与供应链协同策略的一种，起源于日本。日本运输省对共同配送定义为：为实现物流合理化，将不定数量而有固定货运需求的货主联合，并通过同一配送服务商，使用一套运输系统进行城市配送。我国《物流术语》GB/T 18354－2006 对共同配送的定义是："由多个企业联合组织实施的配送活动。"Alexander Sehone 等（2000）认为，共同配送在日本的产生，源于市场竞争过度激烈，导致物流资源利用率降低、发货频率提高和物流规模不断扩大，这些问题为共同配送的产生和发展创造了条件。Nemoto（2003）以东京商业中心为实例，建立共同配送模式下电子商务物流配送应用模型，搭建相应的系统框架，并进行分析优化，实例证明共同配送在电子商务物流配送中有一定的应用价值。左鹏（2002）认为共同配送是一种对物流资源整合的有效策略，并联合多家配送中心或物流服务提供商，统一完成既定的配送任务。宋华和胡左浩（2002）认为实施共同配送的实质是为有效发挥物流资源，充分利用人力、物力、时间、资金和空间等物流资源，在提升物流运作效率的同时，增加社会的整体效益。牛秀明（2013）认为共同配送是基于物流资源共享的企业战略性联盟，以追求资源最优化和物流配置高效性为目标。由此可见，国内外学者一致肯定共同配送对提高物流效率，减少负外部性影响起到重要的作用，但缺乏专门针对电子商务环境下快递末端配送这一新兴领域的配送模式进行的综合研究。综上所述，城市共同配送是指在城市范围内，商贸流通、生产加工及物流配送等企业合作，对配送资源进行整合和规划，共同应对城市某区域内多个用户的需求，统筹安排配送时间、频次、路线及货物数量，提供多功能增值服务，形成新型物流系统，实现优化社会物流资源配置，提高物流配送效率。

（二）全国城市共同配送试点开展情况

1. 扶持城市共同配送试点项目

在全国严密、有序地开展城市共同配送试点工作过程中，各试点城市分别制定《开展城市共同配送试点工作实施方案》《城市共同配送发展规划》及《城市共同配送试点资金管理办法》等政策指导性文件，科学开展城市共同配送工作。为着力推动城市共同配送建设，培育一批现代化城市共同配送示范项目和企业，推进城市共同配送专业化、标准化、集约化发展，2012 年、2013 年国家先后确定了 22 个共同配送试点城市（厦门、青岛、石家庄、太原、长春、哈尔滨、南京、合肥、郑州、武汉、广州、南宁、海口、成都、贵阳、兰州、银川、乌鲁木齐、唐山、潍坊、襄阳、东莞市),其中第一批 15 个,第二批 7 个。截至 2014 年,部分试点城市均相应启动国家城市共同配送试点项目(见表 1-3)。但在项目试点过程中,各试点城市发展有所差异,其中南京、青岛、郑州及石家庄等城市推进试点工作力度较大,重视电子商务末端配送的程度较高,其试点领域较广,分别涉及商超快消品、医药、农副、生鲜冷链等共同配送,涵盖城市配送分拨中心、共同配送中心、末端共同配送网点、共同配送运输、共同配送公共信息服务平台等项目的软硬件建设。如青岛出资 4000 万元扶持首批 20 个试点项目,其中青岛顺丰速运的 O2O 体系及末端网点建设项目、智能快递信息平台、智能自提终端项目等 4 个快递末端配送项目试点成效明显。值得注意的是,南京分别在 2013 年及 2014 年分两批推动试点项目,20 个试点项目中有 8 个涉及末端配送项目,其中南京的云柜(智能自提柜)城市共同配送末端节点网络建设试点项目得到了商务部的肯定和表扬,号召重点学习和推广。基于南京在共同配送效率、末端节点网络建设等方面突出表现,在商务部 2014 年度城市共同配送试点工作综合评审中,南京在全国试点城市中脱颖而出,排名第一。

表 1-3 2014 年部分城市共同配送项目试点情况

序号	试点城市	试点项目数(个)	电商快递项目数(个)	末端配送项目比例(%)	试点范围
1	南京市	28	8	28.57	快消品、医药、农副、生鲜、肉类冷链共同配送,物流分拨中心、公共配送中心、末端配送网点建设、园区、站场信息平台建设、邮政同城递送、智能自提柜节点建设等
2	青岛市	20	4	20.00	快递末端网点建设、智能快递信息平台、智能自提终端、园区、配送中心、物流平台建设,智慧物流、WMS、TMS 信息系统等
3	石家庄市	13	3	23.08	物流商务服务平台,快递邮政共同配送,配送中心物流园区、冷链、医药、商超配送设备与系统升级改造等

序号	试点城市	试点项目数（个）	电商快递项目数（个）	末端配送项目比例（%）	试点范围
4	郑州市	14	3	21.43	快递配送体系、社区共同配送商业体系、分拨中心、配送中心、配送网络体系建设，医药、商超共同配送，智慧物流配送平台，城市共同配送信息服务平台等
5	厦门市	8	2	25.00	末端配送智能自提柜及信息系统应用，立体仓储，商超配送，WMS、TMS 信息系统等
6	潍坊市	9	2	22.22	电商配送体系、电商末端共同配送体系建设，医药物流服务平台，城市共同配送信息平台，智慧物流系统工程管理平台等
7	东莞市	7	1	14.29	快递末端共同配送，医药、农副配送，冷链配送，仓储配送标准化，信息对接与共享等
8	太原市	7	1	14.29	电商与商超网点融合，智能自提，商超共同配送，综合信息服务平台建设等

数据来源：国家商务部、各市主管部门。

2. 推广应用城市共同配送信息服务平台

搭建城市共同配送公共信息平台是共同配送试点工作的首要任务之一，具有整合物流资源、促进交易撮合、提高物流效益和降低物流成本的作用。经过对全国第一批试点的 15 个城市共同配送实施情况进行广泛的数据收集得知，截至 2015 年上半年，只有 8 家开通了城市共同配送信息服务平台（见表 1-4）。其中，唐山和太原的信息服务平台运营较好。太原城市共同配送公共信息平台提供了公共信息、在线交易、同城配送联盟、货运班车、金融服务、智能自提柜、末端网点整合、SAAS 等服务。此外，唐山的"物流唐山"共同配送信息服务平台涵盖物流联盟、物流数据、物流金融、运输配送车源、仓储园区资源、快递及末端网点整合等 36 个板块，提供了丰富的信息资源、交易撮合和末端整合等功能的应用，并作为全国首个上线运营的城市共同配送公共信息服务平台，被商务部认定为"第一批重点推进物流信息服务平台"。

表1-4 部分城市共同配送信息服务平台简介

序号	试点城市	平台名称	网址	主要功能
1	海口市	海口市城市共同配送公共服务信息平台	http://www.hncitycode.com	物流供求信息撮合、网点信息查询、智能终端推广等
2	南京市	南京城市共同配送管理平台	http://www.njcdp.com	物流分拨中心、共同配送中心、末端配送网点三级网络整合，运输资源发布，平台交易撮合，金融、保险、租赁等增值服务
3	青岛市	青岛城市共同配送公共信息服务平台	http://www.wlqd.net	共同配送联盟，运输、配送、仓储信息撮合，服务网点查询，金融服务，行业资讯等
4	太原市	太原城市共同配送公共信息平台	http://www.56ty.cn	公共信息、在线交易、同城配送联盟、货运班车、金融服务、智能自提柜、末端网点整合、SAAS服务等
5	唐山市	唐山城市共同配送公共信息服务平台	http://www.560315.com	物流联盟、物流数据、物流金融、运输配送车源、仓储园区资源、快递及末端网点整合等36个板块
6	潍坊市	潍坊城市共同配送公共信息平台	http://www.wf56.net	电子政务、城市配送线路查询、配送网点查询、平台信息发布、SAAS服务等
7	长春市	长春物流公共信息平台	http://www.96656.com	车源交易、货的打车、集约托运货物跟踪、电子商城、公共物流信息等
8	厦门市	厦门市城市共同配送综合服务平台	http://www.eson56.cn/	货源信息、车源信息、仓储资源、行业资讯、物流专线和政务频道等

数据来源：笔者整理。

3. 科学布局城市共同配送网络

目前，全国各试点城市正着手规划共同配送空间网络布局，并按以下步骤逐步开展：①建立一级物流分拨中心、二级公共配送中心、三级末端配送网点的三级配送网络体系；②逐步创建城市共同配送公共信息服务平台、城市物流分拨中心、共同配送中心等载体；③创新末端共同配送模式，吸收各类商业网点形式，整合末端配送资源，为社区居民提供便利快捷的配送服务的同时，创新多种服务类型，以打造成为快递配送、便民服务和 O2O 双线营销于一体的居民社区生活站点。由此形成衔接有序、层级分明的城市共同配送网络服务体系，提高城市配送专业化、集约化水平。其中，青岛、南京在这方面走在前头，分别在 2014 年发布了《青岛市城市配送物流发展规划》和《南京市城市共同配送专项规划》，根据规划，科学布局城市共同配送网络节点，并取得了初步的成效。而东莞、郑州和厦门等试点城市的《城市共同配送发展规划》也相继制定并陆续出台。

4. 深入开展城市末端共同配送服务

城市末端共同配送是三级配送体系中的最后环节，也是配送环节中复杂多变、服务难度最高的一环。如何深入、细致地开展末端共同配送是检验推行城市共同配送成效的关键所在。目前，各试点城市正采取各种末端共同配送形式，试图打通末端配送的"最后一公里"，其中厦门、南京、东莞等城市开展程度较为深入。例如，厦门主要采取"智能自提柜""网订店取"的末端配送形式，整合易家配、奕宝"鸟箱"、速递易等企业提供智能自提模式。2016 年，厦门市为期3 年的城市共同配送试点工作结束，厦门市的共同配送覆盖率超过 70%，比试点前提高 20 个百分点。大型商超快消品共同配送率达到 65%，冷链商品共同配送率达到 70%，品牌连锁便利店商品统一配送率达到 80% 以上，医药共同配送率达到 86%，家电共同配送率达到 90% 以上。全市拥有"智能提货柜"约 2000个，覆盖了 85% 以上的社区和农村。南京市采用邮政和顺丰快递自建末端网点、顺丰与苏果便利店合作扩充配送网点以及大力引进智能自提柜等形式，截至 2019年9月，南京市共投放智能快件箱近 9000 组，格口近 70 万个，日投递快件量超50 万件，南京市大部分居民小区已经安装了智能快件箱，箱投率达 25%。东莞市分别推行以顺丰速运的自营模式和以美宜佳连锁便利店的第三方模式为服务主体企业，其中美宜佳便利店的 6000 多家分店与淘宝、天猫商城等电商企业合作，开展代收包裹、顾客自提业务。此外，2016 年 5 月，菜鸟网络联合 12 家快递公司和速递易、丰巢等 8 家自提柜企业启动全国最大的快递自提柜服务平台，计划布局智能自提柜 9 万多台，占目前全行业自提柜总数的约 70%，覆盖国内一二三线城市。2019 年上半年，北京市在城六区选取 3~5 处试点，利用地下人防工程提供邮政网点服务。鼓励末端共同配送服务模式创新，鼓励电商、快递企业与超市、便利店、社区综合体等合作开展末端共同配送服务，支持在社区、办公楼、商圈、学校、地下空间等场所布放智能自提柜，使得年内新增网点 200 个以上。

（三）城市共同配送试点中突出的问题

1. 配送服务低效，主体间各自为政，难以形成合力

一方面，由于开展推广城市共同配送涉及商务、公安、交通和邮政等多个政府部门，部门决策往往条块分割、缺乏协调和效率低下，从而导致项目推广进展缓慢、扶持对象欠缺平衡的问题。另一方面，城市共同配送市场集约化程度较低、服务主体"小而散"的状况依然突出，综合性服务供给不足，缺乏竞争力强、品牌优、连锁网络全的"大而强"企业，不能有效整合与构建配送体系的供应链管理服务，从而难以满足电子商务、城市配送快速发展的需求。此外，出现了配送主体各自为政，难以形成合力的情况。例如在顺丰速运开展的城市共同配送终端配送试点项目中，无论是自建的嘿客便利店服务点或智能自提柜，还是与美宜佳、物业公司和商业中心合作开设的配送网点，顺丰基于市场竞争的考虑，不愿意将自建自提柜、配送网点等优质的末端配送资源向其他快递公司开放，这就造成了资源浪费，违背了城市共同配送的宗旨。因此，城市末端配送资源仍需整合，以发挥 $1+1>2$ 的协同效应。

2. 缺乏科学布局城市共同配送网络节点

随着城市配送需求日趋旺盛，信息化、自动化普及应用和商品周转效率日渐提升，现代物流对配送中心节点布局的要求也越来越高。但在布局城市共同配送网络节点中，部分试点城市缺乏科学的城市配送中心节点的规划、对城市物流需求考虑不够，出现了城市物流用地不断被向外迁移、部分从事商贸流通的物流企业在城市商业区的新增用地难以得到保障的情况，但商贸流通配送又往往集中在商业和居民密集度较高的城镇中心区域，从而造成快递配送路途遥远、增加派送频次和成本高效率低的运行格局。另外，随着现代物流配送中心搭载的功能越来越多，对配送中心的结构层、可承载力、设备配置和周边交通环境的要求都有所提高，需要综合地规划。当前，很多公共配送中心多由旧厂房、旧工业区改造而成，这就造成了空间使用效益不高，可配置设施的机械化、自动化程度不高和承担功能受制约的状况。

3. 信息服务平台应用效率不高

城市共同配送信息服务平台是企业获取物流信息资源、政府服务和管理部门有效监管城市配送市场的主要渠道，是衡量共同配送综合应用的重要标志。但是，目前部分试点城市的城市配送信息服务平台普遍呈现应用效率不高、应用功

能单一、平台建设信息开放不足和未能实现跨地区跨行业信息共享的问题，能真正"落地"、贯通线上线下信息资源的平台很少。另外，部分试点城市如海口、长春、潍坊等地的共同配送信息服务平台出现信息更新时效较慢、功能应用简单或处于试运营的状态。此外，石家庄、哈尔滨、广州和东莞等试点城市仍没有开通城市共同配送信息服务平台，没有充分挖掘综合信息服务平台在城市共同配送中的重要作用。由此表明，目前大部分试点城市共同配送仍处于试行、推广阶段，离城市共同配送的综合应用仍有一段较长的距离。

4. 存在服务需求多元化与服务质量不高的矛盾

随着网络购物的市场容量不断扩大和日趋普及，快递配送这些年来的粗放式发展已经严重滞后于顾客多元化的需求，成为电子商务"最后一公里"发展的瓶颈所在。尽管设立末端共同配送自提网点和智能自提柜，然而消费者花时间到配送网点提取包裹的同时，更希望能得到代充值缴费、家政预约及金融理财推广等多元化的便民服务。然而，在顺丰与美宜佳便利店的合作过程中，尽管美宜佳的店员都经过顺丰的前期培训，但由于并不是门店的主管业务且报酬不高（代收1件，顺丰给1元钱）。在实际操作中店员对代收包裹业务并不"感冒"，且流程熟练程度较低，出现店员与客户之间沟通不畅，导致顾客不满意、投诉等问题，从而造成客户不愿意再次选择自提服务，进而代收包裹业务量日渐萎缩，不能成为门店的新利润增长点，店员积极性不高，如此往复，形成恶性循环。

5. 评价考核指标不完善，统计数据采集难度大

目前，在对城市共同配送试点项目的评价考核中，大多出现了评价指标不完善、方法落后的情况，没有基于"互联网＋"电商环境下对城市共同配送新模式的发展进行科学、有效的评估。统计数据是城市配送运行的晴雨表，对制定城市配送政策具有重要的基础性指导作用，然而，政府在城市配送的统计调查方面投入不足，城市配送统计工作基础比较薄弱，在监测城市配送运行中出现重点调查企业的数量偏少，不能充分满足城市配送统计和分析的要求的情况。此外，在当前大数据的浪潮席卷而来、云计算的方法逐渐普及的大趋势下，传统统计调查指标、方法等严重滞后，要及时、准确地把握商贸物流发展动态，就要进一步加大投入，创新商贸物流统计监测方法，提高统计监测的效率和质量。

可见，目前城市共同配送试点工作仍处于探索发展的初级阶段，缺乏与电子商务发展趋势与配送需求的特性所相适应的发展策略和模式研究。因此，非常需

要针对电子商务环境下城市末端配送的现状与趋势，制定一套系统的发展路径与实施策略。

第三节　电子商务环境下城市末端配送的
突破路径与策略

近年来，电子商务蓬勃发展的同时，物流配送的滞后已成为网购主要投诉内容之一，并伴随配送效率低成本高、进城难配送难、交通拥堵、环境污染等问题，正成为制约电子商务与城市发展的瓶颈。我国在认识到共同配送理念的重要性的同时，于 2013 年在国家商务部、交通运输部和财政部等部委支持下作全国试点推广。而目前各试点城市开展共同配送过程中，逐渐出现城市共同配送模式不清晰、运营模式不科学、配套政策不到位等推行难开展难的问题（钟耀广等，2016）。面对目前快递行业企业众多散乱、相互竞争挤压、物流资源重叠的情况下，物流服务企业很难在完全竞争的市场环境中自发形成一个具有影响力的规模化共同配送平台。城市共同配送既是一项整合末端配送资源工程，又是一项利国利民的民生工程，需要借助一个具有公信力的机构来推动城市共同配送的前期工作，显然，政府在城市共同配送的引导与推动中发挥重要的作用。而目前各试点城市开展共同配送过程中，逐渐出现城市共同配送模式不清晰、运营模式不科学、配套政策不到位等推行难开展难的问题。其中，政府在城市共同配送模式的推行和选择问题上尤为突出。因此，试点城市如何科学选择合适的共同配送模式成为开展城市共同配送的首要工作。

目前，对物流服务配送模式选择与评价的研究主要涉及三个方面，一是物流配送评价决策方法的应用，二是物流配送模式评价体系与指标构建，三是物流配送模式的研究视角。在对物流服务商评价与选择中，伍星华（2015）从企业资质、服务水平、低碳化水平、兼容性和稳定性等指标，将灰色系统理论和网络层次分析相结合构建 GST - ANP 模型选择低碳物流服务供应商；黄先军（2015）则选取企业规模、服务水平、定价水平、企业信誉、运作效率、交通条件等指标，运用模糊元评价并结合 AHP 算法研究物流服务商的评价与选择。周珍（2015）

从管理能力、商业能力、服务水平和技术优势等方面运用直觉模糊集合成函数，建立基于直觉模糊集的综合评估方法确定物流供应商。在物流配送模式评价体系与指标构建方面，潘冬（2015）从信息化背景下物流资源动态整合能力的角度，选取物流能力、响应速度、管理水平、信息传递等指标采用模糊评价法进行评价指标体系的构建。温卫娟（2015）对业务协同、资源协同、信息协同、机制协同和环境协同五个方面运用 SPSS 软件的主成分分析法和层次分析法建立共同配送协同效应的评价体系。而在物流配送模式的研究视角上，王程（2014）从基础设施、企业状况、供需状况和经济水平四个方面运用聚类分析评价西部地区生鲜农产品的共同配送服务模式。王玫（2015）从基础设施设备、信息技术、经济发展水平、政策法规和人员素质五个方面对城市物流发展水平进行评价，从经济性绩效、社会性绩效和环境性绩效三个方面评价城市物流运作效率和对城市可持续发展产生的影响。宾厚（2015）将三角模糊数与模糊综合评价相结合从市场风险、内控风险和协调风险的角度评价城市共同配送的风险。

在评价决策方法的应用上，模糊层次分析法（F‒AHP）由于综合应用广且兼顾主客观评价的优点，仍是决策的主要方法；而在物流配送评价对象的研究上，大部分只针对物流服务供应商、产品行业市场和物流配送服务应用的视角进行选择评价。但几乎没有从政府公共服务的视角选择、遴选电子商务环境下城市共同配送的模式。当前，随着电子商务的蓬勃发展，物流配送与城市居民生活息息相关，必然提高城市共同配送的服务要求。城市共同配送作为既具备经济效益，又具有社会效益，对完善商品流通体系和承担社会公共服务功能的作用明显。因此，本书拟结合层次分析法（AHP）和模糊综合评价法，在全面考虑电子商务环境下城市共同配送特性的基础上进行指标的筛选与设定，从政府提高公共服务的视角对电子商务城市共同配送模式进行决策选择。

随着互联网信息技术的发展和普及应用，"互联网+"正推动着各产业的互联网化，以客户为导向、以需求为核心的市场策略对原企业组织及商业模式产生极大的冲击，同时对产业创新及商业创新的研究也产生相应的变化。美国斯坦福大学教授谢德荪博士在多年从事"动态战略理论和创新商业模式引发新市场"的研究领域中总结了"源创新"理论，并出版《源创新》（2012）在中国推广，后得到广泛认同与影响，成为我国动态战略创新研究的前沿理论。其中，张振刚（2014）、童心（2014）、王雪冬（2013）等学者认为源创新属于集群型创新，是对现有的内外部资源进行整合并创造新价值的能力，是通过协同创新进行价值创造与成员共享的体现，更多表现为商业模式（商业模型）的创新，以构建企业的创新生态系统。因此，本书认为源创新理论很适合市场需求变化快、技术要求高和风险集聚性强的新兴产业的创新，如电子商务等与信息网络结合的，具扁平化、柔性化、动态网络型组织结构特性的平台型新兴业态（孟丁，2013），这也从张于喆（2014）的观点中得到了验证。本书尝试应用"源创新"理论来探索电子商务共同配送体系构建的问题，以期为全国开展城市共同配送试点工作提供系统的理论依据与实践参考。

一、电子商务环境下城市共同配送的推行模式

目前各试点城市在开展共同配送过程中，逐渐出现城市共同配送模式不清晰、运营模式不科学、配套政策不到位等推行难开展难的问题。因此，试点城市如何科学选择合适的共同配送模式，已成为开展城市共同配送的首要工作。

（一）电子商务环境下城市共同配送的模式分析

本书将电子商务环境下城市共同配送模式分为三种，分别是以自营为主体的自建网络配送模式，以快递联盟为主体的联盟式共同配送模式和以第三方为主体的共同配送模式。其具体分析如下：

1. 以自营为主的共同配送

此种模式一般以规模较大实力较强的电商企业作为配送主体，自建并组织管理物流配送各个环节，以产生更高的协同效应且实现电子商务纵向一体化的战略，即电商企业全面负责从配送中心到运输队伍的所有物流环节的建设和运营。代表企业分别为：京东商城、顺丰优选、苏宁电器等。其优点在于：一是电商企业对供应链有较强的控制；二是能更好地保护销售数据和顾客信息不被泄露；三是保证配送时效，给顾客带来更好的购物体验。但也有缺陷：一方面，人员机构庞大和资金需要持续投入，容易产生经营管理风险。另一方面，自建物流设施和规模要求高，投资周期长，外部融资风险大，物流资产承担较重。如运用不当，不但影响协同效益，同时也会增加运营成本，甚至拖累主营业务，给企业带来不利影响。

2. 以联盟为主的共同配送

以联盟为主的共同配送是两个或两个以上的企业通过协议、契约而结成的优势互补、风险共担、利益共享的组织。目前主要发展为两种模式：一种是以大数据为手段整合分散不均的物流信息资源而组成的云动态物流网络信息系统，如阿里巴巴旗下的大数据物流协同平台——菜鸟网络。另一种是地方政府引导企业联盟模式，通过搭建城市配送公共服务平台，优化资源配置，加强联盟成员间协同合作等方式，构建城市共同配送网络体系。其优点有：首先，利用合作伙伴的物流资源与管理技术降低经营风险；其次，利用联盟公共信息平台优势，整合资源；最后，云物流联盟模式能充分地发挥协同效应，提高订单处理及配送能力。其缺点为：首先，需要联盟企业间信息共享，存在机密商业数据外泄的风险；其次，需要联盟企业间合理分工，权责分明，但各企业有自己的管理风格和管理模式，因而增加联盟内协调的难度；最后，联盟企业涉及利益分配的问题，容易引发利润分配不均等诸多矛盾。

3. 以第三方为主的共同配送

第三方共同配送又分为网点直营式的第三方共同配送和网点加盟式的第三方共同配送。以网点直营式为主共同配送服务商，由于具备直营网点易于管控的优势，除了可以提供代收货自提和寄件服务外，还可以提供上门派送、落地配送业务等服务，代表企业：城市100。而以网点加盟式为主的共同配送主体一般吸收便利店、洗衣店、理发店等个体商户成为其加盟商，这些加盟商一般提供代收货自提和寄件服务，存在服务参差不齐和管控难等缺点，但优势在于能低成本地迅速扩张共同配送网点。代表企业：收货宝、深圳猫屋等。其优点在于：一方面，可减轻建设物流基础设施和渠道的资金压力和固定投入；另一方面，电商企业可以专注于自身的核心业务；此外，将"最后一公里"的配送服务交给更专业的第三方来做，给顾客更专业的物流服务体验，有效缓解电子商务瓶颈问题。但也存在不可回避的缺点：一是对合作风险中的管控能力弱不能监督第三方物流服务质量。二是如果对合作的第三方依赖度高时，第三方的服务出现问题，将阻碍电商企业的经营和流失顾客。

基于以上分析，这三种城市共同配送模式的优缺点各有侧重，试点城市如何选择体现社会公共服务功能的共同配送模式？本书分别根据东莞市实际情况及运用模糊层次综合评价法对电子商务环境下城市共同配送的推行模式进行选择与评价。

（二）东莞市电子商务环境下城市共同配送的模式选择

东莞市电子商务共同配送应采用哪一种作为主要的构建模式呢？从东莞市与国内试点城市、试点企业情况以及共同配送模式的优劣势来看，本书认为第三方共同配送模式更适合应用于东莞市的电子商务城市共同配送当中。具体分析如下：

1. 自营模式

东莞市是地级市，一些实力较强的电商企业和快递企业只有分公司设在东莞市，企业的分公司基于行政决策权的受限、执行力弱和总公司的统一布置，使得东莞市吸引能独立运营的自营主体企业展开共同配送业务的可能性较少。另外，由于共同配送网点的服务半径往往需要设置在 2～3 公里范围内，这就需要配送网点的布局足够密集才能更好地实现消费者网购自提、网订店取的服务，而密集的网点布局又需要庞大的资金投入，如果配送末端的需求订单密度不够高，将会带来运营亏损的问题。此外，本书在调研中了解到，即便有电商或快递企业可以自建共同配送网点，比如顺丰在东莞市布局的网购社区服务网点——嘿客便利店，其优质的网点资源平台往往只服务于自身的顾客，不会对其他快递企业开放，这便失去了共同配送的整合末端、资源集约的意义。所以，从目前城市共同配送的试点来看，几乎没有看到自营模式完全地渗透到城市共同配送当中的。

2. 联盟模式

首先，从调研了解到，东莞市规模以上的快递企业有 40 多家，而且大部分是驻莞分公司的组织架构，可见东莞市快递企业的散杂和行政决策权的限制，必然加大了组织协调和形成规模化联盟的难度。其次，从太原市的联盟式试点得知，联盟式共同配送往往需要构建公共信息平台，以便共享货源、车辆、仓储、分拨等资源与信息，但这会伴随着订单和顾客信息的泄露，从而引起企业间的暗中较劲、相互竞争的情况。最后，无论向行业内相关专家、学者交流咨询，还是通过参考相关研究文献的了解，均得出了联盟企业间的利益分配矛盾，也是我国难以实施联盟共同配送模式的一项重要因素的结论。因此，在提倡市场机制、规范市场行为、倡导良性发展、创新城市共同配送运营体系的思想下，本书认为联盟共同配送模式并不适合应用在目前电子商务的城市共同配送当中。

3. 第三方模式

本书认为，有效推进电子商务"最后一公里"城市共同配送工作，主要满

電子商务与快递物流协同关系、发展路径与协调优化

足三个条件：一是共同配送网点覆盖服务半径；二是末端包裹订单密度足够高；三是能否持续地推进城市共同配送服务。

首先，东莞市有适合发展第三方共同配送的硬件。从中国连锁经营协会于2019年5月发布的"中国城市便利店指数"数据来看，东莞市力压北上广等大城市，以80分的总分排名第四，并以每944人拥有一家便利店的饱和度位居全国第一，超过上海市，与日本、中国台湾相当，东莞市便利店密集程度已经达到世界顶级水平。另外，2018年全国连锁便利店企业门店数量排行见表1-5，东莞本土的连锁零售企业美宜佳以15559家、天福以4212家分别位居全国第三和第五名，虽然第一、第二名分别是中国石化的易捷和中国石油的昆仑好客便利店，但油站绝大部分不在居民区和商业区附近，也就是说，东莞市拥有全国最多且最密集的社区便利店，这为共同配送网点服务半径的布局提供了良好的基础与硬件条件。

表1-5　2018年全国主要连锁便利店企业排名

序号	企业名称	品牌	门店数（家）
1	中石化易捷销售有限公司	易捷	27259
2	中国石油销售公司非油品业务	昆仑好客	19700
3	东莞市糖酒集团美宜佳便利店有限公司	美宜佳	15559
4	苏宁小店	苏宁小店	4508
5	广东天福连锁商业集团有限公司	天福	4212
6	成都红旗连锁股份有限公司	红旗连锁	2817
7	中国全家	中国全家	2571
8	浙江人本超市有限公司	十足、之上	2141
9	罗森（中国）投资有限公司	罗森	1973
10	7-11中国大陆	7-11	1882

注：CCFA 2019年5月发布。

数据来源：《2019年中国便利店发展报告》。

其次，根据国家邮政管理局发布的2019年邮政快递行业发展统计公报，东莞市快递业务量累计完成16.3亿件，同比增长21.78%；快递业务收入累计完成207.46亿元，同比增长24.30%，快递业务量和业务收入均居全国50个重点城

市前十名。另外，东莞市在网购消费者密度中全国排第9位（网购消费者密度＝网购消费者/人口数量）。2019年"双十一"期间，东莞市网购消费额高达33.4亿元，在广东省排第三。这间接表明，东莞市的网购终端需求订单密度不可小觑，也有力地支撑了电子商务末端共同配送的发展。

最后，由于目前城市共同配送只是初步进入试点阶段，大众对网购自提、网订店取的习惯还没有形成，当前消费者还没有普遍选择共同配送服务商为其服务，因此在运营成本和风险管控方面，更适合引入轻资产式的第三方共同配送服务商为主体来运营，以低成本、低风险，持续推进城市共同配送服务和发展。

（三）基于FAHP电子商务环境下城市共同配送模式的选择评价

城市共同配送既是一项整合末端配送资源的工程，又是一项利国利民的民生工程，在当前完全竞争的城市配送市场无法达到社会最优的情况下，有必要建立"N＋1"家垄断竞争型的共同配送服务主体来完成城市共同配送的初步实施阶段。因此，需要借助一个具有公信力的机构来推动城市共同配送的前期建设，显然政府应在其中发挥引导与推动作用，本书提出以政府公共服务视角，运用定性定量（Qing等，2012）相结合的模糊层次分析法，科学选择电子商务环境下城市共同配送的模式。

1. 城市共同配送模式的评价指标构建

基于政府视角选择电子商务共同配送服务主体时，需要重点考虑服务企业的资源整合及示范效应，能主动承担社会责任的龙头性企业。因此，设计了六大评价指标，包括配送资质、配送能力、配送质量、服务质量、风险可控性及贡献能力等（Qing等，2012）。其中配送资质主要包括业务辐射面、经营稳定性和业务成长性；配送能力指标主要包括网点建设能力、配送频次和信息技术水平；配送质量指标包括配送灵活性、准时送达率、货物完好程度和配送误差率；服务质量指标包括服务专业性、顾客满意度、增值服务能力和投诉处理效率；风险可控性指标包括财务风险可控性、信息系统安全性和经营管理风险可控性；贡献能力指标包括信息技术共享能力、平台开放程度和资源整合能力等（周珍等，2015），如图1-3所示。

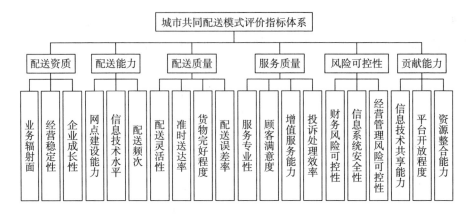

图1-3 城市共同配送模式评价指标体系

2. 城市共同配送模式的评价方法应用

层次分析法（AHP）在决策评判中普遍存在定量数据少、定性成分多的缺点，评价结果较为主观。而模糊综合评价法（FAHP）具有将模糊信息进行定量化评价的优点，可以弥补AHP的不足。因此，本书在城市共同配送模式选择决策中，将模糊综合评价法与AHP相结合，以起到较好的互补效果，做到科学和客观地评判。

（1）基于层次分析法确定目标层、准则层和指标层各因素权重。具体计算步骤如下：

第一步，建立评价指标体系的层级结构模型。该层次结构为目标层、准则层、因素层和方案层。从政府视角选择适合的电子商务共同配送模式是目标层。准则层为配送资质、配送能力、配送质量、服务质量、风险可控性及贡献能力等六个一级指标。因素层为上述准则层的二级指标，方案层则为三种共同配送模式。

第二步，通过专家打分，确定权重，构建判断矩阵。在所建立的层次结构模型中，除了总目标层外，每一层都由多个因素组成，而同一层由于各个因素的重要程度不同，需要判断同一层次的各因素之间的影响程度，并进行定量化。构造判断矩阵就是判断与量化上述各个因素影响程度大小的一种方法，此处采用九级量化法。

第三步，根据判断矩阵计算各个层次指标的权重，并进行一致性检验。此步骤主要用Yaahp软件分析得出结果。

（2）基于模糊综合评判确定共同配送模式。计算步骤具体如下：

第一步，建立因素集 $U = (u_1, u_2, \cdots, u_n)$，具体是对一级指标下的因素集。

第二步，建立评判集 $V = (v_1, v_2, \cdots, v_n)$，本书拟对每个指标（很好、好、一般、差、很差）进行五级评判。

第三步，邀请若干从事物流研究专家及物流高级管理人员分别对每个指标进行详细评判，确定每个指标被评为很好、好、一般、差或很差的程度。

第四步，根据各因素层指标建立模糊判断矩阵 R，根据该级指标的下一层所有因素的评判结果归一化并构建模糊判断矩阵 R。

第五步，模糊综合评价，即根据 $B = W \times R$ 得出最终的隶属度向量。

第六步，计算综合得分，将 V 量化，根据 $S = B \times V^T$ 得出政府对于电子商务共同配送模式的选择。

3. 城市共同配送模式的评价算例分析

首先，运用 AHP 层次分析法的原理构建电子商务城市共同配送模式选择的指标体系，确定各级指标的权重；其次，结合综合模糊评价法，对各种配送模式的各项指标进行模糊评价；最后，通过具体案例最终确定电子商务末端共同配送企业及模式。

（1）建立评价指标层级结构。采取 AHP 层级结构建立方案评价指标。首先，建立目标层，用 U 表示评价的最终目标，即政府视角下电子商务共同配送主体的选择。U 的下一层级有六个指标为 $U = (u_1, u_2, u_3, u_4, u_5, u_6)$，表示 U =（配送资质、配送能力、配送质量、服务质量、风险可控性、贡献能力）。其次，可以得出 $u_1, u_2, u_3, u_4, u_5, u_6$ 所对应的下一层级的指标集合 u_1 =（业务辐射面、经营稳定性、业务成长性），u_2 =（网点建设能力、配送频次、信息技术水平），u_3 =（配送灵活性、货物准时送达率、货物配送误差率、货物完好程度），u_4 =（服务的专业性、顾客满意度、增值服务能力、投诉处理效率），u_5 =（经营管理风险可控性、财务风险可控性、信息系统安全性），u_6 =（信息技术共享能力、平台开放程度、资源整合能力）（Sheu 等，2006）。

（2）各级指标权重的确定。应用德尔菲法，邀请 10 位长期从事物流研究专家及物流高级管理人员对各个层级指标进行评判，以获取评判矩阵，通过 AHP 层次分析法对各个层次的指标权重进行计算，具体的计算过程如表 1-6～表 1-12 所示。当判断矩阵的最大特征根 λ_m 稍大于 n，判断矩阵的一致性比率 C.R. 满足

C. R. <0.1，则表明具有满意的一致性。

表1-6　U层判断矩阵

	配送资质	配送能力	配送质量	服务质量	企业风险	贡献能力
配送资质	1	1/3	1/3	1/3	1	1/2
配送能力	3	1	1	2	3	3
配送质量	3	1	1	1	3	3
服务质量	3	1/2	1	1	2	2
企业风险	1	1/3	1/3	1/2	1	1
贡献能力	2	1/3	1/3	1/2	1	1

C. R. = 0.0140 < 0.1，λ_m = 6.0883 > 6，该判断矩阵具有满意的一致性。

因此，权重 W =（0.0761，0.2833，0.2521，0.1972，0.0892，0.1021）。

表1-7　U_1 层判断矩阵——配送资质

	业务辐射面	经营稳定性	企业成长性
业务辐射面	1	1/2	1/2
经营稳定性	2	1	2
企业成长性	2	1/2	1

C. R. = 0.0517 < 0.1，λ_m = 3.0537 > 3，该判断矩阵具有满意的一致性。

因此，权重 W_1 =（0.1976，0.4905，0.3119）。

表1-8　U_2 层判断矩阵——配送能力

	网点建设能力	信息技术水平	配送频次
网点建设能力	1	3	2
信息技术水平	1/3	1	1/2
配送频次	1/2	2	1

C. R. = 0.0089 < 0.1，λ_m = 3.0092 > 3，该判断矩阵具有满意的一致性。

因此，权重 $W_2 = (0.5390, 0.1638, 0.2973)$。

表 1-9 U_3 层判断矩阵——配送质量

	配送灵活性	准时送达率	货物完好程度	配送误差率
配送灵活性	1	1/2	1/2	2
准时送达率	2	1	1	2
货物完好程度	2	1	1	2
配送误差率	1/2	1/2	1/2	1

C. R. $= 0.0229 < 0.1$，$\lambda_m = 4.0610 > 4$，该判断矩阵具有满意的一致性。

因此，权重 $W_3 = (0.2002, 0.3290, 0.3290, 0.1418)$。

表 1-10 U_4 层判断矩阵——服务质量

	服务专业性	顾客满意度	增值服务能力	投诉处理效率
服务专业性	1	1/2	1/2	2
顾客满意度	2	1	1	2
增值服务能力	2	1	1	2
投诉处理效率	1/2	1/2	1/2	1

C. R. $= 0.0922 < 0.1$，$\lambda_m = 4.2462 > 4$，该判断矩阵具有满意的一致性。

因此，权重 $W_4 = (0.3584, 0.2783, 0.1869, 0.1764)$。

表 1-11 U_5 层判断矩阵——企业风险

	财务风险可控性	信息系统安全	经营管理风险可控性
财务风险可控性	1	3	2
信息系统安全	1/2	1	1/2
经营管理风险可控性	2	2	1

C. R. $= 0.0089 < 0.1$，$\lambda_m = 3.0092 > 3$，该判断矩阵具有满意的一致性。

因此，权重 $W_5 = (0.5390, 0.1638, 0.2973)$。

表 1 - 12　U_6 层判断矩阵——贡献能力

	信息技术共享能力	平台开放程度	资源整合能力
信息技术共享能力	1	3	2
平台开放程度	1/2	1	1/2
资源整合能力	2	2	1

C. R. = 0.0089 < 0.1，λ_m = 3.0092 > 3，该判断矩阵具有满意的一致性。

因此，权重 W_6 = (0.5390，0.1638，0.2973)。

（3）确定模糊评价矩阵 R。通过专家对各个指标的重要性进行评价，统计投票结果后形成城市共同配送模式选择的模糊评价矩阵，具体统计数据见表 1 - 13。

表 1 - 13　模糊评价矩阵 R

目标层	准则层	权重	子准则层	权重	自营					联盟					第三方				
					很好	好	一般	差	很差	很好	好	一般	差	很差	很好	好	一般	差	很差
总体评价	配送资质	0.0761	业务辐射面	0.1976		3	6	1			2	7	1		2	6	2		
			经营稳定性	0.4905	2	5	3				3	6	1			3	5	2	
			业务成长性	0.3119		4	5	1		2	4	4			3	6	1		
	配送能力	0.2833	网点建设能力	0.5390		4	4	2		1	4	5			3	5	2		
			信息技术水平	0.1638		2	5	3			2	6	2			2	6	2	
			配送频次	0.2973		1	3	6			2	5	3			4	4	2	
	配送质量	0.2521	配送灵活性	0.2002		1	4	5			3	6	1		2	5	3		
			准时送达率	0.3290		4	4	2			4	5	1			4	5	1	
			货物完好程度	0.3290	2	5	3				3	4	3			3	5	2	
			配送误差率	0.1418	2	6	2				4	4	2			4	3	3	
	服务质量	0.1972	服务专业性	0.3584	1	4	5				1	6	3		1	5	4		
			顾客满意度	0.2783	1	4	5				1	6	3		1	5	4		
			增值服务能力	0.1869		6	4				4	4	2		1	6	3		
			投诉处理效率	0.1764	1	6	3					6	4			4	5	1	
	风险可控性	0.0892	财务风险可控性	0.5390		8	2				6	4			1	6	3		
			信息系统安全性	0.16388	1	6	3				2	6	2			4	4	2	
			经营管理风险可控性	0.2973		7	3			1	6	3			1	7	2		

目标层	准则层	权重	子准则层	权重	自营					联盟					第三方				
					很好	好	一般	差	很差	很好	好	一般	差	很差	很好	好	一般	差	很差
总体评价	贡献能力	0.1021	信息技术共享能力	0.5390		3	5	2			4	5	1			1	7	2	
			平台开放程度	0.1638		2	6	2			3	6	1			2	7	1	
			资源整合能力	0.2973		3	6	1			4	5	1			3	6	1	

注：该数据为 10 位长期从事物流研究及物流管理专家的投票结果。

（4）综合评价。首先，对自营物流配送模式的一级指标模糊隶属度计算，其计算过程及结果如下所示：

$$B_{11} = W_1 \times R_{11} = (0.1976,\ 0.4905,\ 0.3119) \times \begin{pmatrix} 0 & 0 & 0.3 & 0.6 & 0.1 \\ 0.2 & 0.5 & 0.3 & 0 & 0 \\ 0 & 0 & 0.4 & 0.5 & 0.1 \end{pmatrix}$$

$$= (0.0981,\ 0.2453,\ 0.3312,\ 0.2745,\ 0.0510)$$

$$B_{12} = W_2 \times R_{12} = (0.5390,\ 0.1638,\ 0.2973) \times \begin{pmatrix} 0 & 0 & 0.4 & 0.4 & 0.2 \\ 0 & 0.2 & 0.5 & 0.3 & 0 \\ 0 & 0.1 & 0.3 & 0.6 & 0 \end{pmatrix}$$

$$= (0,\ 0.0625,\ 0.3867,\ 0.4431,\ 0.1078)$$

$$B_{13} = W_3 \times R_{13} = (0.2002,\ 0.3290,\ 0.3290,\ 0.1418) \times \begin{pmatrix} 0 & 0.1 & 0.4 & 0.5 & 0 \\ 0 & 0.4 & 0.4 & 0.2 & 0 \\ 0.2 & 0.5 & 0.3 & 0 & 0 \\ 0.2 & 0.6 & 0.2 & 0 & 0 \end{pmatrix}$$

$$= (0.0942,\ 0.4012,\ 0.3387,\ 0.1659,\ 0)$$

$$B_{14} = W_4 \times R_{14} = (0.3584,\ 0.2783,\ 0.1869,\ 0.1764) \times \begin{pmatrix} 0.1 & 0.4 & 0.5 & 0 & 0 \\ 0.1 & 0.4 & 0.5 & 0 & 0 \\ 0 & 0 & 0.6 & 0.4 & 0 \\ 0.1 & 0.6 & 0.3 & 0 & 0 \end{pmatrix}$$

$$= (0.0813,\ 0.3605,\ 0.4834,\ 0.0748,\ 0)$$

$$B_{15} = W_5 \times R_{15} = (0.5390,\ 0.1638,\ 0.2973) \times \begin{pmatrix} 0 & 0 & 0.8 & 0.2 & 0 \\ 0.1 & 0.6 & 0.3 & 0 & 0 \\ 0 & 0 & 0.7 & 0.3 & 0 \end{pmatrix}$$

$$= (0.0164, 0.0983, 0.6885, 0.1970, 0)$$

$$B_{16} = W_6 \times R_{16} = (0.5390, 0.1638, 0.2973) \times \begin{pmatrix} 0 & 0 & 0.3 & 0.5 & 0.2 \\ 0 & 0 & 0.2 & 0.6 & 0.2 \\ 0 & 0 & 0.3 & 0.6 & 0.1 \end{pmatrix}$$

$$= (0, 0, 0.2837, 0.5462, 0.1703)$$

通过上述计算，此处可以得出矩阵 R：

$$R = \begin{pmatrix} 0.0981 & 0.2453 & 0.3312 & 0.2745 & 0.0510 \\ 0 & 0.0625 & 0.3867 & 0.4431 & 0.1078 \\ 0.0942 & 0.4012 & 0.3387 & 0.1659 & 0 \\ 0.0813 & 0.3605 & 0.4834 & 0.0748 & 0 \\ 0.0164 & 0.0984 & 0.6885 & 0.1970 & 0 \\ 0 & 0 & 0.2837 & 0.5462 & 0.1703 \end{pmatrix}$$

其次，根据公式 $B = W \times R$ 可得：

$$B = W \times R = (0.0761, 0.2833, 0.2521, 0.1972, 0.0892, 0.1021) \times$$

$$\begin{pmatrix} 0.0981 & 0.2453 & 0.3312 & 0.2745 & 0.0510 \\ 0 & 0.0625 & 0.3867 & 0.4431 & 0.1078 \\ 0.0942 & 0.4012 & 0.3387 & 0.1659 & 0 \\ 0.0813 & 0.3605 & 0.4834 & 0.0748 & 0 \\ 0.0164 & 0.0984 & 0.6885 & 0.1970 & 0 \\ 0 & 0 & 0.2837 & 0.5462 & 0.1703 \end{pmatrix}$$

$$= (0.0487, 0.2174, 0.4058, 0.2763, 0.0518)$$

最后，假定 $V = (9, 7, 5, 3, 1)$，根据公式 $S = B \times V^T$，则可以计算出自营配送模式的综合得分。将 S_1、S_2、S_3 分别对应表示为以自营为主的共同配送模式、以联盟为主的共同配送模式和以第三方为主的共同配送模式下的综合得分情况。具体计算如下：

$$S_1 = B \times V^T = (0.0487, 0.2174, 0.4058, 0.2763, 0.0518) \times (9, 7, 5, 3, 1)^T = 4.8698$$

同理可以计算出以联盟为主的共同配送模式和以第三方为主的共同配送模式的综合得分，具体计算结果如下：

$S_2 = (0.0227,\ 0.3264,\ 0.5017,\ 0.1626,\ 0.0029) \times (9,\ 7,\ 5,\ 3,\ 1)^T = 5.5333$

$S_3 = (0.1167,\ 0.4660,\ 0.3449,\ 0.0785,\ 0.0029) \times (9,\ 7,\ 5,\ 3,\ 1)^T = 6.2752$

通过比较三个模式的综合评判得分可见，$S_3 > S_2 > S_1$。所以，从政府视角来看，以第三方为主的城市共同配送模式最为理想。

可见，从提高政府公共服务的角度，对电子商务环境下城市共同配送的模式进行选择时，评价指标的选取不仅要考虑共同配送服务主体的经营实力，更要考虑是否能提供可持续性的共同配送服务能力和服务质量，起到示范带动效应，还需要考虑其对公共服务的贡献能力和贡献意愿。因此，从配送资质、配送能力、配送质量、服务质量、风险可控性和贡献能力六大方面出发构建评比指标体系具有一定的意义。在评价方法选取上，将层次分析法和模糊综合评判法相结合进行FAHP决策，能够科学和客观地分析出各模式的优劣，为政府进行决策提供较好的依据。通过FAHP评价，本书认为从政府提高公共服务视角下选择以第三方为主的城市共同配送模式，可以获取较优的社会效应。

二、电子商务环境下城市共同配送的网点布局策略

(一) 城市共同配送的网点类型

本书认为城市共同配送服务商在布局"最后一公里"配送网点时，一般可以采取以下类型：

1. 自建配送网点

城市共同配送主体根据自身经营的需要，为更有效地管理与控制末端配送网点，为消费者提供更多和更优质的标准化服务，在城市范围内可布局规划部分自建配送网点。自建配送网点一般有两种模式：一种是除了提供代收货自提服务外，还会承担区域内的派件寄件服务，具备一般快递点部的业务功能，成为快递物流网络的一部分；另一种是不具备派送服务，仅提供自提服务，这种模式一般建在人口密度高、业务量大或不能随意进出的区域，比如高校。

2. 连锁便利店合作

即城市共同配送主体跟连锁便利店达成合作协议，将货品配送至便利店，然后消费者到指定的便利店进行自提或便利店根据客户的需求提供送货上门服务。便利店的信息系统需要与共同配送主体的信息系统进行对接，以便实现快件的追踪和追溯。合作条件成熟的情况下，可提供刷卡或现金方式的货到付款服务。这

种模式一般适合建在没有物业的居民社区，且与订单密度高的社区便利店合作较优，能实现共赢。但采用这种配送模式一般对包裹的大小和货物的价值有一定的要求。

3. 物业中心合作

即城市共同配送主体与居民社区或写字楼的物业公司合作，将货品配送至物业公司指定地点，业主可到物业指定地点自提，物业也可根据需要上门派件。这种模式下，物业公司只是提供快件包裹的暂存服务，对包裹的尺寸和数量没有限制，但是一般不涉及双方更深层次的合作，如信息系统对接、代收货款等。在此模式下，物业公司通常会和业主签订一份授权协议，明确双方的权利、责任和义务，从而避免纠纷的产生。这种模式适合在高档社区，特别是物业管理相对比较严格的社区。

4. 智能自提柜

即城市共同配送主体在精品社区、商务楼宇或高校投放智能自提柜，收件人可根据需要将快件的收件地址填写为指定的智能自提柜，根据系统发送的快递单号和取件密码到智能自提柜自提快件。智能自提柜的操作流程为：快递员将包裹放入智能自提柜前，先扫描包裹订单号，并输入收件人手机号，包裹入柜后，系统自动生成开柜密码和订单号，短信发送到收件人手机，收件人凭订单号和开机密码取件。取件密码是包裹入箱后系统自动生成，并由后台发送到收件人手机上。当邮件三天不取，系统会提示投递员取出后重新投递，投递员开箱需要身份识别卡和密码双重认证。这种模式一般适宜在年轻人居多的商务楼宇或高校，他们较易接受新鲜、便利、高科技的新事物。

5. 个体商户加盟

即城市共同配送主体与各社区的个体商户签订协议，将货品配送至各加盟个体商户，由消费者自行上门提货的方式。此模式类似于收货宝的各加盟店或是深圳猫屋的各代收包裹点。该种模式一般适宜在居民区开展，并且对象是个体商户受居民信任。

表 1-14 为五种配送网点类型各自特点的综合对比。

表 1 - 14　五种配送网点类型各自特点的对比分析

配送网点类型	优点	局限性	适用条件
自建配送网点	1. 顾客能当面验收包裹，出现损坏遗漏等情况可及时处理 2. 对包裹大小数量没有限制 3. 更能保证末端配送质量 4. 可提供更多的便民服务 5. 可承担区域配送中心职能	前期建设及后期运营成本高	1. 包裹配送密度高的区域 2. 顾客服务需求种类多的区域
连锁便利店合作	1. 与第三方合作，节省建设与运营成本 2. 为便利店带来客流和商流，实现双赢 3. 利用连锁便利店设备与地理位置	1. 存储场地有限，会限制包裹的大小和数量 2. 若人手不够，不能提供派送上门服务	体积较小、价值不高的商品配送
物业中心合作	1. 与第三方合作，节省建设和运营成本 2. 有足够存储空间，对包裹的大小、数量没有限制 3. 除自提外，还可为业主约定时间上门派件	1. 搭载的服务项目较少 2. 第三方服务难以把控	大型住宅区、社区和写字楼
智能自提柜	1. 消费者可自助式服务，时间灵活，方便快捷 2. 设置地方灵活，易于布局	1. 前期建设后期维护成本高 2. 对包裹的大小和数量有一定的限制 3. 对货柜地的安保要求高 4. 只能通过监控设备才能界定货损、货差的责任	1. 体积较小、价值不高的商品配送 2. 货物较少且偏远的住宅区和写字楼
个体商户加盟	1. 与第三方合作，节省建设和运营成本 2. 合作灵活，易于布局	1. 网点散乱，服务质量难以把控 2. 若人手不够，不能提供派送上门服务	1. 作第三方网点的补充 2. 是居民信任的个体商户

（二）共同配送网点的商业价值

1. 降低配送成本，提高配送效率

本书在东莞电子商务共同配送模式的选择中谈到，末端包裹需求密度是决定共同配送服务商在一定配送区域内实现规模效应的主要因素。当达到一定的订单密度后，供应链的中转仓或配送点可以更加接近末端需求区域。一方面，配送点距离需求越近，包裹的拆单率将越低，从而大幅降低运输成本。另一方面，随着末端包裹需求密度越大，单个配送员覆盖的服务半径和配送线路也将更为优化，如原来5～10公里内多个小区由各快递公司分别派送变为1～2公里内单个小区集中派送，这样平均每个包裹的配送成本也将大幅下降。未来随着网购的渗透率提高，区域订单将进一步密集，可以推断，在许多居民比较集中的小区，来自电商平台的订单将会非常密集。因此，如能整合同一区域的物流需求，在无限接近末端需求的区域设立共同配送网点，将在大幅度降低拆单率的同时提高"最后一公里"的配送效率。

如第三方共同配送服务商——"深圳猫屋"实际上就是整合天猫＋淘宝的末端订单需求、设置在社区一级的配送站，虽然只是一些小小的社区门店，但猫屋旗下网点已经和"四通一达"、顺丰等主流电商快递完成对接，成为这些快递公司"最后一公里"的中转站和减压舱。一方面，快递员将包裹送到猫屋，即可进行下一波快递任务，提高了包裹递送效率，而猫屋通过合并各大快递公司在该小区的所有订单，能够实现单次大批量的配送，大幅降低配送成本。另一方面，由于日订单数量较多，尤其在"双十一"这类需求高峰时段，快递员工作量严重超标，导致大量快件滞留在仓库或中转站，猫屋作为更接近配送目的地的小型仓储中心，能够有效分流订单压力，提升配送效率和客户体验。

2. 地址标准化，提高信息化水平

目前快递单都是人工书写的，一旦收货人、收货地址和联系电话书写错误或模糊不清，就容易导致派送延误的情况。共同配送网点为我们提供良好的货物交接平台的同时，也为我们提供了一个标准化、规范化的收货信息。一方面，共同配送服务商将旗下的配送网点都授予门店编号，并且采取会员制的形式，让顾客注册并给予相应的会员号。因此，当消费者网购时，只要按门店编号选择并输入会员号就可以完成收货地址的设置。这样，消费者信息在隐藏的情况下，卖家和快递企业都无法得知消费者的个人信息，只有配送网点凭会员号在系统中才能查询到顾客的姓名、真实地址和联系电话。这样既可以保护顾客的个人隐私，也起到收集和垄断消费者信息的好处，为后面数据挖掘和精准营销提供关键的信息。另一方面，一旦顾客信息编号和收货地址固定化，快递单上的信息就能够通过系统直接打印出来，做到快速、规范、清晰明了。此外，包裹如果采用机械自动化分拣系统，规范标准的快件就能迅速地进行分拣，从而提高配送时效和减少人力成本。而且，当单个配送网点的订单包裹密度足够大时，货物就能实现从配送总仓直接到末端配送网点的点对点的形式，从而减少包裹分拣次数及货品搬运次数，极大地减少存货周期。

3. 精准营销，增强 O2O 购物体验

在大幅度降低物流成本、提升配送体验的同时，终端订单密集的区域每天都能累积大量真实的交易数据，通过跟踪这些数据，商城可以较为准确地预测这个区域的消费需求，进一步提升供应链管理效率和配送速度。让我们设想下，当订单密度足够高、品类足够丰富且周转足够快，每天通过共同配送网点配送的商品消费额或许已经超过了同一个社区的百货及便利店时，就会使线上对该区域需求的跟踪、预测能力，以及库存管理和物流配送效率要远高于线下门店，从这个角度来看，除了收发货之外，共同配送网点未来完全可以承担面向社区的商品展示及零售功能。此外，通过线上的精准营销和客户引流，围绕社区居民开展本地生活服务 O2O，也可以依托共同配送网点这一线下载体进行，顾客就能享受到线上购物消费、线下服务与体验。

（三）共同配送网点的布局策略

从上述的城市共同配送网点类型的特性来看，本书提出电子商务"最后一公里"的共同配送网点布局应以自建配送网点为主、与第三方合作配送为辅、设置智能自提柜为补充的策略。具体分析如下：

1. 以自建配送网点为主

从居民的消费习惯来说，在很长一段时间内还是更愿意接受上门服务，因此，配送网点的自建并提供上门配送服务仍然是主流趋势。自建配送网点的优势体现在以下几个方面：首先，能提供上门配送服务，这是最重要的也是快递门对门服务的核心所在。其次，能保证配送服务的质量，因为未来电商企业之间的竞争更多地体现在末端配送服务质量的竞争上。最后，自建配送网点对配送货物的大小、数量没有要求，而其他模式或多或少都有一定的限制条件，这样可以最大限度地满足消费者的需求。当然自建配送网点不可避免地会涉及网点布局规划和营运成本的问题，这个需要充分考虑包裹量、网点的建设密度，进行盈利测算。

2. 与第三方合作配送为辅

考虑到自建配送网点的高昂成本问题，可与第三方合作，分担上门派送的工作量和运营成本，主要包括与便利店、物业公司和个体商户合作的模式。首先，便利店在东莞市拥有相当好的基础，与这些便利店合作能有效地提高配送效率，对于共同配送主体来说，又可以节约高额的租金、人力资源成本等；其次，物业公司是小区快件集中收取、暂存保管的最好场所，与物业公司合作同样能有效地提高配送效率，降低配送成本和保证服务质量；最后，以邀请个体商户加盟的形式，对扩充配送网络、提高配送网络密度，发挥其积极的作用。

3. 设置智能自提柜为补充

除以上两种模式外，鉴于智能自提柜设备成本高且尚处于推广阶段，在精品社区、商务楼宇等投放智能自提柜可作为"最后一公里"终端配送的一个重要补充。智能自提柜的投放地址宜选择人员素质高、安保条件好、小区大小合理的区域。一方面这些区域的客户接受度较高、自取方便，另一方面快件的安全性可以得到有效的保障。从而更好地完善电子商务"最后一公里"的配送网络。

综上所述，本书通过介绍电子商务城市共同配送的模式，并分析三种共同配送模式的优劣性，最后对城市共同配送网点的类型、优势进行分析，提出适合第三方共同配送服务商的配送网点布局策略，从而最终构建出一个以第三方为主体的、整合末端配送资源的共同配送网络体系（见图 1-4）。

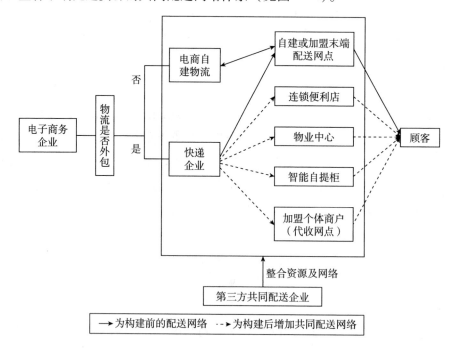

图 1-4 第三方共同配送网络体系

三、基于"源创新"理论的电子商务共同配送体系构建策略

在开展城市共同配送试点工作中，构建科学的城市共同配送体系是重要环节。如何构建并适应当前"互联网＋"时代的动态网络组织结构的电子商务末端配送体系？那么必须要有一套创新的理论做指导，本书应用"源创新"理论及相关要素对当前电子商务城市末端配送体系进行科学的构建。

（一）"源创新"理论概述

1. "源创新"理论

美国斯坦福大学教授谢德荪博士在《源创新》（2012）著作中较详细地阐述了"源创新"的内涵，他认为"创新"可分为两大类，一类是科学创新，另一类是商业创新。科学创新是指有关大自然规律的新发现，它包括新科学理论、新产品及新科技，故称之为"始创新"，也就是中国经常称的"自主创新"。而商业创新是指通过科技创新创造新价值的行为，并进一步将其细分为"流创新"与"源创新"（谢德荪，2012）。

2. "流创新"与"源创新"

谢德荪教授认为，"流创新"是指仅能改善现有价值链的创新活动，比如改进现有产品、寻找替代性产品、建立降低新生产流程成本及改善供应链管理等，"流"是开源节流中"节流"的延伸，意为减少成本开支或改善现有价值的活动；而"源创新"是指通过一种新理念来触动人们生活或工作的新价值，并组合现有资源达到某种欲望的活动，"源"是开源节流中"开源"的延伸，西方学界没有适当的翻译，但比较接近的概念为破坏性创新（Disruptive Innovation），意为全新的开始，从无到有。两者的最大区别是："流创新"是通过自身能力和资源来满足现有市场的需求，达到增加价值的目的；而"源创新"则是通过推动新理念价值，引导其他相关经济成员加入，并组合各成员的力量和资源来满足客户的欲望，从而开拓新市场，并形成一个全新的商业生态系统。

3. 创建"源创新"生态系统的关键要素

（1）新理念价值。"源创新"是通过建立一个新生态系统，并且促使新理念价值不断加强的动态生态系统理论。也就是说，"源创新"是由一个新的理念价值来触发一个新生态系统的形成。

（2）两面市场。这个生态系统具有可持续的生命力，需要实现系统内相对

稳定的动态平衡，而起到维持动态平衡作用的关键就是"源创新"的内核——两面市场模型。两面市场源于著名经济学家夏尔·罗歇和让·梯若尔（2003）在研究网络经济时首先提出的一个理论——双边市场理论，其后，英国牛津大学经济学家 Mark Armstrong（2006）、新加坡大学经济学家 Julian Wright（2006）等对双边市场理论的建立做出了卓越贡献，并在理论和应用研究方面更加广泛且深入。而谢德荪教授也深化了双边市场理论的研究，他认为在传统概念里，企业是为客户提供价值的，但如果一个企业不只关注给客户提供价值，同时也关注给商户提供价值，这时企业便是面对两面市场客户，便形成了两面市场商业生态系统。

（3）正向网络效应。这个模型没有固定的上下游，企业是两面市场之间的平台。"客户"不单是企业卖产品或服务的对象，而是延伸到支持企业生态系统的所有成员。当推动一个新价值理念的时候，这个生态系统大多处于并不完整的初级阶段，需要引导其他成员加入生态系统。如果越来越多成员感受到系统的新理念价值，就会引发更多的人加入，于是系统就好像有了生命一样，变得越来越强大，这就是两面市场的正向网络效应（Kaiser 等，2006）。

（4）互动创新。平台企业在资源的利用中，不仅利用企业自身的资源，还应善于利用系统内各成员的资源。为使正向网络效应循环不息，两面市场系统内各成员需要以"流创新"创造资源进行支持，成员支持的力度越大，生态系统成长的速度便越快，从而触发一连串的"源创新"与"流创新"互动，两面市场商业生态系统便越完整、越强大。

（5）生态系统。针对我国物流快递业自动化、智能化和电子化"始创新"落后的特点，为发挥中国物流快递产业的后发优势，以"源创新"对技术创造的需求及应用价值理念的推动，以驱动商业创新向科学创新进行逆向创新来增加系统新价值，从而形成一个可相互促进的、相互循环的创新系统。

综上所述，本书认为创建一个完整的"源创新"生态系统关键要素一共有五个，分别是新理念价值、两面市场、正向网络效应、"流创新"与"源创新"间互动创新、生态系统。也就是说，提出一个被市场所认同的新理念价值，然后组建一个能给系统内成员带来价值的两面市场，并促使发挥正向网络效应和"流创新"与"源创新"间互动创新，以加强系统内循环，从而形成一个完善且强大的生态系统（见图1-5）。

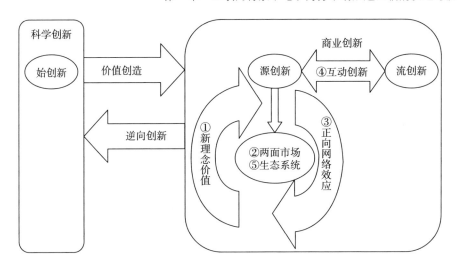

图1-5　"源创新"理论系统

(二) 创新配送模式, 构建电子商务共同配送体系

　　通过"源创新"理论观察当前电子商务末端配送状况, 会发现, 当前各快递企业几乎用"流创新"来维持它们的竞争力。比如, 通过规模经济降低成本、低价竞争抢占市场份额, 虽然在短时间内利润会因"流创新"而增加, 但其他快递企业也会很快模仿"流创新"战略而使利润随之减少。因此, 不管哪个环节, 快递企业应用"流创新"所创造的优势往往不会持久。要使市场竞争优势长久地维持, 其"流创新"需要持续地进行, 这样不仅提高创新成本, 而且在同一环节持续不断地进行"流创新"活动将造成回报的逐渐递减, 导致所获利润也将逐渐地减少, 这正是目前快递公司在配送中面临的运营困境。因此, 必须改变创新思路, 利用"源创新"理念, 创新电子商务末端配送模式, 构建一套全新的电子商务共同配送生态系统, 创造产业竞争新优势。

　　1. 建立共同配送生态系统核心主体

　　从上述电子商务末端配送面临的矛盾中不难发现, 目前电子商务"最后一公里"的配送服务中没有一个能协调与整合各方资源和利益的主体, 没有能有效化解以上矛盾的中介方。基于"源创新"理论, 引入共同配送服务平台主体非常有必要, 目的是打破原来电子商务配送链条中点对点式的配送体系, 建立适应互联网信息化时代动态网络平台式的配送体系。

　　共同配送的核心是共同配送的组织主体如何对电子商务配送需求进行整合，通过统筹安排以优化末端资源和提高配送效率。而建立共同配送服务平台的主体可以是第三方共同配送服务商，如北京城市 100、收货宝和深圳猫屋等；也可以是各快递公司共同结盟组成的联盟式共同配送服务商，如菜鸟网络、亚马逊等。在"源创新"理论思想下，共同配送服务商的使命就是利用自身的能力和资源，通过完善的服务、科学的战略合作方式及合理的利益分配制度，组合一面市场成员的资源及能力来满足另一面市场成员的多样化需求及欲望。因此，这个共同配送服务平台不仅自身要有丰富的运营经验，同时需要拥有强有力的人际关系网络以整合资源的能力，才能保证电子商务共同配送体系的"两面市场"的建立。

　　2. 确立电子商务共同配送新理念价值

　　当共同配送服务商作为平台主体后，平台企业必须确立平台的运营价值理念。众所周知，目前电子商务末端配送问题归根结底是没有满足顾客的需求，没有为顾客提供多样化及差异化的优质服务，并且大部分快递企业在同质化严重下也缺乏给顾客提供精细化服务的能力，这正是目前电子商务末端配送发展的核心瓶颈问题。而共同配送服务商根据顾客的服务需求，整合多方资源，提供专业化的服务，可以有效化解快递与消费者在配送服务中的矛盾。也就是从顾客需求、顾客价值主张为出发点和新理念价值，创新电子商务共同配送商业模式。

　　实施电子商务共同配送后，电子商务货品包裹流动中有四个对象参与，分别是电商卖家、快递企业、共同配送服务商和消费者。共同配送服务商承担着"最后一公里"的配送服务，它为快递企业解决了"最后一公里"的派送难、重复派送和顾客投诉等困境，又为消费者提供优质的配送服务，解决消费者面对快递员派件时产生的各种问题。可见，共同配送服务商作为快递企业和消费者的桥梁，它的直接服务对象是快递企业和消费者。部分电商卖家看好共同配送服务商的服务水平，也愿意通过落地配或网上订单信息平台嵌入共同配送网点的形式与配送服务商合作，成为其间接服务对象（见图 1-6）。

　　在电子商务的服务链条中，可以发现，最终的服务对象是消费者。只有消费者持续地网购并养成网购的习惯，整个电子商务供应链才会带来源源不断的订单，保持系统链条的正常运转和生命力。因此，通过共同配送提高服务顾客的综合水平和系统内成员的效能与利益，便成为电子商务共同配送新理念价值。基于新理念价值，引导共同配送的参与对象，始终围绕顾客的多样化需求提供精细化的优质服务，以提高客户的满意度和忠诚度。

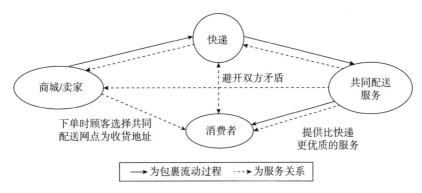

图 1 - 6　服务对象与物流（包裹）流动示意图

3. 构建电子商务共同配送的两面市场

共同配送服务商作为电子商务末端配送的中介方，一方面为商家、快递企业提高顾客满意度及解决"最后一公里"配送的问题；另一方面给顾客提供专业化、多样化的服务，如代收货自提、代寄件、充值缴费以及不满意即退等便民服务。因此，共同配送服务商可以很自然地成为商家、快递公司与消费者之间的平台，进而建立电子商务共同配送两面市场商业模型（见图 1 - 7）。

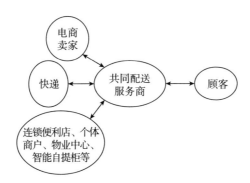

图 1 - 7　电子商务共同配送两面市场模型

共同配送服务商平台的主要运营战略应是通过平台整合左面经营实体更高价值的产品和服务来提供给右面的网购消费者，使其获得满意的购物体验。因此，共同配送服务商是平台主体，平台的右面是消费者，平台左面是电商卖家、快递企业等经营实体。此外，共同配送服务商为了向顾客提供更便捷优质的服务和节省建设配送网点的投入成本，可以积极鼓励在居民生活社区附近的商家加入到平台上来，如连锁便利店、个体商户和物业中心，而在货物较少且偏远的住宅区和写字楼，可以配置智能自提柜等网点形式，丰富共同配送的网点类型，增加共同配送服务空间密度，提高消费者的服务体验，促进良性的两面市场的形成。

4. 平衡各方利益，加强正向网络效应

在共同配送服务平台的运营中，如果越多合作方加入和消费者选择其服务，该服务的理念价值就越高，其理念所带来的价值将令越多的成员分享到，从而会诱发更多成员加入，于是平台在正向的网络效应下越来越强大；反之，这个平台则会萎缩甚至灭亡。因此，共同配送平台通过建立一个有效的激励机制，形成良性的盈利模式和利益分配机制，是维持两面市场正向的网络效应的基础。

通过调研了解到，一方面当前消费者还没有完全体验并习惯于共同配送服务商提供的优质配送及增值服务，对共同配送服务商没有产生过高的依赖心理；另一方面，面对目前快递业竞争激烈、利润微薄的情况，快递企业也不愿意掏出仅有的利润分给共同配送服务商。因此，如果共同配送服务商想从"流创新"的价值链理念来盈利，即分别向顾客和快递企业收取基础服务费，显然是行不通的，只会陷入两边不讨好的泥潭。因此，基于扩大顾客基础和拉拢更多快递企业进入共同配送平台，必然对他们采取免费模式的定价策略（张运生等，2013）。

而从电子商务的交易主体来看，共同配送服务商如果让电商卖家感受到，它的顾客增强了从网上购物到末端配送整个过程中的购物体验，从而获取良好的评价，提高顾客忠诚度和黏性，电商卖家是乐意支付一定金额服务费的。目前，淘宝、天猫平台正初步实施，也就是说，只要消费者在淘宝、天猫商城网购下订单时，收货地址选择在线下提供的共同配送自提服务站，共同配送服务商就会按每件向淘宝、天猫商城收取 1~2 元的服务费。虽然电商卖家给共同配送服务商支付服务费而带来额外的成本，但随着网购订单在相近区域末端包裹密度的增加，电商可以跟快递企业商谈减少其单位快件的收费，另外，商城还可以调高包邮金额来平衡支付的额外成本，例如京东商城从原来的满 39 元包邮，调整为满 79 元包邮。此外，共同配送服务商及其网点成员可以采取增值服务来提高收益的收费模式。

　　同时，为提高各系统成员开展共同配送服务的积极性，共同配送服务商从电商平台中所获得的利润和服务顾客所取得的收益应与系统内成员分享。比如，服务商可以免费帮快递公司派送包裹，不收快递公司基础服务费，这样可以解决快递员末端配送服务问题和节省一定人力资源和配送的成本；如果连锁便利店、加盟个体商户、物业中心以及智能自提柜运营商提供包裹自提服务，可以得到一定的利润分成，并随着服务的订单越多，各成员的利润也越丰厚。此外，系统内成员也会实现各自业务价值的提升。例如，给连锁便利店、个体商户带来更多的客流，增加原业务营业额；住户来物业中心取件过程中，物业中心通过与住户的互动，加强了与业主之间的关系，营造和谐社区；智能自提柜运营商通过包裹的订单信息，可以收集顾客的个人信息和消费偏好，为后期的大数据挖掘和精准营销提供数据基础。

　　在这种盈利和平衡各方利益的模式下，不仅顾客体验到满意的服务，也使各合作方得到盈利和成本效益，共同配送服务商也获得可持续发展的机会，从而实现平台服务商与合作方"优势互补、资源共享、互惠互利、共同发展"的双赢业态，逐渐形成强大的正面网络效应。

　　5. 激发互动创新，构建共同配送生态系统

　　共同配送服务商通过有效的激励措施，为系统内成员创造新价值，并在平衡各方利益下，发挥正面的网络效应，使得两面成员的数量和资源不断上升。而在共同配送商业系统成长过程中，为使商业系统正向的网络效应发挥越来越强大，共同配送两面市场的成员需要以"流创新"进行支持，成员支持力度越强大，共同配送商业系统成长速度越快。也就是说，系统内各成员在"源创新"的战略思想中，各自针对共同配送服务流程实施内部自身"流创新"的运营优化。比如，共同配送服务商的自建配送网点、合作的连锁便利店和个体商户为吸引更多消费者选择共同配送网点的服务，可以将配送网点打造成为居民生活中必不可少的社区服务点，使配送网点提供的服务融入到居民的生活当中。比如，配送网点除了提供代收货、寄件服务外，还为居民提供充值缴费、家政预约以及金融理财推广等便民服务。此外，借助合作的电商平台在该区域销售数据，分析居民的消费需求和偏好，针对居民需要的商品，引入O2O双线营销的模式，在该区域投放合适的促销信息和商品，帮助居民代购和配送，做到精准营销，以逐步打造汇集人流、物流、商流和信息流为一体的居民社区生活圈，激发"源创新"与

"流创新"的互动创新。

此外，城市在为居民提供高效、便捷、优质的配送服务的同时，也缓解了减少车辆尾气排放、噪声污染和交通拥堵等城市问题，其社会效益越来越受到政府的肯定。目前，全国各试点城市正努力探索城市共同配送试点工作，陆续为共同配送服务商制定相关扶持政策与资金支持，如帮助完善共同配送便捷通行措施、科学规划城市共同配送网络布局和加强电商物流复合型人才培养等。通过经费资助培育共同配送示范企业来逐步建立和规范城市共同配送市场，并借助示范效应带动共同配送行业的良性发展，以加快发展创新型、开放型、集约型的配送模式，从而构建一个能解决电子商务"最后一公里"末端配送服务问题，提高顾客网购体验，整合末端配送资源，系统内各成员受益并获得政府支持的电子商务共同配送生态系统模型见图 1-8。

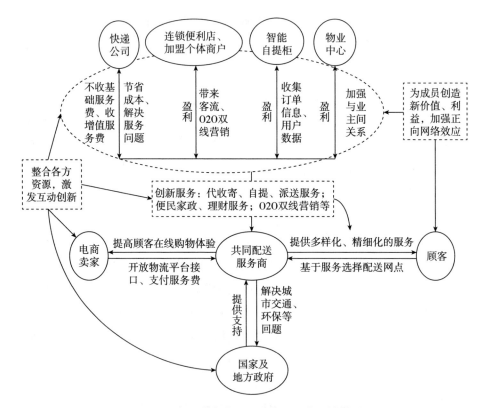

图 1-8 电子商务共同配送体系生态系统模型

可见，以推行全国城市共同配送试点为契机，应用"源创新"理论探索解决当前电子商务共同配送模式体系构建的生态系统设计问题。提炼并利用"源创新"的五个关键要素分别提出共同配送核心主体的建立、共同配送新理念价值的提炼、共同配送两面市场的构建、加强正向网络效应及激发"流创新"和"源创新"的互动创新等一系列的创新活动，从而构建电子商务共同配送体系生态系统模型，为引导城市共同配送试点工作提供科学的理论基础。

四、加强电商环境下城市共同配送体系的策略保障

（一）加强政府引领作用，培育共同配送主体

城市共同配送是未来电子商务和城市经济发展的重要支撑环节，是促进快递物流行业转型升级的良好契机，对深入推动我国城市商贸流通、创新城市配送模式和便利居民生活具有重要示范带动意义。因此，需要在政府的指导、支持和引领下求得发展，推动城市共同配送的前期建设，通过建立"N＋1"家垄断竞争型的城市共同配送服务主体来完成初步的实施阶段。一方面，需加大城市共同配送试点项目，扩大试点范围，增强城市共同配送体系政策扶持力度，通过培育城市共同配送示范企业逐步规范和发展城市配送市场，并借助示范效应带动城市配送行业的良性发展，形成城市经济的帕累托最优。另一方面，要建立城市共同配送联盟，积极发挥行业组织资源共享、行业自律、规范市场的作用，形成政府部门、行业协会组织和物流企业间的良性互动机制，以进一步促进城市配送标准化体系的建设，提升物流企业运营效率，降低作业成本，提高城市共同配送标准化水平。

（二）注重规划城市共同配送网络空间布局

科学规划城市配送的网络与空间布局是顺利开展城市共同配送、避免重复建设和提高物流配送效率的关键。网络布局应注重一级网络重衔接的物流园区分拨中心、二级网络重布点的公共专业配送中心、三级网络重覆盖的城市末端配送网点，形成以"点、线、面"结合的三级城市共同配送网络体系。空间布局方面，一级网络主要从城市的功能定位出发，注重城市与周边经济区域物流服务功能的衔接，并充分结合城市总体规划和国家区域发展战略及"一带一路"制定的《全国流通节点城市布局规划（2015－2020年）》的要求，科学建设一级城市共同配送枢纽网络，提升物流园区综合服务功能和内外辐射能力；二级网络根据城

市总体规划的城乡空间结构，依据城乡统筹、合理分布的原则，划定城市共同配送区域，规划和整合连锁商超企业、农副（生鲜）产品和医药等行业市场配送中心，提升行业集聚、协同配送和集中仓储等功能，向行业共同配送过渡，并逐步对专业批发市场进行资源整合和布局调整，向公共配送中心转型升级；三级网络作为城市末端共同送站点，是最接近顾客的"最后一公里"，主要以强化服务为主，规划以网点的密集度和覆盖率为侧重点，依据人口的空间分布密度和消费水平进行功能分区，以多渠道、多业态和专业化融合发展末端共同配送网络体系。

（三）建立城市共同配送车队，优化便捷通行措施

为解决城市物流快递配送车辆进城难、装卸难和停靠难等问题。首先，商务、交通、公安、邮政等管理部门可联合制定城市共同配送车队管理文件，对符合规范标准的企业、车辆进行审批、备案，并联合连锁商超、医药、农副产品、快递物流等代表企业，组建一批统一标识、专业化、社会化城市共同配送车队。其次，科学制定城市共同配送试点车辆通行调度管控措施及高峰时段通行政策，对具有统一标识或通行许可证的城市共同配送车辆，制定调度通行时段和区域，针对不同配送区域、车辆类型和货物类型进行分类调度的通行政策，优化在禁停路段城市共同配送车辆的停靠管理，合理制定城市共同配送车辆临时专用停车位或建设临时停靠泊位，对城市共同配送车辆在交通安全畅通的情况下给予必要的停车便利。最后，在城市末端配送网络区域，在制定规范快递专用电动三轮车技术标准前提下，鼓励使用节能、便捷、高效的纯电动三轮车，推动绿色物流配送发展。

（四）建设城市共同配送信息平台，提升信息化水平

城市共同配送信息服务平台是物流、商贸、电商等企业参与城市共同配送，开展物流配送交易活动的重要平台。行政管理部门可通过引导，依托城市物流骨干网络和龙头示范企业，采取先管理部门牵头，后市场化运作模式，开发以云计算、大数据和移动互联为核心，集电子政务、电子商务、信息发布、在线交易、统计发布和诚信认证等功能于一体的城市共同配送信息平台，推动 GPS、GIS、RFID、EDI、GRPS、WMS 和 TMS 等信息技术的应用，充分发挥信息服务平台整合社会配送资源、实现物流配送信息公用共享和提升物流配送经济效益的作用。鼓励商贸企业、制造业与城市共同配送信息平台对接，打造城市共同配送服务的标准化和诚信服务体系，提高城市共同配送的信息化水平，提升以信息为驱动的

城市共同配送公共服务功能。

（五）创新末端配送模式，提高服务质量

末端配送作为城市配送的"最后一公里"，一直是约束城市配送发展的困难所在。因此，必须以完善的末端配送体系，以专业化、精细化和多样化的服务来开展城市末端配送。首先，末端共同配送的核心是服务主体如何对末端配送需求进行整合，通过统筹安排优化末端资源和提高配送效率。目前，按照末端配送服务主体的不同，可分为自营模式、联盟模式和第三方模式的服务主体。城市可根据地方商贸发展水平和物流快递企业的规模实力，因地制宜、统筹规划采取单一或混合的服务主体形式，开展城市末端配送服务。其次，在优化末端配送网点的布局上，末端配送服务主体除了自建配送网点外，可充分利用城市的连锁商超、邮政系统的网络资源优势，并整合便利店、物业公司、药店及个体工商户加盟等形式扩充末端配送网点规模、增加网点覆盖面，以降低投入成本，提高网点利用率。最后，在末端配送服务形式上，可采取以自建配送网点上门派送服务为主，以便利店、物业公司和个体商户等第三方合作设立自提点为辅，以在居民社区、院校、商业中心等人员素质高、安保条件好的区域设置"公共智能自提柜"为补充的形式，来保证配送服务水平，提高顾客满意度。

（六）构建城市共同配送标准化评价统计体系

首先，通过"政府部门主导、企业参与、科研机构支持"等方式，参照国内外先进物流配送标准经验，联合电子商务企业、连锁商超和物流快递服务企业建立城市共同配送服务标准，引导编制《城市共同配送服务规范》《城市共同配送服务技术标准》及《城市配送服务联盟标准》等文件，逐步形成统一、规范的城市共同配送服务标准体系。其次，制定《城市共同配送绩效评价指南》《城市共同配送统计数据指标体系》等评估统计文件，做好日常评价统计数据的采集、处理和分析工作，构建能客观反映行业发展、动态与静态相结合的城市配送指数及城市共同配送评价统计体系，并充分利用城市配送评价指标和统计成果，做好行业大数据的分析挖掘，及时监测分析城市共同配送发展，为行业发展进行科学分析和决策。

五、结语

电子商务与物流已连续两年写入政府工作报告，要求鼓励电子商务产业创新发展、促进电子商务健康发展及与物流配送融合发展。电子商务成为引领传统产业互联化的国家战略性支柱产业，协调处理好电子商务发展的各个环节尤为重要。其中，电子商务"最后一公里"配送环节的各种矛盾，已阻碍着电子商务的健康发展。城市共同配送是以城市居民生活、商业贸易和都市工业等为主要服务对象，满足城市经济和社会发展需要的物流配送活动。在技术创新、商业模式创新和电子商务物流融合发展驱动下，城市共同配送逐渐成为电子商务持续健康发展不可或缺的支撑环节，是电子商务发展的重要推动力，也是影响城市社会发展水平的重要因素。地方政府部门应抓住国家"一带一路"倡议、电子商务与物流快递融合发展的机遇，加强规划引领和政策导向作用、科学规划城市配送网络空间布局、提升信息化水平和完善基础设施建设，着力引导行业资源整合与业务延伸，推进行业标准化应用，鼓励末端配送模式创新，提高服务水平，提升城市电商物流业的集聚力和竞争力，为城市共同配送创造良好的发展环境，对推动电子商务和现代物流业创新融合发展、优化产业布局、促进物流快递业转型升级、深入推进全国城市共同配送发展具有重要意义。

第二章　电子商务与快递物流协同发展关系的空间动态性

第一节　引言

国家邮政管理局的统计数据显示，2019 年全国快递业务收入达到 7450 亿元，同比增长 23%；快递业务量累计超过 630 亿件，同比增长 24%。我国快递已连续 10 年保持高速增长，平均年增长率超过 40%。物流快递业的高速发展，使得物流快递行业已成长为国民经济的重要支柱产业。国家邮政局的统计显示，2018 年物流服务制造业形成 318 个重点项目，年产生快递业务量约 8.36 亿件，带动制造业总产值约 2172.94 亿元，年支撑跨境电子商务贸易额超过 3500 亿元。由于物流快递行业具有很强的产业关联性，已慢慢从中间产品型基础产业发展为中间产品型产业，其发展对其他产业的支撑作用越来越明显。自 2015 年国务院发布《中国制造 2025》纲领性文件，提出实施制造强国战略以来，我国大力投入十大高端制造业，国务院已分批审核多个"中国制造 2025"试点示范城市和城市群。物流业与制造业之间存在相互渗透的影响，物流基础设施的完善和物流效率的提高降低了制造业的仓储、运输等成本，制造业的发展又进一步推动了物流水平的提高。因此，研究快递行业发展的影响因素及对当地经济增长的影响，对于引导物流快递行业健康稳定发展具有重要的推动意义。另外，伴随着互联网的发展和居民消费水平以及交通便利程度的提升，网购人数迅速膨胀，进一步推动了快递业的迅猛发展。研究快递行业的发展，对于引导快递行业平稳、健康、有序地发展有着重要的推动作用。因此本书基于 2002～2016 年这十五年的数据，研究互联网发展、居民消费水平和交通便利程度对全国 31 个省、自治区、直辖市（不含港、澳、台）快递行业发展的影响。

第二节　国内近年来与电子商务、物流、快递等行业相关的研究成果概述

一、产业协同集聚

产业集聚是指产业在特定空间集聚的一种地缘经济现象，既包括受自然资源禀赋的吸引而集中（第一属性），也包括在集聚空间的自我强化过程（第二属性）。大部分文献的产业集聚主要指单一产业在空间的集聚现象。

协同集聚是指单一产业在空间上存在集聚现象，不同产业也倾向于在空间上彼此邻近。这一研究最早是由 Ellison 和 Glaeser 于 1997 年对差异化产业之间的空间集聚现象进行关注并提出来的。产业协同集聚中的差异化产业之间通常具有某些关联关系，如投入产出关联（垂直关联）、技术关联（水平关联）等，并通过共同集聚产生金钱外部性、技术外部性等空间外部性，以及协同集聚效应。产业协同集聚不仅是指某一产业在区域空间的集聚，还包括异质性多产业在统一城市地域靠近。

在物流快递行业的产业协同的实证研究方面，王子敏（2012）以月度数据为基础建立时间序列模型研究了互联网发展、经济增长与快递业务量之间的关系。关高峰等（2013）运用截面数据研究了区域物流发展水平。刘丹等（2014）基于协同学理论，通过建立子系统有序度模型对 2008～2012 年电子商务业和快递业的有序度和协同度测定，发现电子商务业发展较快、快递业发展相对滞后，依据协同效应原理和自组织原理提出两业协同发展路径。聂正彦等（2015）基于传统面板模型研究物流业对中国区域经济增长的影响，发现物流业对中国经济增长有显著正向影响。武淑萍等（2016）运用协同学序参量原理构建了电子商务系统

与快递物流系统的协同发展模型，并以近十年的统计数据进行实证分析，结果表明：电子商务发展的有序度高于快递物流服务业的发展，两者整体协同度呈逐年上升但缓慢增长的态势。陈宾（2016）基于时间序列模型利用 2005~2014 年我国电子商务与快递业发展的相关指标数据，基于 VAR 模型进行实证分析，结果表明：电子商务与快递业之间存在着长期稳定的协整关系，协同发展趋势明显。柳谊生等（2017）基于产业发展理论研究了快递投入对产出的影响，发现快递资本投入与产出之间存在正向促进和因果关系，但快递劳动投入与产出之间的促进作用和因果关系并不显著。冯居易等（2018）基于 2008~2017 年的季度数据建立时间序列模型，运用协整检验、误差修正模型和脉冲响应分析，验证了我国电子商务和快递业之间的长期均衡关系，且电子商务对快递有正向推动作用。梁雯等（2018）以 2007~2016 年全国的面板数据为基础研究了电子商务与快递的协同发展轨迹与路径，得出结论：电子商务与快递物流复合系统系统度增长缓慢但总体呈上升的趋势。沈颂东等（2018）基于产业链视角，采用聚类—灰色关联分析方法监测了 2008~2015 年快递与电子商务产业协同度指标，研究发现：快递与电子商务呈现良好的协同发展态势，但协同发展不稳定。田帅辉等（2018）从战略、战术和运作三个层面构建了电子商务与快递业协同评价指标，并运用熵权法和模糊集合理论对 2011~2015 年的有关数据进行了实证分析，结果显示：两者的协同度呈逐年递增但略有下降的发展趋势。陈治国（2018）基于传统面板模型研究物流业的产业影响效应，结果表明：物流业对第一产业增加值、第二产业增加值以及不含交通运输、仓储和邮政业的第三产业增加值均有显著的正向促进效应。

二、产业关联

产业关联理论又称投入产出理论，最早是由美国经济学家里昂惕夫在 1931 年提出的，它主要通过编制投入产出表和建立相应的数学模型，研究存在于社会经济活动中各产业之间广泛的、复杂的和密切的技术经济联系。从产出性质上根据某一产业的中间需求率和中间投入率将产业分为四个类型：中间产品型基础产业、中间产品型产业、最终需求型产业和最终需求型基础产业。根据国民经济中各产业之间投入与产出、供给与需求之间的内在关系，将产业关联分为产业的后向关联和前向关联。同时根据产业感应度和影响力、生产的最终依赖度以及就业和资本需求量衡量产业波及效果。

近年来，产业关联理论在物流快递业中运用较为突出。侯石安等（2019）通过对贵州省1995~2018年物流投入产出进行实证分析发现：物流投入对贵州省农业经济增长影响最为显著。李娟等（2019）基于效率视角分析了河南物流业发展的质量，认为高质量的物流发展能带动农业、工业的联动发展，并与经济发展产生双向互动。刘丹（2017）基于全产业链视角和全产业链物流运作模式理论，研究了物流业对国民经济产业影响力、产值、GDP及就业增长的贡献值和贡献率，结果显示物流业对经济增长的影响力为7.28%、对制造业发展贡献率为5.29%。物流对第三产业的贡献作用最大，其次为建筑业和工业。李小超等（2016）分析了浙江省邮政业的产业关联与波动，结果表明：邮政业对国民经济发展的重要性呈不断增加的趋势，邮政业与金融保险、租赁商务、住宿餐饮、批发零售等行业的发展呈良性促进作用。汪海等（2016）甚至认为，快递业的发展不仅与电商的蓬勃兴起联系紧密，更能在推动制造业转型升级、促进新型城镇化与现代服务业的深度融合发展等方面发挥桥梁纽带作用，快递业对于拉动内需、促进消费、改善民生、吸纳就业等方面有着广阔的市场前景和强大的生命力。陈永锋（2014）基于灰色系统理论和信息熵值法研究了山西快递业与相关产业的关联度系数，得出与快递关联度由大到小的顺序依次为物流业、交通运输仓储邮政业、批发零售及餐饮业、建筑业、金融业的结论。邓琪等（2013）利用产业关联法预测出对物流需求旺盛的行业包括制造业、建筑业、批发零售业和金融业。侯祥鹏（2013）比较了九大物流大省的物流投入产出，发现从产业关联效应看，物流业与工业、服务业的关联效果显著大于农业、建筑业；从产业驱动力看，消费对物流业的诱发效应最为显著。梁红艳等（2013）分析了8个典型国家（或地区）的物流业发展水平及其与制造业的产业关联，得出结论：物流业对制造业的中间投入率呈上升趋势。盛晏（2012）基于历次投入产出表视角，研究了物流业的经济效应及其变动情况，结果表明：物流业正在由中间产品型基础产业发展为中间产品型产业，物流业与其他产业的关系越来越密切，且物流业的发展对其他产业的支撑作用大于带动作用。从以上学者对物流关联行业的研究可以看出，物流行业与诸多行业之间存在较强的关联关系，且为多个行业的发展提供了重要支撑作用。研究作为物流行业重要子分支的快递行业，对于推动物流、批发零售、餐饮业等行业的发展具有重要的意义。

有关快递业发展的区域差异研究显示，我国快递业的省际、区域差异以及区域内部都非常明显，且差距呈现不断扩大的趋势（王宝义，2016）。我国快递业发展具有明显的正空间相关性，快递业发展水平高的省份往往产生集聚效应，形成族群，且族群成员之间的相互依赖程度逐渐增强，使得快递行业的整体发展呈现出两极分化的格局（李玉民，2017）。居民收入差距、经济发展水平不同是制约地区快递发展的主要原因（郭月凤等，2013）。劳动力的质量与数量关系到地区经济的规模，进而影响区域产业聚集（周应恒与刘常瑜，2018）。我国的干线运输基础设施建设尽管取得了长足的进步，但依然存在整体规模不够，社会配送环境协调性不高的问题，这一因素成为制约快递业发展的重要因素之一（汪海等，2016）。

三、物流快递产业协同发展

关于快递业的发展，最近十年不同学者从不同的角度进行了研究，主要分为理论研究和实证研究两方面。在理论研究方面，姜波（2012）建议我国快递企业应通过巩固国内市场、开拓国际市场，整合再造快递业务、提升关键资源能力，以实现业务由单一功能性快递服务向定制化、一体化供应链服务转变，使得快递企业能由劳动密集型向技术密集型、由快递业务操作商向物流综合集成商转型，以抵御国际渗入。吴昊等（2014）认为快递业对促进产业转型发展、提高消费水平、增加就业具有重要作用。杨萌柯等（2015）提出了电子商务与快递物流协同配送模式，通过大数据分析系统和O2O电子商务系统的建设，构建以云平台为基础的城市快递物流协同服务网络，完善城市快递末端协同配送体系；郭云等（2015）指出我国快递业总体规模发展快速，但是仍存在企业规模小、缺乏具有国际竞争力的大型快递企业的问题，应通过鼓励快递企业兼并重组、解决企业融资难题和企业自身提高管理水平实现规模经济的政策建议。刘似臣等（2015）通过对我国快递业内外资竞争状况进行分析，指出我国快递业规模迅速扩大，市场集聚度较高，内外资快递企业在服务网络、服务质量上存在一定差距，外资进入后我国快递业市场绩效处于上升通道。孙学琴等（2015）研究指出：我国电商的发展正受制于快递的发展水平，需要政策助推、产业演化及环境助推，为两者协同发展提供现实动力。胡凯（2016）指出由于供应链水平低下导致制造业物流成本居高不下，因此快递业的发展对于推动制造业转型升级尤为重要，而服务制造业供应链是推动快递业转型升级的有效路径。苏玉峰（2016）认为快递行业的发展能为航空物流培育新的业务增长点。吴鹏（2017）提出快递业发展过程中面临的深层次障碍和矛盾需要通过全面深化快递业改革，贯彻协同创新的理念，政府和企业之间共同协作、相互配合，才能推动快递业繁荣与兴盛。

目前有关快递乃至物流行业协同发展的研究中，针对快递行业的实证研究较少，实证研究中多是选择的横截面模型、时间序列模型、传统的面板模型，大多数未考虑到空间差异。李剑等（2016）、龚新蜀等（2017）、钟昌宝等（2017）、唐建荣等（2017）多位学者运用空间计量模型进行实证研究均表明，中国物流业发展的地域特征明显，呈现正的空间自相关，且物流产业集聚对区域经济增长具有显著的经济溢出效应，因此在研究快递行业的发展时有必要考虑空间差异。在已有研究的基础上，本书的创新之处在于：一是选取空间动态杜宾模型对影响快递行业发展的因素进行分析；二是引入经济距离，作为相应的空间权重矩阵的设定基础；三是建立分块对角矩阵测算面板数据的空间集聚。基于产业关联的理论研究快递行业发展的影响因素，不仅对快递行业本身的发展具有重大作用，更能拉动需求，带动物流、零售、交通运输等关联产业的发展，推动电子商务物流服务供应链、产业链的积聚和完善。

第三节　研究模型的构建

一、空间计量模型

20世纪70年代以来，由于地理信息技术的快速发展，空间数据日益丰富，引起了许多学者对于区域发展领域对空间区位因素的关注与考察，研究空间效应，空间计量经济学应运而生。Anselin（1998）最早提出空间计量经济学的概念，将经济活动的空间相互作用和空间结构问题纳入计量经济学的考虑范围，建立空间计量经济模型。他将影响变量之间空间关系的空间效应分为空间相关性和空间异质性。空间相关性是指区位位置不同的各个变量之间相应影响，即不同空间区位上的观测值具有一致性，如外溢性、邻近效应等，导致某变量对周围其他变量产生影响。空间异质性是指区位位置不同导致的空间中各变量存在很大差异，即不同空间区位上的观测值具有独特性，如中心—外围效应。

根据空间效应呈现的方式不同，空间计量模型分为空间误差模型（SEM）、空间滞后模型（SLM）和空间杜宾模型（SDM）。空间杜宾模型考虑了空间滞后的解释变量和被解释变量对被解释变量的共同影响，是空间滞后模型及空间误差模型的一般形式，作为唯一能得到无偏系数估计的模型，能够更好地估计不同观测个体产生的溢出效应和基于面板数据测算空间溢出效应。

二、空间杜宾模型的构建

在空间回归分析中，区域位置对观测值产生的影响借助权重矩阵表达。空间权重矩阵的设定方法有多种，一般考虑区位距离和经济联系，主要有以下三种：

（一）邻近矩阵

邻近矩阵是最为简单而常用的空间权重矩阵，分为一阶邻近矩阵和高阶邻近矩阵。一阶邻近矩阵采用相邻概念，Anselin（2003）提出，一阶邻近矩阵有Rook 邻近和 Queen 邻近两种计算方法。Rook 邻近矩阵以两区域有共同边界定义；Queen 邻近矩阵以两区域有共同边界和共同顶点定义。一般认为，Queen 邻近矩阵与周边地区有更为密切的联系。高阶矩阵是考虑一个地区的溢出效应不仅会影响到邻近地区，也可能影响到邻近地区的相邻地区。

（二）距离权重矩阵

由于邻近矩阵存在简单的地理位置缺陷，Pace（1997）提出了距离权重矩阵，即根据对经济联系的判断，事先设定距离临界值——门槛距离，低于该距离，则为邻近，超过该距离，则为非邻近。距离权重矩阵的设定实质上假定两区域之间的作用距离，操作简单。但距离权重矩阵的设定也存在两方面的弊端，一方面，空间单元面积相差较大，面积小的地理单元将比面积大的地理单元拥有更多的邻近单元。针对这个问题，Anselin（2003）提出 K 值最邻近空间权重矩阵，在给定区域周围选择 4 个最邻近区域，计算 K 值最近邻居权值的大小。另一方面，门槛距离的设定存在较强的主观性，门槛距离设定不当将会对空间权重矩阵和经济问题产生重大影响。

（三）经济空间权重矩阵

经济空间权重是利用社会和经济因素设定空间权重，这种方法的设定较为复杂，一般根据 GDP、交通运输量、资本流动等设定。林光平（2006）采用地区间人均 GDP 差额来测量地区间的经济距离，引入经济空间权重矩阵。对中国地区经济收敛性的研究结果表明，引入经济距离的空间权重矩阵更加接近区域经济的现实。

三、研究步骤

利用空间计量模型来量化空间效应情况，需要关注以下几个问题：

首先，设定空间权重矩阵。空间权重矩阵的合理设定与否直接关系到研究的成败，不合理的权重矩阵可能导致模型参数的估计结果存在严重偏误。

其次，设定空间效应函数。大部分文献研究集中在线性模型的空间效应，忽略了现实中经济变量之间的非线性关系。空间效应函数的设定合理性直接影响到空间效应的度量。

最后，处理空间异质性的问题。空间杜宾模型主要研究空间相关性，对于空间异质性的问题需要通过其他方法处理。

第四节　互联网发展、居民消费与快递市场关系的实证研究

一、研究假设

（一）互联网发展水平与快递业发展

互联网与电子商务的迅猛发展带动了网购消费的提升，从而对快递的发展起到巨大的推动作用。互联网的发展推动了网购的飞速发展，2016 年网络零售额超过 4 万亿元，占社会消费品零售总额比重达到 12.5%。基于 B2C 的网购，极大地改变了人们的消费行为和消费习惯，网购普及率和网购用户每年均保持高速增长，特别是以北京、上海和广东为代表（见表 2-1）。

中国互联网络信息中心的数据显示：截至 2018 年 6 月，我国网民规模达 8.02 亿人，互联网普及率为 57.7%（见表 2-2）。其中城镇网民规模达 6.91 亿

人，占比 72.7%；农村网民规模达 2.11 亿人，占比 26.3%。我国网络购物用户规模达 5.69 亿，占网民总体比例达到 71.0%，网上购物渗透率一直在提升。从表 2-2 的互联网普及率和增速来看，呈较为稳定增长的态势。

表 2-1　2016 年 12 月京、粤、沪三地互联网普及率和增速

省份	网民数（万人）	互联网普及率（%）	网民规模增速（%）	普及率排名
北京	1690	77.8	2.6	1
上海	1791	74.1	1.0	2
广东	8024	69.7	3.3	3

数据来源：第 39 次《中国互联网络发展状况统计报告》。

表 2-2　2013~2018 年网民及互联网普及率情况

时间	网民数（万人）	互联网普及率（%）	网民规模同比增速（%）
2013 年 6 月	59056	44.1	—
2013 年 12 月	61758	45.8	—
2014 年 6 月	63200	46.9	7.0
2014 年 12 月	64875	47.9	5.0
2015 年 6 月	66769	48.8	5.6
2015 年 12 月	68826	50.3	6.1
2016 年 6 月	70968	51.7	6.3
2016 年 12 月	73125	53.2	6.2
2017 年 6 月	75116	54.3	5.8
2017 年 12 月	77198	55.8	5.6
2018 年 6 月	80166	57.7	6.7

数据来源：中国互联网络信息中心。

电子商务的兴起，特别是网络购物的爆发式增长，给快递业带来了飞速发展。快递发展与信息技术的发展特别是互联网的发展息息相关。网络技术的迅速发展使得互联网上网人数急剧上涨，促进了电子商务的发展，成为商家与客户之间的连接纽带。因此本书提出以下假设：

假设 1：互联网上网人数对快递业务量有正向推动作用

有关互联网的衡量指标，不同文献大致分为四种：互联网用户数、互联网网站数量、互联网指数及互联网普及率。由于本书研究互联网带动网购消费进而推动快递业发展，因此以"互联网上网人数"作为互联网发展水平的衡量标准。

（二）居民消费与快递业发展

近年来，随着我国经济的增长，人民生活水平逐步提高。居民消费水平呈日渐增长的趋势，特别是农村居民的消费水平，十年平均增长率达到 12.80%，超过了 GDP 的增长速度（见表 2 - 3）。在中国的城镇化发展日新月异，交通日益快捷方便的环境下，农村人口流动愈加频繁。随着互联网与电子商务的普及，国家"乡村振兴计划"的实施，农村人口回归家乡创业的人数越来越多，带动了农村就业，提高了农村居民的收入水平。截至 2016 年 8 月底，全国淘宝村超过3200 个，达到 3202 个，淘宝村网点年销售额超过 2200 亿元，活跃网店超过 66万个，创造的就业机会超过 180 万个，成为农村居民增加收入、脱贫致富的重要途径之一。

表 2 - 3　2008 ～ 2017 年我国居民消费水平对比

年份	居民消费水平（元）	同比增长（%）	城镇居民消费水平（元）	同比增长（%）	农村居民消费水平（元）	同比增长（%）
2008	8707	14.99	14061	12.67	4065	14.90
2009	9514	9.27	15127	7.58	4402	8.29
2010	10919	14.77	17104	13.07	4941	12.24
2011	13134	20.29	19912	16.42	6187	25.22
2012	14699	11.92	21861	9.79	6964	12.56
2013	16190	10.14	23609	8.00	7773	11.62
2014	17778	9.81	25424	7.69	8711	12.07
2015	19397	9.11	27210	7.02	9679	11.11
2016	21285	9.73	29295	7.66	10783	11.41
2017	22902	7.60	31032	5.93	11704	8.54
均值	—	11.76	—	9.58	—	12.80

数据来源：国家统计局网站。

从作为居民消费窗口之一的网购销售额的增长速度可窥见一斑,以"双十一"为例,作为 B2C 交易最具代表性的平台——天猫商城,"双十一"的销售额从 2009 年的 5200 万元增长至 2018 年的 2135 亿元,十年间增长超过 4000 倍;订单从第一届 2009 年的 26 万个迅猛增长至 2018 年的 10 亿多个,10 年间增加了 3800 多倍。据《电商报》的估算和中国艾瑞咨询机构的调查,2017 年每个网购用户每年用于网购的消费金额约为 13000 元。

居民收入的增加,拉动了内需,带动了居民消费水平的提升。同时伴随着互联网技术的发展,网购销售额呈井喷式的增长,推动了快递业的繁荣。因此,居民消费水平的提高对快递业务量提升有正向的推动作用。因此本书提出以下假设:

假设 2:居民消费水平对快递业务量有正向推动作用

(三)交通便利程度与快递业发展

快递的优势是快捷便利,对交通运输能力的要求非常高,快递的飞速发展有赖于交通设施的完善,只有基础设施水平提升了,才能保证快递业务的"准时""安全"和"高效"。

从表 2-4 的铁路公路运营里程对比来看,2008~2017 年,全国铁路里程和公路里程的平均增长率分别为 5.02% 和 2.91%,高速公路里程增长的增长率则为 9.78%,高速公路的增长速度远远高于其他运输方式的增长速度。可以说中国的公路,特别是高速公路的建设,对快递的发展和速度的提升起到了不可估量的作用。

表 2-4 2008~2017 年全国铁路公路运营里程对比

年份	铁路运营里程（万公里）	增长率（%）	公路里程（万公里）	增长率（%）	高速公路里程（万公里）	增长率（%）
2008	7.97	2.18	373.02	4.09	6.03	11.87
2009	8.55	7.28	386.08	3.50	6.51	7.96
2010	9.12	6.67	400.82	3.82	7.41	13.82
2011	9.32	2.19	410.64	2.45	8.49	14.57
2012	9.76	4.72	423.75	3.19	9.62	13.31
2013	10.31	5.64	435.62	2.80	10.44	8.52

年份	铁路运营里程（万公里）	增长率（%）	公路里程（万公里）	增长率（%）	高速公路里程（万公里）	增长率（%）
2014	11.18	8.44	446.39	2.47	11.19	7.18
2015	12.10	8.23	457.73	2.54	12.35	10.37
2016	12.40	2.48	469.63	2.60	13.10	6.07
2017	12.70	2.42	477.35	1.64	13.64	4.12
均值	—	5.02	—	2.91	—	9.78

数据来源：国家统计局。

从表2-5的货物周转量看，2008~2017年我国货物周转量的平均增长率为7.04%，其中公路货物周转量的平均增长率为26.58%，剔除2008年的异常增长率为8.49%。公路是我国同城、异地快递业务最主要的交通运输方式，快递业务的增长是伴随着公路周转量的增长而飞速发展。

表2-5　2008~2017年货物周转量对比

年份	公路货物周转量		货物周转量		快递业务量	
	数量（亿吨公里）	增长率（%）	数量（亿吨公里）	增长率（%）	数量（万件）	增长率（%）
2008	32868.19	189.46	110300.00	8.76	151329.30	25.9
2009	37188.82	13.15	122133.31	10.73	185786.00	22.8
2010	43389.67	16.67	141837.42	16.13	233892.00	25.9
2011	51374.74	18.40	159323.60	12.33	367311.00	57.0
2012	59534.86	15.88	173804.46	9.09	568548.00	54.8
2013	55738.08	-6.38	168013.80	-3.33	918674.89	61.6
2014	56847.00	1.99	181668.00	8.13	1395925.30	51.9
2015	57955.72	1.95	178356.00	-1.82	2066636.84	48.0
2016	61080.10	5.39	186629.48	4.64	3128315.11	51.4
2017	66771.52	9.32	197372.36	5.76	4005591.91	28.0
均值	—	26.58	—	7.04	—	42.73

数据来源：国家统计局。

从表2-6的快递业务结构看，2008~2017年，国内同城、异地、国际及港澳台快递业务量分别占全部快递业务量的平均值分别为24.16%、72.16%和3.68%，且国际及港澳台快递业务量占比呈逐年下降的趋势，而国内同城快递业务量占比整体呈逐年增长的趋势。

表2-6 2008~2017年同城、异地及国际快递量　　　单位：亿件

年份	国内同城	占比（%）	国内异地	占比（%）	国际及港澳台	占比（%）
2008	4.02	26.6	10.05	66.4	1.06	7.0
2009	4.37	23.5	13.08	70.4	1.13	6.1
2010	5.36	22.9	16.73	71.5	1.30	5.6
2011	8.18	22.3	2.73	74.2	1.28	3.5
2012	13.14	23.1	41.89	73.7	1.82	3.2
2013	22.87	24.9	66.37	72.2	2.62	2.9
2014	35.5	25.4	100.9	72.3	3.3	2.3
2015	54	26.1	148.4	71.8	4.3	2.1
2016	74.1	23.7	232.5	74.3	6.2	2
2017	92.7	23.1	299.6	74.8	8.3	2.1
均值	—	24.16	—	72.16	—	3.68

数据来源：国家统计局、国家邮政管理局。

从快递运输方式来看，国内同城和异地快递的主要运输方式是公路和铁路，而国际快递则主要是通过航空方式运输。快递业务的主力军"四通一达"及德邦等快递业"八大金刚"中的六大企业主要是通过公路方式运输，中国邮政通过铁路和公路方式运输，顺丰则通过公路和航空方式运输。

由于快递的运输方式主要是公路和铁路，因此公路和铁路的综合交通便利程度则可以通过货物的周转量来衡量，货物的周转量和集散程度对快递业务的扩张起到了巨大的推动作用。因此，以货物周转量作为评价交通便利程度的评价指标。基于以上论述，本书提出以下假设：

假设3：交通便利程度对快递业务量有正向推动作用

二、实证分析

（一）样本数据选取

由于国家统计局尚未公布2017年相关数据，为考虑数据的准确性及可获得

性，故选取 2002～2016 年这十五年间全国 31 个省、自治区、直辖市（不含港澳台）的快递业务量为研究对象。自变量包括互联网上网人数、居民消费水平和货物周转量，数据均来自国家统计局。本书的数据借助 Stata 软件进行处理，在显著性水平为 5% 的条件下对模型进行检验。

（二）描述性统计

由表 2-7 的描述性统计可知，快递业务量的区域差距异常悬殊，最高业务量是最低业务量的 19723 倍。互联网上网人数、居民消费水平和货物周转量均存在显著的地区差异。

表 2-7　基本统计描述

变量	描述	均值	标准差	最大值	最小值
EBO	快递业务量	20519.75	64852.54	767241.6	38.9
NIU	互联网上网人数	1238.873	1292.388	8024	6
LOC	居民消费水平	11111.12	7997.136	49617	2301
TOT	货物周转量	3733.746	4020.323	21801.65	108.2

数据来源：笔者整理。

（三）空间权重矩阵的设定

建立空间杜宾模型之前，需要设定相应的空间权重矩阵，以此反映各邻近区域之间的相互作用关系。以往文献在考虑这一问题时，经常会以地理位置相近来考虑，即相近区域的人口货物流动常常会更加频繁，在这个过程中，物流作业成本会在经验曲线下不断下降，从而使得各种要素的空间溢出。因此使用的空间权重矩阵大多基于省域之间的 0～1 矩阵与基于地理距离的空间权重矩阵，然而不管哪种空间权重矩阵都割裂了非相邻区域之间的经济联系。随着当今各类交通及现代信息技术发展，空间距离的定义已经超越了基于地区人口货物流动的外延定义，经济发展水平的相似性，导致的各区域物流点的建设联系对于快递的空间流动更为重要。学者许和年（2016）、罗能生（2018）等均认为经济距离而非地理距离对产业集聚的影响更大，且用 GDP 的差异反映经济距离。因此本书根据 2002～2016 年人均 GDP 差距的倒数为权重，通过设定基于经济距离的空间权重矩阵，来衡量地区之间的相邻程度。其中，收入差距较小的地区，经济发展水平更为接近，其物流点的空间设置及联系更为密集，更符合本书研究的目的，故赋予较大权重，反之则赋予较小权重，其公式定义如下：

$$W_{ij} = \begin{cases} 1/(\overline{Y}_i - \overline{Y}_j), i \neq j \\ 0, \qquad\quad i = j \end{cases}$$

其中，$\overline{Y}_i = \sum_{t=T_0}^{T} Y_{it} / (T - T_0)$，$Y_{it}$ 为 i 省第 t 年的人均 GDP 水平。考虑到我国经济发展往往是区域经济体的集群式发展，且增长方式同样呈现出显著的"俱乐部"收敛，故本书基于物流业的特殊性，以经济距离矩阵来测度快递业的空间相关程度，以更好地反映相邻区域的影响。

（四）空间自相关检验

考虑到以往文献对空间自相关检验都是以截面为处理对象，对于面板数据的空间集聚测算仍难以实现，本书采用建立分块对角矩阵 $C = I_T \otimes W$（其中 I_T 为 $T \times T$ 单位矩阵）方法，代替各统计量的截面空间权重矩阵 W，对统计指标进行测算，得到各变量的空间自相关检验结果，如表 2 - 8 所示。

表 2 - 8　各变量的 Moran's I 系数检验

变量	lnEBO	lnNIU	lnLOC	lnTOT
Moran's I	0.600	0.807	0.589	0.589
P 值	0.000	0.000	0.000	0.000

莫兰指数是用来度量空间相关性的一个重要指标。分为全局莫兰指数（Global Moran's I）和安瑟伦局部莫兰指数（Anselin Local Moran's I）。前者是澳大利亚统计学家帕特里克·阿尔弗雷德·皮尔斯·莫兰（Patrick Alfred Pierce Moran）在 1950 年提出的，后者是美国亚利桑那州立大学地理与规划学院院长 Luc Anselin 教授在 1995 年提出的。通常所说的莫兰指数是指狭义上的莫兰指数，即全局莫兰指数。Moran's I 大于 0，表示空间正相关性，其值越大，空间相关性越明显，Moran's I 小于 0，表示空间负相关性，其值越小，空间差异越大，否则，Moran's I 等于 0，空间呈随机性。P 值代表显著性系数，即相关性是否成立。

表 2 - 8 的空间自相关结果表明无论是被解释变量中各省份的快递业务量，还是不同解释变量，Moran's I 的系数检验都在 1% 显著性水平上拒绝不存在空间

自相关的原假设。而各变量的正向 Moran's I 指数都表明其空间依赖性的高度正相关。该结果进一步说明，分析物流业的发展，必须考虑其空间的相互作用影响，而不仅仅是从各区域出发进行静态分析。

三、计量结果与分析

（一）空间杜宾模型检验

在建立空间杜宾模型之前，需要分别进行 Wald 检验与 Latio 检验，检验结果的 P 值均显著为 0，表明空间杜宾模型（SDM）不能简化为空间滞后模型（SAR）与空间误差模型（SEM），同时考虑到空间滞后项的引入会引发各变量之间的多重共线性，因此本书建立起 SDM 模型并动态面板对各参数进行估计，从而解决线性回归的有偏性。基于 Hausman 检验结果，选择个体随机效应作为最终模型进行估计，结果如表 2-9 所示。

表 2-9　空间杜宾模型参数估计与检验结果

变量	个体随机效应	变量	个体随机效应
c	−8.485 (0.000)	$\ln EBO$	0.561 (0.000)
$\ln NIU$	1.608 (0.000)	$\ln WNIU$	0.985 (0.000)
$\ln LOC$	0.637 (0.000)	$\ln WLOC$	0.452 (0.000)
$\ln TOT$	0.085 (0.172)	$\ln WTOT$	0.043 (0.189)
LR	1107.158 (0.000)	LM	143.251 (0.000)
Log-Likel: hood	175.3985	Hausman	284.87 (0.000)

数据来源：笔者整理。

表 2-9 估计结果显示，在 1% 显著性水平上，LM、LR 的检验统计量均显著表明我国物流业发展的空间依赖性，即一个地区的快递市场发展总会受到"经济相邻"区域的影响。尽管空间杜宾模型在引入空间滞后变量后，导致解释变量的

估计结果失去其作用于被解释变量的经济意义，但仍能分析出各要素影响快递市场发展的作用机制。

（二）统计结果分析

本书关注的第一个重点是快递业发展的空间溢出效应。表 2-9 结果表明，在 1% 显著性水平上，其空间邻接项系数显著为正。统计结果印证了上文的分析，即本区域快递市场发展能够促进邻近区域的物流系统的完善。这是由于，一旦本区域存在较为发达的快递业时，其物流基础设施水平的高要求将不仅限于本地，只有邻近区域不断发展完善经营网点、转运中心等情况下，才能有效地提高物流的便捷性，故而对邻近区域的快递网点产生一个较高的要求。对于物流公司而言，只有相邻区域物流网点的不断完善，才能建立起区域快递协作系统，以实现物流速度的最大化，降低运输成本。同时在这种情况下，物流公司可以降低快递费用，获得更多消费者需求，从而进一步推动快递市场发展。

对快递市场发展影响最为显著的是互联网上网人数，其估计系数达到 1.608。这是由于互联网市场发展具有显著的马歇尔外部性，带动了上下游相关产业发展。首先，随之兴起的网络购物如今成为当下我国内需增长的爆点，尤其考虑到电子商务与快递行业的互动协同发展关系。随着网络购物产业链的上游派生大量需求，促使快递业务量大幅增加，从而使快递业飞速发展。其次互联网能够直接连接买卖双方，减少中间流通环节，提升销售效率，使消费市场蓬勃发展，从而进一步加强了物流需求。最后回归结果同样表明，互联网发展的空间滞后项同样在 1% 显著性水平上存在一个正向影响。这是由于，互联网发展往往提供了一种知识外溢的桥梁。通过信息技术的快速更迭，不同区域的经济发展、需求方式也会得到进一步提升，当下网红经济的兴起佐证了这一点。由于信息交流的便利性，经济发展较为落后的区域将并不满足本区域乏力的传统商品销售渠道和模式，而会产生更多的电商购物需求。综上所述，互联网的发展使得需求侧更加多样化，也会使得相邻区域群产生更多的快递需求。

在 1% 显著性水平上，居民消费水平对快递市场发展的边际效应为 0.637，对快递业存在一个较高水平的拉升作用。相对于人均 GDP 来衡量区域经济情况，消费水平能够更好反映居民的消费差异。这是由于，消费水平直接衡量了区域的需求能力，在下游供给侧相对冗余的经济背景中，快递业的发达，显然依托于居民的消费需求多样化。消费水平越高，会产生越多的异质性商品需求，对于种类繁多的商品而言，能够有最大程度的派生物流需求。此外，其显著的正向空间溢出效应也表明居民消费水平的地理溢出。尤其考虑到本书利用经济距离矩阵来衡量区域的相邻关系，因此居民消费水平的空间影响会更为凸显。这表现为，经济水平邻近的区域，居民消费水平经常也会相仿。由于区域水平相近导致的文化趋同性，使得区域间的商品需求更为一致，文化传递的溢出带来的区域贸易更为繁荣，从而使得商业协作更加频繁，进一步推动了快递业务量的需求。

本书的实证结果并不能直接佐证物流周转量对快递业发展有推动作用。尽管物流周转量能够直接衡量区域的物流水平，即较高货物周转量的区域交通设施也相对完善。但由于货物周转量和快递业务量的统计口径不同，快递业务量主要体现在公路运输，而口径较大的货物周转量更多的会反映在区域各方面交通设施，使得两者并不存在着直接联系，从而导致统计结果并不显著。然而，其正向系数仍符合我们的理论预期，即物流周转量应当对快递业发展存在正向影响。

四、结语及建议

目前，多数对于快递行业的研究只注重时间效应而忽视空间效应，本书基于2002～2016年的31个省级行政区域的数据，利用探索性空间分析对影响快递行业发展的因素进行了验证，发现快递行业的发展存在空间上的依赖性。通过空间模型的相关检验，选择空间动态杜宾模型。研究得出：

第一，互联网发展对快递行业的发展影响显著。互联网的发展对网购经济起到了巨大的推动作用，从而带动了快递行业的飞速发展，特别是随着互联网经济的发展，涌现出一大批淘宝村、淘宝镇。同时，快递行业的发展具有一定的空间溢出效应，本区域快递市场发展能够促进邻近区域的物流系统的完善。

第二，居民消费水平的提升对快递行业的发展具有较高水平的拉升作用。随着居民消费水平的提升，消费的个性化需求得到很大程度的提升。而互联网的飞速发展则使这些个性化需要不断得到满足，快递帮助了居民个性化的消费需求得到满足。居民消费水平的提升和互联网的飞速发展共同推动了快递行业的发展。

第三，实证结果并不显著支持作为衡量交通便利指数的货物周转量的增加对快递行业发展的推动作用。可能的原因是货物周转量指标相对来说综合性较强，与快递行业的统计存在口径上的不一致。

根据以上分析，为了促进快递行业的进一步发展，提出以下几点建议：

一是加快互联网的发展，特别是农村互联网的建设。尽管城镇地区的互联网普及率已超过 70%，但农村地区仍不足 30%。利用国家出台的"互联网 +"行动，加快制定和实施农村电子商务的政策，加快农村物流网络建设，加强农村电子商务技术培训，大力推进"互联网 + 现代农业"，应用物联网、云计算、大数据、移动互联等现代信息技术，推动农业全产业链改造升级。加速农村地区的互联网建设，对于促进农村地区网购消费水平的提升，进而加快农村地区的快递发展和聚集，具有重要的意义。

二是增强居民收入，特别是农村居民的收入，进而提升其消费水平。农村居民的消费水平尽管显著低于城镇居民，但其消费潜力和消费水平增长速度却远高于城镇居民。提升农村居民的收入进而激发其消费潜力，对于快递行业的发展具有积极的作用，特别是随着网购经济的发展，充分利用国家实施乡村振兴战略，利用农村电子商务扶持政策、"互联网 + 农业"促进农业产业化发展，大力培育农村电子商务人才，加大培训力度，发展淘宝村、淘宝镇，吸引农村人口回归，提高农村居民收入，提升农村居民的消费能力。

第五节　产业关联视角下物流快递业发展影响因素的实证分析

一、快递物流业产业关联和资源投入分析

(一) 互联网行业

从产业关联的角度上看，快递物流行业的快速发展与互联网的发展及国家大力推动电子商务息息相关，冯居易等 (2018)、沈颂东等 (2018)、陈宾 (2016) 等多位学者的实证研究均表明：电子商务与快递业之间存在长期稳定的协同关系，且协同发展趋势明显，电子商务对快递业有正向推动作用。从表 2 - 10 的网购用户规模可以看出，2008 ~ 2017 年我国网购用户规模不断增加，至 2017 年底，全国 13. 90 亿人口中已经有 5. 3 亿人进行过网络购物，占全国总人口数的

38.13%，占网民规模的 68.65%。同时，《新财富》杂志的数据显示，来自电商的快件占比超过七成。从这个意义上说，互联网和电子商务的迅猛发展推动了快递行业的飞速发展。根据国家邮政局研究中心的测算，2010～2015 年，网络零售交易额与快递业务收入之间具有极高的相关性，其皮尔森相关系数达到0.9995，两者具有一致的增长趋势。即互联网上网人数的增加，刺激了网购交易，进而推动了快递行业的飞速发展。

表 2 - 10   2008～2017 年我国网络零售交易及网购用户规模

年份	网络零售交易规模（亿元）	增长额（亿元）	增长率（%）	网购用户规模（亿元）	增长额（亿元）	增长率（%）
2008	1257	—	—	0.79	—	—
2009	2586	1329	105.73	1.21	0.42	53.16
2010	5091	2505	96.87	1.61	0.4	33.06
2011	7826	2735	53.72	1.94	0.33	20.50
2012	13110	5284	67.52	2.42	0.48	24.74
2013	18636	5526	42.15	3.02	0.6	24.79
2014	29087	10451	56.08	3.61	0.59	19.54
2015	38773	9686	33.30	4.1	0.49	13.57
2016	51556	12783	32.97	4.6	0.5	12.20
2017	71751	20195	39.17	5.3	0.7	15.22

数据来源：中国电子商务报告、中国电子商务研究中心。

（二）社会零售行业

物流快递行业的迅猛发展对社会零售行业的发展，特别是网络零售交易的发展起到了巨大的推动作用。国家统计局公布的数据显示：2018 年，社会消费品零售总额380987 亿元，较 2017 年增长 9.6%。2018 年中国网络零售市场交易规模达90065 亿元，占到社会消费品零售总额的23.6%，较 2017 年的19.6%提高了4 个百分点。从表 2 - 11 可以看出，网络零售交易规模占社会总零售交易规模的比重呈逐年增长的趋势，2017 年社会零售交易总额增长的近60%来源于网络零售交易，可以说网络零售交易规模的大幅增长推动了社会零售交易规模的增长，而快递的飞速发展支撑了不断增长的网购交易需求。

表 2 – 11　2008～2017 年我国网络零售交易、社会零售交易规模比较

年份	社会零售 交易额（亿元）	增长额 （亿元）	增长率 （%）	网络零售 交易额（亿元）	增长额 （亿元）	增长率 （%）	网络零售 交易占比（%）
2008	114830.1	—	—	1257	—	—	1.09
2009	133048.2	18218.1	15.87	2586	1329	105.73	1.94
2010	158008.0	24959.8	18.76	5091	2505	96.87	3.22
2011	187205.8	29197.8	18.48	7826	2735	53.72	4.18
2012	214432.7	27226.9	14.54	13110	5284	67.52	6.11
2013	242842.8	28410.1	13.25	18636	5526	42.15	7.67
2014	271896.1	29053.3	11.96	29087	10451	56.08	10.70
2015	300930.8	29034.7	10.68	38773	9686	33.30	12.88
2016	332316.3	31385.5	10.43	51556	12783	32.97	15.51
2017	366261.6	33945.3	10.21	71751	20195	39.17	19.59

数据来源：国家统计局、中国电子商务报告、中国电子商务研究中心。

（三）交通运输行业

国家邮政局的统计显示，截至 2018 年底，快递业已经拥有 3 家航空货运公司，行业自有全货机达 113 架。"高铁 + 快递"的"极速达"产品已开通运营431 条线路，覆盖 58 个大中城市。

从表 2 – 12 的快递分类统计可知：从业务量上看，近 5 年我国异地快递的业务量远高于同城快递和国际/港澳台快递；从增长率上看，异地快递的增长率与同城快递的差距逐年缩小甚至出现反超的局面；因此从趋势上来说，异地快递仍将是未来快递发展的重头戏，而异地运输的主要交通工具是汽车。

表 2 – 12　2013～2017 年我国快递分类统计　　　　　　单位：亿件

年份	同城快递	增长率（%）	异地快递	增长率（%）	国际/港澳台	增长率（%）
2013	22.9	74.1	66.4	58.4	2.6	43.6
2014	35.5	55.1	100.9	52.0	3.3	24.7
2015	54	52.3	148.4	47.1	4.3	30.3
2016	74.1	37.2	232.5	56.7	6.2	44.9
2017	92.7	25.0	299.6	28.9	8.3	33.8

数据来源：国家邮政局。

快递的便利性主要体现在运输速度上,从运输工具上看,公路运输是主要的运输方式,航空运输的快件呈显著增加的趋势。由表 2 – 13 可知,尽管从增长率上看,航空运输工具货机增长幅度高于公路运输工具汽车,但从数量对比上看,未来很长一段时间,快递的运输工具仍然主要依赖于公路运输。因此,公路交通的便利程度、公路基础设施的修建量直接影响到快递的及时性和便利性。

表 2 – 13　2013～2017 年我国快递运输工具统计

年份	专用货机 (架)	增长率 (%)	快递汽车 (万辆)	增长率 (%)	铁路货运量* (亿吨)	增长率 (%)
2013	54	—	15.7	—	39.6	—
2014	67	24.07	17.8	13.38	38.1	-3.79
2015	71	5.97	19	6.74	33.6	-11.81
2016	86	21.13	21.9	15.26	33.1	-1.49
2017	100	16.28	22.2	1.37	36.9	11.48

注:*表示该数据为中国货运物流铁路营业性货运量,并非单纯的快递铁路货运量。

数据来源:国家邮政局、艾媒咨询。

(四)人力资源投入

快递行业近年来的迅猛发展跟快递行业人力资源的投入不无关系。自 2009 年"双十一"天猫网购品牌一炮打响后,各网上平台如雨后春笋般涌现,快递行业进入快速发展的通道。从表 2 – 14 可知,2010～2015 年快递行业从业人员年均增长率超过 20%,但由于快递业务量的年均增长率超过 50%,导致快递从业人员年均快递派送量呈现迅猛增长的态势。即快递业务量的飞速增长带来了快递从业人员的大幅增加,加速了快递行业的人力资源投入,促进了快递行业的全国范围内的普及,2010～2015 年快递发展普及指数年均增速为 19.9%。而人力资源的大量投入为快递寄送带来了便利,全国 98% 以上的范围可以足不出乡就能享受快递便捷的服务。

(五)营业场所投入

近年来快递行业的迅猛发展离不开快递营业网点的投入和智能快件箱的大规模投放。从表 2 – 15 可知,2010～2015 年快递营业网点的年均增长率超过 20%,

极大地提高了快递行业的分拣、派送速度，为快递行业的发展发挥了巨大的作用。同时，基于解决快递人员短缺和"最后一公里"配送难的问题，智能快递柜的投放应运而生。从表 2-16 的数据可知，智能快递柜的投放不管是从数量上还是从增长速率上看，都发挥了不可替代的作用。因此，营业网点的投入无论是对于快递业务量的增长、缓解快递末端配送还是为客户提供便利和服务体验都发挥了不可估量的作用。

表 2-14　2010~2015 年快递行业从业人员情况

年份	快递从业人员（万人）	增长率（%）	快递业务量（亿件）	增长率（%）	人均年快递派送量（件）	快递发展普及指数
2010	54.2	—	23.4	—	4317	100.0
2011	65.0	19.9	36.7	57.0	5646	115.2
2012	80.0	23.1	56.9	54.8	7113	139.9
2013	98.0	22.5	91.9	61.6	9378	178.6
2014	120.0	22.4	139.6	51.9	11633	204.4
2015	150.0	25.0	206.7	48.0	13780	283.2

注：自 2012 年起，快递业从业人员数不再公布，故 2013~2015 年数据是根据前五位快递企业的员工数量与其业务量的占比估算得出。

数据来源：国家邮政局、国家统计局。

表 2-15　2010~2015 年快递营业网点

年份	快递营业网点（处）	增加数（处）	增长率（%）
2010	64394	—	—
2011	75262	10868	16.88
2012	89052	13790	18.32
2013	117651	28599	32.11
2014	130456	12805	10.88
2015	183270	52814	40.48

注：自 2016 年起，国家统计局不再公布快递营业网点统计数据。

数据来源：国家统计局。

电子商务与快递物流协同关系、发展路径与协调优化

表2-16 2014~2018年智能快递柜投放情况

年份	智能快递柜（万组）	增加数（万组）	增长率（%）	智能快递柜递率（%）
2014	1.5	—	—	1.5
2015	6.0	4.5	300.0	3.0
2016	10.0	4	66.7	3.2
2017	20.6	10.6	106.0	7
2018	32.4*	11.8	57.3	9

注：*表示该数据为预测数据，根据国家邮政局提出的智能快递柜递率较2017年提高2个百分点的计划测算。

数据来源：艾瑞网。

（六）固定资产投入

快递的速度和便利性主要体现在交通工具上，而交通工具是快递行业资产投入的一个重要衡量标准。由表2-17的数据可知，目前快递行业在专用货机上的投入尤其显著，其他固定资产如快递汽车、计算机及手持终端均呈显著增长态势。快递固定资产的投入对于提升快递行业的效率和提高客户体验发挥了至关重要的作用。

表2-17 2013~2017年快递行业固定资产投入情况

年份	专用货机（架）	增长率（%）	快递汽车（万辆）	增长率（%）	计算机（万台）	增长率（%）	手持终端（万台）	增长率（%）
2013	54	—	15.7	—	29.2	—	44.4	—
2014	67	24.07	17.8	13.38	35.7	32.53	57.1	28.60
2015	71	5.97	19	6.74	41	14.85	76.6	34.15
2016	86	21.13	21.9	15.26	45.8	11.71	94.3	23.11
2017	100	16.28	22.2	1.37	47.9	4.69	97.4	3.29

数据来源：国家邮政局、艾媒咨询。

二、研究设计

（一）样本数据选取与变量定义

由于国家统计局2017年后不再公布互联网上网人数分省相关数据，考虑到数据的准确性及可获得性，故选取2002~2016这15年间全国31个省、自治区、直辖市（不含港、澳、台）的快递业务量为研究对象。对影响快递行业发展的六个

因素选取以下几个指标：①互联网上网人数。由于网购对快递业务量增长的贡献越来越显著，网络技术的发展促进了互联网上网人数的快速增长，推动了电子商务的飞速发展，成为网上购物的连接纽带，因此选取互联网上网人数作为互联网发展程度的衡量指标。②社会消费品零售总额。随着互联网的普及，网购零售消费占比呈逐年增长的势头，为快递的飞速发展和增长起到了巨大的推动作用。因此选取社会消费品零售总额作为社会零售行业发展程度的衡量指标。③公路里程。众所周知，交通的便利程度对快递的发展可以说是起到了决定性的作用。从交通工具的投入数量上来看，汽车运输仍在今后相当长一段时期内处于主导地位，因此用公路里程作为交通运输业发展程度的衡量指标。④邮政人员从业人数。快递行业的发展离不开人力资源的大量投入，邮政业作为快递行业的开山鼻祖，对快递行业的发展起到了很好的探索作用。同时基于数据信息的可获得性，以邮政业从业人数作为快递行业人力资源投入的衡量指标。⑤邮政营业网点数。快递行业十年来的飞速发展有赖于快递行业多样化的派送点，特别是各类营业网点，以及与社区各类便利商铺的合作，因此营业网点的资源投入起到了不可估量的便捷作用，基于统计信息的可获得性，以邮政营业网点数作为快递行业营业场所投入的衡量指标。⑥交通运输仓储和邮政固定资产投资。快递行业配送运输速度的提升离不开固定资产特别是交通工具和网络信息设备的大规模投入，基于统计信息的可获得性，以交通运输仓储和邮政固定资产投资作为快递行业营业场所投入的衡量指标。

（二）描述性统计

描述性统计见表2-18。

表2-18 基本统计描述

变量	均值	标准差	最大值	最小值	变量说明
快递业务量（万件）	21252.27	66945.25	767241.56	28	因变量
互联网上网人数（万人）	1275.05	1301.76	8024	7	控制变量
社会消费品零售总额（亿元）	5292.49	5692.95	34739.1	58.3	
公路里程（万公里）	11.68	7.17	32.41	0.65	
邮政人员从业人数（万人）	21040.06	18383.77	167041	1518	自变量
邮政营业网点数（万处）	3184.65	2863.31	22018	127	
交通运输仓储和邮政固定资产投资（亿元）	713.46	652.93	3704.34	26.56	

数据来源：笔者整理。

电子商务与快递物流协同关系、发展路径与协调优化

（三）空间相关性探索

快递物流行业的发展除了与互联网、社会零售业、交通运输业等行业间存在相互推动、相互影响的作用外，还加剧了行业本身的聚集。侯海涛（2017）的实证研究表明，河南省的物流集聚呈现明显的空间正相关现象。

总而言之，受限于各省份地形、交通基础设施及经济水平的异质性，一方面，快递业务量具备一定规模的区域主要集中于东部沿海以及西南部地区。其中，快递业务量明显小于其他省份的青藏高原及内蒙古地区，则是由于其自然环境因素影响，以致较小人口密度使其对物流的需求量不高。另一方面，物流的供给侧也大多来自东部地区，导致了物流中间成本的提高，从而会进一步压低快递业务量，使得物流双方选择更为便宜的邮政系统。对于经济发达的东部沿海地区，资源禀赋的先天优势带来的较高需求以及较为发达的物流系统网络，导致物流业有着较高的发展水平。此外，观察2016年互联网上网人数LISA集聚图可发现两指标的空间集聚具有高度重合性。之所以出现这种情况，是由于我国互联网的发展直接引发了电商平台高速发展，后者派生的大量物流需求促使快递业发展。"双十一""双十二"等购物节的大数据结果也佐证，购物需求较大的地区主要是互联网较为发达的地区，因此互联网业对快递行业应当存在显著的正相关关系，这也为本书进一步考察两者关系提供依据。

（四）空间自相关检验

空间区域之间存在相互影响即空间相关性是建立空间计量模型的前提。一个地区的快递业务量不仅会受到本地区互联网上网人数、经济状况、城市发展、交通运输等因素的影响，而且还会受到相邻区域的影响。本书使用 Moran's I 指数来检验不同地区之间是否存在空间相关性，如表2-19所示。通常当 Moran's I 指数大于0，表明相邻空间单位的观测值相似，存在正空间相关性；当 Moran's I 指数小于0，表明相邻空间单位的观测值相异，存在负空间相关性；当 Moran's I 指数等于0，表明不存在空间相关性，不具备建立空间计量模型的前提。且 Moran's I 指数越接近于0则空间相关性越小，其绝对值越大，则空间相关性越大。Moran's I 指数的计算公式为：

$$\text{Moran's I} = \frac{\sum_{i=1}^{n}\sum_{j=1}^{n}w_{ij}(Y_i-\bar{Y})(Y_j-\bar{Y})}{S^2\sum_{i=1}^{n}\sum_{j=1}^{n}w_{ij}}$$

从表 2 - 19 可以看出，全国 31 个省级行政区的快递业务量从单个年份来看，2002 ~ 2016 年，每年的快递业务量均存在空间相关性。Moran's I 指数大于 0，说明相邻省份之间的观测值相似，存在正的空间相关性；Moran's I 指数的大小介于 0.10 ~ 0.22，属于中度相关，且检验结果均高于 5% 的显著性水平。从时间的变化趋势上看，在 15 年间全国快递业务量的空间相关性并没有显著递增与递减的趋势，空间相关性的整体波动幅度为 0.1 左右，波动不大。综上所述，全国 31 个省级行政区的快递业务量在 15 年间存在显著的空间相关性，且相关性无明显变化，这满足构建空间计量模型的前提条件。

表 2 - 19　2002 ~ 2016 年快递业务量空间相关性检验结果

年份	快递业务量 Moran's I 指数	年份	快递业务量 Moran's I 指数
2002	0.211 ***	2010	0.130 **
2003	0.196 ***	2011	0.193 ***
2004	0.216 ***	2012	0.156 ***
2005	0.188 ***	2013	0.166 ***
2006	0.174 ***	2014	0.152 ***
2007	0.111 **	2015	0.136 **
2008	0.103 **	2016	0.122 **
2009	0.104 **		

注：**、*** 分别表示在 5%、1% 的显著性水平上统计显著。

（五）空间面板模型识别

空间计量模型主要根据自变量、因变量及误差之间的交互影响方式不同，分为空间滞后模型（SLM）、空间误差模型（SEM）、空间杜宾模型（SDM）、空间杜宾误差模型（SDEM）和广义嵌套空间模型（GNS）等。其中空间滞后模型（SLM）、空间误差模型（SEM）和空间杜宾模型（SDM）的应用比较广泛，其主要优势在于这三种模型目前已有相对完善的检验识别体系与模型估计方法，且应用过程已相对成熟。SLM 模型、SEM 模型和 SDM 模型的检验识别方法主要是拉格朗日乘数检验（LM）和稳健的拉格朗日乘数检验（R - LM），其模型估计方法主要是极大似然估计法（ML）。而对于面板数据，我们主要考虑其自身存在的固定效应与随机效应。固定效应是指在面板线性回归模型中，对于不同的截面或时间序列数据，只是模型的截距项不同，而模型的斜率回归系数相同。固定效应根据交互影响方式的不同又分为时间固定效应、空间固定效应和时间空间双固定效应。而随机效应是指将原来（固定）的回归系数看作是非固定的随机变量。

通常综合运用 LR 检验、LM 检验、R – LM 检验和 Hausman 检验等检验方法构成的检验识别体系对空间固定效应、时间固定效应与时间空间双固定效应，或者随机效应与固定效应，或者空间滞后模型、空间误差模型与空间杜宾模型的合理形式进行判别。LR 检验的原假设是空间面板模型不存在空间固定效应或时间固定效应。当同时拒绝这两个原假设时，可以判别空间面板模型存在着时间空间双固定效应。LM – Lag 检验和 R – LM – Lag 检验的原假设是空间面板模型不存在空间滞后效应，LM – Error 检验和 R – LM – Error 检验的原假设是空间面板模型不存在空间误差效应；当同时拒绝这四个原假设时，可以判别空间面板模型为空间杜宾模型。Hausman 检验的原假设是空间面板模型存在着随机效应，当拒绝原假设时，可以判别空间面板模型是固定效应模型。

三、实证分析

（一）空间计量模型的识别

本文运用 Matlab 软件进行分析。首先进行 LM 检验，检验结果显示空间固定和时间固定的 P 值均为 0，因此选择双固定效应模型。其次进行 LM 检验，检验结果显示 LM – LAG 和 LM – ERROR 均显著，R – LM – LAG 显著，R – LM – ERROR 不显著，故尝试使用杜宾模型，用 Wald 检验验证是否杜宾模型可将为滞后模型。Wald 检验结果显示 P 值为 0，不可将为滞后模型，故最终使用空间杜宾模型。最后进行 Hausman 检验，结果显示 P 值均为 0，选择固定效应。因此，最终选择空间杜宾模型为双固定效应。检验结果见表 2 – 20。

表 2 – 20　空间面板模型识别检验结果

检验方法	检验原假设	统计量	P 值
LR 检验	空间固定	126. 505	0.000
	时间固定	40. 905	0.000
	检验结果	时空固定效应	

检验方法	检验原假设	统计量	P 值
LM 检验 R - LM 检验 Wlad 检验	LM - Lag	10. 544	0. 001
	LM - Error	2. 910	0. 018
	R - LM - Lag	8. 036	0. 005
	R - LM - Error	0. 402	0. 036
	Wlad	106. 2880	0. 000
	检验结果	空间杜宾模型	
Hausman 检验	随机效应	- 23. 979	0. 031
	检验结果	固定效应	
空间面板模型识别结果		空间杜宾模型双固定效应	

数据来源：笔者整理。

表 2 - 20 为运用 LR 检验、LM 检验、R - LM 检验、Wlad 检验和 Hausman 检验的模型综合判别体系。从 LR 检验来看，在 1% 的显著性水平上，时间固定效应与空间固定效应的检验结果均显著，故固定效应应选择时间与空间的双固定效应。从 LM 检验与 R - LM 检验结果来看，LM - Lag、LM - Error 与 R - LM - Lag、R - LM - Error 的检验结果均显著，虽然较误差检验而言，滞后检验的结果更加显著，但 4 个检验的结果均在 5% 显著性水平上显著，故综合考虑我们用空间杜宾模型。而 Hausman 检验结果表明在固定效应与随机效应之间，空间面板模型设定为固定效应模型比较合理。通过完整的模型检验与识别体系，综合各检验结果来看，空间面板模型应设定为空间杜宾模型双固定效应模型，这为空间面板模型估计与空间效应解析提供了依据。

（二）统计结果分析

空间计量模型估计与传统回归模型估计有所区别，其模型解释变量回归系数的估计值并不能直接代表真实的系数值，故空间计量模型一般是利用求偏微分的方法将其系数估计值分解为直接效应与间接效应。直接效应表示解释变量对其自身被解释变量的影响；间接效应即溢出效应，表示解释变量对其他空间单位被解释变量的影响。总效应为直接效应与间接效应的总和。根据空间面板模型的识别检验结果，将互联网上网人数、社会消费品零售总额和公路里程作为控制变量，使用极大似然估计方法对空间面板模型进行估计，得到物流快递行业投入的不同

电子商务与快递物流协同关系、发展路径与协调优化

影响因素对快递业务量的直接效应、间接效应和总效应，见表 2 - 21。

表 2 - 21　不同影响因素对快递业务量的直接效应、间接效应和总效应估计结果

变量	直接效应	间接效应	总效应
邮政人员从业人数	0.247 **	0.396 **	0.643 **
	(3.126)	(2.239)	(3.099)
邮政营业网点数	1.006 ***	0.551 ***	1.557 ***
	(14.134)	(3.255)	(8.881)
交通运输仓储和邮政固定资产投资	0.006	- 1.311 ***	- 1.305 ***
	(0.090)	(- 6.381)	(- 6.089)

注：**、*** 分别表示在 5%、1% 的显著性水平上统计显著；括号内为 t 统计量的值。

从邮政人员从业人数对快递业务量的影响分别从直接效应、间接效应和总效应上看，影响均在 5% 显著性水平上显著。从直接效应来看，影响程度为 0.247，这表明本省内的邮政从业人员增加，对该省的快递业务量增加有影响，这可能是由于快递从业人员的增加，减少了本省内的快递囤货，加快了快递流通速率，加大了相对流通量。从间接效应来看，影响程度为 0.396，这表明相邻省份的邮政从业人员增加会显著影响本省内的快递业务量，这可能是因为由于网上购物的特点，快递的流通大部分是在各省之间周转，而本省内的快递除在本省内商家处购买之外的大部分货物均是由相邻省份运输而来，故如若相邻省份由于从业人员增加而提升了流通速率，那么也间接增加了本省的快递业务量。

邮政营业网点数对快递业务量的影响也相当显著，在直接效应、间接效应与总效应上看，影响均在 1% 显著水平上显著。从直接效应来看，影响程度为 1.006，说明本省内营业网点的增加会显著影响本省内的快递业务量，这可能是因为营业网点的增加会缩短快递人员的送货距离，同时也会缩短网购人员的取货距离，使得快递投放更加精准、高效。从间接效应来看，影响程度为 0.551，说明相邻省份邮政营业网点数的增加也会在一定程度上影响本省内的快递业务量，其原因与邮政从业人数的间接效应相似，由于省份间运输相关联而导致。

交通运输仓储和邮政固定资产投资从总效应来看，其影响程度为 - 1.305，且影响显著。其显著的负向影响主要来自间接效应。其间接效应为 - 1.311，这

说明相邻省份交通运输仓储和邮政固定资产投资对本省内快递业务量有显著的负向影响，这可能是由于投资的滞后性而导致的。

四、结论与建议

（一）结论

通过对 2016 年快递业务量、互联网上网人数的空间相关性进行探索发现，快递业务量与互联网上网人数的分布均具有比较明显的空间集聚效应，通过对快递业务量的空间相关性进行检验发现，具有很强的显著性。

从模型选择上看，由于快递业务量的空间相关性较为显著，适合运用空间计量模型。通过对模型进行 LR 检验、LM 检验、R－LM 检验和 Hausman 检验综合判断，最终选择空间杜宾模型中的双固定效应模型。

统计结果显示：邮政人员从业人数和邮政营业网点数对快递业务量呈显著正向影响，且无论是直接效应还是间接效应均表现为显著，这与预期一致。说明人力资源和网点的投入能显著减少本省内的快递囤货，加快快递流通速率，缩短网购时间，使得快递投放更加精准、高效，提升客户的网购体验。

交通运输仓储和邮政固定资产投资对快递业务量有显著影响，但影响为负向，且负向影响主要来源于间接效应，说明相邻省份交通运输仓储和邮政固定资产投资对本省内快递业务量有显著的负向影响，这可能是由于投资的滞后性而导致的。

（二）建议

1. 重视互联网的空间集聚效应

无论是快递业务量还是互联网上网人数的分布，都具有很强的集聚效应，且二者的重叠面积非常之大。这就意味着一个地区的网络化程度对附近区域的互联网发展具有较强的辐射效应，且网络化程度对当地的快递行业发展具有较为显著的影响。基于此，一个地区要想大力发展物流快递行业，则首先要重视网络建设，发展网络的辐射效应和空间集聚效应。

2. 发挥产业关联效应

从产业关联的角度看，物流快递行业的发展与互联网行业、零售行业和建筑行业都有着非常密切的关系，特别是网络零售额占社会消费品零售总额的比重不仅呈逐年上升的趋势，且上升速度越来越快。随着互联网的进一步普及，可以预期网购规模的上升速度势必进一步加快。同时物流快递行业的发展离不开良好的运输环境，随着交通设施的进一步便利，交通环境的进一步改善，未来的物流快递行业将发挥越来越重要的作用。

3. 加强行业资源投入

从投入产出的角度看，物流快递行业的人力资源和营业场所投入具有极其重要的作用，特别是智能快递柜的投入，一方面能提高配送效率，给客户带来良好的购物体验；另一方面能提升服务质量，降低投诉风险。随着人力资源成本的上升，在可以预见的将来，智能快递柜的投入力度将会逐步加大，在解决"最后一公里"配送难题的同时能进一步降低行业成本，推动行业服务质量的进一步提升。

第三章　电子商务物流城市共同配送的路径与路线优化

第一节　引言

电子商务的迅猛发展给快递物流行业带来了前所未有的发展机遇，国家邮政局的最新统计数据显示，2019 年全国快递业务收入达到 7450 亿元，同比增长 23%；快递业务量累计超过 630 亿件，同比增长 24%。在日益蓬勃发展的移动互联网大潮的猛烈冲击下，人们的生活方式、出行方式、消费方式等都发生了巨大的转变，越来越多的人习惯于网上购物。网络购物的日益普及为物流快递行业提供了巨大的发展空间，同时又对现有物流配送服务提出了新的要求。方便快捷的购物过程使人们对快速获得商品有了更高的期望，买卖双方都希望物流快递公司能够提供更快、更优质的物流服务。

在当代电子商务模式下，顾客配送时间窗具有很强的灵活性，顾客的配送需求一般并不是立即就要得到满足，而是在某一个时间阶段内满足均可，这就意味着顾客需求可以在一定时间范围内进行延迟配送，我们将顾客的配送时间窗划分为多个阶段，从而方便优化配送路径，使得成本最小化，这就产生了多阶段动态车辆路径问题。在每个阶段，客户的满意度不同，从而产生不同的成本。

随着移动互联网的发展，越来越便捷的网络使客户可以随时随地地提交和变更自己需求，客户可以提交或取消订单、变更收件地址或时间以及申请退换货等。快递公司必须根据客户需求随时变动预定的运输配送方案，这使客户需求管理和车辆调度管理变得越来越复杂。与此同时，电子商务环境下的客户分布比较分散并且需求量较小，但需求次数很高，分散的小批量货物增大了企业集中送货的难度，企业在进行配送路径规划时很难充分利用车辆运力，导致空载率居高不下，增加了运输配送的成本。如何根据客户的实时需求信息对车辆路线进行动态调整以合理利用运力资源，从而实现企业利益和顾客满意度最大化成为快递企业不得不面对的难题。基于此，本书从配送实际出发，对 DVRPTW 问题进行研究。

第二节 既有研究成果及理论综述

一、车辆路径问题（VRP）

车辆路径问题（VRP）是 Dantzing 和 Ramsert 于 1959 年提出来的，是指：在一定的条件下，车辆按照条件约束对顾客订单进行配送，并使所得目标最优，即寻找车辆行驶过程中的最优行驶路线。

VRP 问题作为现在的研究热点，其主要在以下几个方面进行研究：

（1）优化目标：研究内容主要是针对车辆配送过程中的最优目标。VRP 问题中优化目标主要有：

1）车辆行驶总里程最短；

2）完成配送服务所需的成本最少；

3）所需车辆最少；

4）顾客满意度最高；

5）空载车运行时间最短。

（2）车辆：研究内容主要是针对在货物运输过程中的载货量、配送环境等。如果配送货物属于对温度有特殊要求，那么必须保证其车内存储货物环境满足温度要求。

（3）站点（配送中心）：研究内容主要针对配送中心站点的选择，在存在多个配送中心站点的情况下，需要不同站点之间相互协作以保证配送服务水平。

（4）顾客：研究内容主要是针对客户的不同需求，以及对不同需求的满足程度。顾客不同，在物流企业的受重视程度亦有所不同。由于客观条件的限制，配送车辆提供服务时，并不能完全满足每个顾客的要求，如服务时间等。此时，为了提高企业整体服务质量，通常考虑在车辆配送中引入奖惩机制。

（5）运输网络：研究内容主要是针对车辆的行驶路线，特别是在车辆配送过程中，可能会产生新的客户需求而导致改变原计划的行驶路线。

（6）条件约束：研究内容主要是针对车辆在行驶配送过程中的特殊因素。主要包括：

1）车辆行驶总里程的限制；

2）顾客要求对其服务时间的需求限制；

3）载货量的限制；

4）尽量不走重复路线，访问唯一性的限制。

二、动态车辆路径问题（DVRP）

DVRP 最早是由 Psaraftis 提出来的，传统的车辆路径问题是针对固定的客户，而移动互联网的出现使得顾客订单可能出现实时更新，合理规划车辆路线以便对适时出现的新顾客订单需求进行服务，这就属于动态车辆路径问题。因此在车辆行驶路线制定之前，顾客订单、车辆、路线等信息都是动态变化的。

对 DVRP 的研究分为以下几类：

（1）因顾客订单的动态变化而导致的问题。顾客订单信息主要有：订单期望服务时间窗变更、顾客位置变更等。

（2）因天气与公共交通设施的模糊、未知性导致的问题。由于天气与公共交通设施的模糊、未知性可能导致配送路线拥堵甚至道路不通，从而对配送服务的准时性造成严重影响。

（3）因服务车辆、司机等不可预测变化导致的问题。由车辆、人的主观性带来的不可预测的变化，对配送线路的制定有着重要影响。

三、带时间窗的动态车辆路径问题（DVRPTW）

DVRPTW 是在 DVRP 的基础上，考虑时间约束因素的车辆路径问题。时间窗按照不同的分类方式有不同的类型，根据车辆提前或者超出客户时间窗是否允许惩罚可将其分为软时间窗、硬时间窗。硬时间窗（Hard Time Windows，HTW），就是要求进行配送服务时必须按照客户给定的服务时间窗口进行，否则客户拒接受，其产生的惩罚成本非常高。这在现实生活中很难实现。软时间窗（Soft Time Windows，STW），是指配送车辆在对客户需求进行配送服务时允许提前或者超出给定的服务时间窗口，但是必须根据其提前或者超出时间的长短施以惩罚，惩罚的具体规则视具体情况而定。相对于硬时间窗约束，软时间窗更接近实际车辆配送服务的现实，因此允许车辆在配送时有一定的时间提前或延误，但需要付出一定的惩罚成本。由于 VRPSTW 比 VRPHTW 更接近物流配送实际情况，因此本书主要针对带软时间窗的 DVRP 问题进行分析。

第三节　研究方法的简介及选定依据

VRP 问题的求解主要是通过对求解问题进行搜寻，确定最优结果的过程。VRP 问题的求解方法主要采取的是启发式方法。启发式方法可以在很大程度上提高求解的速率，并且能够在求解时通过自身调节搜寻范围。鉴于相关学者进一步研究更加贴近现实需求关系较为复杂的 VRP 模型的需要，将启发式方法分为传统启发式方法和现代启发式算法两类。传统启发式方法主要有：节约法、扫描法、最邻近法、插入法；现代启发式算法主要有：遗传算法、粒子群算法、模拟退火算法和蚁群算法。

节约法：该方法是基于总行驶路线最短的原理进行求解。其主要思想是根据车辆载货量的约束条件，根据场站、顾客订单制订车辆行驶方案，达到总行驶路程最短。该方法主要是用于 VRP 问题中没有车辆数量限制的情况，在问题复杂度不是很高时求解效果比较好。

扫描法：该方法是基于载货量最少的原理进行求解。其主要思想是通过极坐标对顾客订单、场站进行扫描，根据载货量为约束条件，对顾客订单划分批次，制订车辆行驶方案。该方法主要用于顾客订单数量不大，配送路线较少的 VRP 问题。随着顾客订单数量增加，该算法求解效果变差。

最邻近法：该方法是基于订单就近原理进行求解。其主要思想是按照邻近原则，在对第一个顾客订单服务后，找出下一个距离正在服务订单最近的订单位置，在载货量的约束条件下，对其进行服务，直到服务完所有订单。该方法主要是针对简单 VRP 问题进行求解，当问题规模较大时，求解结果容易陷入局部最优困境。

插入法：该方法是在订单需求出现变化的情况下，兼顾订单就近原理进行求解。其主要思想是按照邻近原则，在对第一个顾客订单服务后，找出距离与正在服务订单最近的订单位置，在载货量的约束条件下，按照实时订单信息，选择合适线路，将其插入进去，直至所有订单配送路线确定。该方法在对规模较大问题求解时，对计算机要求较高。但求解结果比较理想。

遗传算法：是基于生物学自然机制和自然选择理论，模拟生物进化过程而形成，算法具有全局性、自适应性。它的群体搜索方式能够有效地避免单一邻域搜索带来的限制。

粒子群算法：是人们在观察鸟类觅食的基础上通过对其行为进行模拟，建立算法的模型。其主要思想是，在开始求解问题时，先随机生成一组解，然后通过搜索该组解的范围，找出最优的求解结果。

模拟退火算法：是根据金属退火特性，运用统计学规律，模拟金属分子的热运动，将对其分子运动概率的统计应用到路径问题的求解当中，该算法能在较大的搜索范围内，找出求解问题的最优解。

蚁群算法（Ant Colony Algorithm，ACA）：是人们在观察蚂蚁觅食的基础上，模拟蚂蚁按照一定的方式，快速精准对食物、蚁穴进行定位，确定最短行驶线路的原理，建立算法模型。

第四节　电子商务物流城市共同配送的路径与路线优化

一、带时间窗动态车辆路径问题描述

物流配送中带时间窗动态车辆路径问题（DVRPTW）主要是指在货品配送过程中，因实时需求、配送车辆行驶路况等实时变化导致的需要对配送方案进行行车路线实时优化的问题。本书主要研究由顾客订单需求的不确定所引起的物流动态车辆路径优化问题，即把顾客利益放在首位，合理利用、整合物流资源，实现配送的低成本、高收益。

DVRPTW 包括一个场站、一个"虚拟场站"、M 辆车和 N 个顾客需求订单（即 N_i，每个订单从 $1-N$ 进行分别编号），在欧几里得平面上行成一个网络，两订单之间的行驶距离和行驶时间分别为 d_{ij}、t_{ij}。订单需求参数主要包括：订单服务时间、订单配送服务时间、订单量、订单生成时间。配送中心位置，其编号为 0。给每辆车分配一个 $\{N+1, N+M\}$ 唯一编号。车辆 M 为移动节点。而且规定，假设同一地点有多个订单，必须保证每个订单在车辆配送周期内被精确服务一次。

二、动态车辆路径优化模型的假设

在配送车辆路线制定过程中，带时间窗车辆路径问题的时间约束是在客户在接收时间所允许的最早时间和最晚时间提出的。最早时间和最晚时间分别对应的是客户需求时间约束的上下边界。为了研究方便，本书对 DVRPTW 问题作以下假设：

（1）货物配送为纯送货方式，即货物的流向为单向。

（2）场站（调度中心）有且只有一个，配送车辆配送完成所有顾客订单需求后必须驶回场站，场站和所有顾客订单位置信息确定。

（3）天气正常，路况良好，车辆能够进行正常配送工作。

（4）场站在确定配送线路时，首先根据已经提前进行预约顾客的订单，确定初始的配送方案。车辆在配送服务的过程中，如果场站有新指令到来，应该快速响应场站，更改行车路线。

（5）配送中心在对顾客进行服务时，每个客户需求只有一辆配送车辆进行完成。

（6）每个顾客时间约束中都有确定的配送时间 $[e_i, l_i]$，模糊时间 $[E_i, L_i]$，车辆对其进行配送服务时应尽量确保在这个时间窗口内进行。其中 $[e_i, l_i]$ 为顾客 i 期望配送服务时间窗，$[E_i, L_i]$ 为顾客 i 开始接受配送服务最早和最晚时刻，如果超出这个时刻，顾客将取消该订单。

（7）配送服务的所有车辆配送信息都相同，车辆在进行配送服务过程中没有行程的约束；车辆在满足一定约束条件下允许多次巡回配送。

三、动态车辆路径优化模型的建立

1. 建立客户满意度函数

在物流配送企业中，客户满意度主要是针对货物质量和配送服务，本书主要考虑客户对配送时间要求的满意度。在实际生活中，每个客户对配送服务时间的期望可能不同，如果配送车辆能够在客户需求时间窗内对其服务，客户满意度为1。超出这个服务时间，客户满意度会下降，为准确描述客户需求期望时间，给出一个模糊时间。超过这个模糊时间，客户满意度为0。对模糊时间的定义，假定客户要求的配送时间窗为 $[e_i, l_i]$，车辆配送的模糊时间为 $[E_i, L_i]$，即在 $[E_i, L_i]$ 时刻，客户的满意度为非零，在 $[e_i, l_i]$ 时刻，客户的满意度为1；在 $[E_i, e_i]$ 时刻，客户满意度随着时间的推移提升，而在 $[l_i, L_i]$ 时刻，客户满意度随着时间的推移下降；用公式表示 s 时刻进行配送服务客户 i 的满意度为：

$$\psi_i(s_i) = \begin{cases} \dfrac{s_i - E_i}{e_i - E_i} \times 100\%, & E_i \leq s_i \leq e_i \\[2mm] 100\%, & e_i \leq s_i \leq l_i \\[2mm] \dfrac{L_i - s_i}{L_i - l_i} \times 100\%, & l_i \leq s_i \leq L_i \\[2mm] 0, & else \end{cases} \tag{3-1}$$

2. 构建模型

为了方便对模型进行说明，下面对变量作以下定义：

N：表示调度中心的顾客订单的集合，$N = \{1, 2, \cdots, n\}$；

K：表示调度中心的车量集合，$K = \{1, 2, \cdots, m\}$；

i, j：表示单个客户；

Q：表示配送车辆的最大载货量；

c：表示车辆单位时间的行驶成本；

c_1, c_2：表示车辆超出期望服务时间服务产生的单位惩罚成本；

d_{ij}：表示顾客 i 和顾客 j 之间的距离；

n_k：表示车辆 k 配送的订单总数量；

q_i：表示顾客订单的需求量；

N_0：$N \cup \{0\}$，0 表示配送中心；

$[e_i, l_i]$：表示顾客配送需求时间窗；

t_{ij}：表示从顾客 i 到顾客 j 的车辆行驶时间；

s_i：表示顾客订单 i 服务开始的时刻；

n_{ki}：表示配送车辆 k 配送的订单 i；

x_{ij}^k：表示配送车辆 k 的路线是否从顾客 i 到顾客 j；

y_{ik}：表示顾客 i 的订单是否由车辆 k 完成；

f：表示配送总成本。

决策变量如下：

$$x_{ij}^k = \begin{cases} 1 & \text{客户 } i \text{ 的需求由车辆 } k \text{ 完成} \\ 0 & \text{否则} \end{cases} \quad i, j \in N_0, \ \forall k$$

$$y_{ik} = \begin{cases} 1 & \text{如果配送车辆 } k \text{ 从顾客 } i \text{ 到顾客 } j \\ 0 & \text{否则} \end{cases} \quad i, j \in N_0, \ \forall k$$

以降低配送成本和提高客户满意度为目标，以客户服务时间窗、车载量为约束的配送路径优化模型如下：

$$\min f = \sum_k^K \sum_{i=0}^N \sum_{j=0}^N c x_{ij}^k d_{ij} + c_1 \sum_{i=1}^N \max[(ei - si), 0] + c_2 \sum_{i=1}^N \max[(si - li), 0]$$

约束条件为：

$$(1) \ \max \frac{1}{n} \sum \psi(s_i) \geq \xi, \ i \in N \qquad (3-2)$$

$$(2) \ \sum_i q_i y_{ik} \leq Q, \ i \in N_0, \ \forall k \qquad (3-3)$$

$$(3) \ \sum_i x_{ij}^k - \sum_i x_{ji}^k = 0, \ i, j \in N_0, \ \forall k \qquad (3-4)$$

$$(4) \ \sum_k^K y_{ik} = \begin{cases} 1 & i \in N \\ m & i \in \{0\} \end{cases} \qquad (3-4)$$

$$(5) \ s_i + f_i + t_{ij} + \max\{(e_i - s_i), 0\} = s_j, \ i \in N_0, \ \forall k \qquad (3-5)$$

$$(6) \ \sum_i x_{ij}^k = 1, \ i \in N_0, \ j = i+1, \ \forall k \qquad (3-6)$$

$$(7) \ \sum_i x_{0i}^k = 1, \ i \in N_0, \ \forall k \qquad (3-7)$$

(8) $\sum_i x_{i0}^k = 1$，$i \in N_0$，$\forall k$ （3－8）

(9) $E_i < s_i < L_i$，$i \in N_0$，$\forall k$ （3－9）

其中模型的目标函数是使得总的配送成本以及超出顾客要求配送时间产生的惩罚成本之和最小，约束条件（1）保证使平均顾客满意度最高；约束条件（2）代表每辆车在配送过程中顾客需求总量要小于该配送车辆的总容量；约束条件（3）表示车辆在配送服务过程中的流量守恒，即有配送车辆驶入顾客 i，就必须有配送车辆驶出；约束条件（4）保证每个顾客都被配送一次，并且只能由同一配送车辆进行配送。约束条件（5）保证配送服务过程中满足顾客的时间窗时间约束；约束条件（6）、（7）、（8）表示配送过程中，配送车辆由配送中心出发，在配送中心结束。约束条件（9）表示配送服务时间必须在模糊时间窗内进行。

DVRPTW 优化模型建立后，接下来就是对所建立优化模型的求解，从而求解出更优的车辆配送路线，下面就物流动态车辆路径优化问题中的实时需求产生后的响应策略进行分析。

四、动态车辆路径优化模型求解

1. 动态车辆路径优化的基本思路

将配送客户按照需求接收时间分为提前预约客户和实时客户两类。对于已经提前预约的客户，客户需求信息（货物需求量、配送时间窗以及其所在位置信息）已经确定。对于这些客户，我们把它作为静态 VRP 优化问题进行求解。而调度系统对实时客户订单要求，则需要按照响应规则进行判断，考虑是否可以把其加入到已经确定好的配送方案中。该类问题就属于动态 VRP 问题。

处理动态车辆路径问题的传统方法主要分为两种：一种是单事件优化策略，即配送中心收到客户信息时，重新对该动态车辆路径问题求解。这种优化策略车辆行驶路线的频繁改动，增加服务车辆运输成本。另一种是分批优化策略，分批优化策略主要分为数量上的分批优化策略和时间上的分批优化策略。数量分批优化策略受到时间不确定性的制约，而时间分批策略可以有效地控制计算量，应用也较多。

本书研究的配送问题可采用时间分批优化策略：第一阶段，对于已经提前预约客户进行求解，确定配送车辆初始配送路线，即静态车辆路径初始化。第二阶段，即动态优化阶段，是对配送中心接收的实时信息进行再优化，是对配送车辆路径优化方案的再调整。

2. 动态实时阶段优化策略

针对顾客需求不确定引起的带时间窗动态车辆路径问题，按照顾客需求的不确定性可以分为四种类型：即新增顾客需求情况、原顾客服务时间需求变化、原顾客需求取消、原顾客需求改变。在现实生活中，从企业长远发展的角度考虑，配送中心拒绝某个客户的新请求，将会对客户满意度造成很大影响，甚至于将该客户送给竞争企业，产生不可估量的损失。

动态实时阶段的求解思路是将动态优化阶段分为若干个执行期和调整期，每个执行期执行一个调度方案，当执行期结束时，系统进入调整期，按此时刻内收到的新需求对车辆路径再次调整，重新确定下一步配送车辆行驶路线，当调整期完成时将调整期内确定的调度方案传送给配送车辆，车辆按照新的指令继续配送。在调整期开始，首先根据配送车辆信息形成一个延迟快照，延迟的时间根据系统运行状态和求解速度确定；其次对执行期内接收的实时需求进行受理，将动态的车辆路径问题转化为静态问题，从而进行求解。

由于对不同顾客订单的处理方式不同，因此对不同订单的响应策略不同：

（1）原客户需求变化。当调度中心接受的原客户需求取消时，如果此客户为某配送车辆路线的中间客户，那么以此时刻配送车辆的位置为配送起始点，以原配送方案中下一配送客户点为服务对象进行配送。如果此客户为某配送车辆路线的末端客户点，以此时刻配送车辆的位置为起始点，返回配送中心。

当调度中心接受的原客户需求量改变时，对配送车辆荷载进行对比，如果满足客户需求变化则按原方案继续行驶，否则拒绝此请求。

（2）原客户时间需求变更。调度中心通过配送车辆调度系统查看该时刻配送车辆延迟快照，以此时车辆的位置和尚未进行配送服务的订单和执行期内接受的顾客新订单构成静态 VRPTW 问题，对其进行求解。然后确定最优行驶方案，调度系统对车辆下达下一步行驶路线指令。

（3）新客户需求。调度中心通过配送车辆调度系统查看该时刻配送车辆延迟快照，查看车辆荷载信息是否满足新客户需求，如果满足，以此时刻车辆的位置和尚未进行配送服务的订单和执行期内接受的新客户订单构成静态 VRPTW 问题，对其求解，确定最优行驶方案，调度系统对车辆下达下一步行驶线路指令。如果不满足，查看是否有车辆返回配送中心，若有，对其进行配送，否则拒绝该客户或作为下一工作日的提前预约客户。

第四章　电子商务物流城市共同配送网络的动态布局与空间优化

第一节　引言

近几年来，我国快递业务量快速增长，国家邮政局的数据显示，2019 年全国快递业务收入达到 7450 亿元，同比增长 23%；快递业务量累计超过 630 亿件，同比增长 24%。快递业务量快速增长的同时，快递服务水平却相对滞后，成为网购业务投诉的焦点所在。中国质量万里行消费投诉平台统计的数据显示，2019 年共收到物流快递行业的有效投诉 19265 件，主要包括快递寄送延迟、快递邮件遗失、快递邮件损坏、快递乱收费和客服态度差/快递员态度差等 12 个方面的问题，涉及 24 家传统快递企业、18 家物流企业和 11 家新兴互联网快递企业。由此可见，快递配送网络的布局优化及管理，滞后于业务量增长的步伐，是造成投递服务和延误问题突出的重要原因，"最后一公里"的有效配送问题，是制约快递发展的瓶颈所在。

智能快递柜作为解决快递终端配送的新兴模式，在校园、社区以及办公楼等快递量大且集中的地方已广泛实施应用，成为快递末端配送模式的重要手段。由于顾客的快递需求量和快递企业供给能力、市场容量等都处在动态变动过程中，给快递业的发展带来机遇的同时也带来了挑战。快递网络布局合理，将极大地影响到快递业服务能力的提高，同时也影响到快递企业的发展和壮大。对于快递配送网络布局与优化的研究，需要解决快递网络节点的数量、规模以及分布地址等问题，以有效发挥快递网络节点的服务供给能力，合理利用资源，满足快递市场的需求。

第二节　网点布局理论与时空网络模型

一、网点布局相关理论

1. 中心地理论

中心地理论是德国地理学家克里斯塔勒于 1933 年提出的，旨在揭示城市数量、规模以及分布的一般规律。他将中心地定义为，为居民提供商品和服务的场所（大到城市小到城市内的商业中心），按照中心地职能和所提供服务的"人口门槛"和"服务半径"的关系，将中心地划分为不同的等级，并提出了包含不同等级中心地的六边形网络体系。在这个体系中，高级中心地之中包含低级中心地，具有低级中心地所没有的职能，服务能力更强；并且高级中心地由于服务半径大，彼此距离远，数量相对较少，而低级中心地服务半径小，彼此距离近，数量相对较多。

快递网点即为居民提供服务的"中心地"，网点等级依职能多少及服务半径大小进行划分。高等级的网点如城市分拨中心，服务半径大，网点数量少，提供全方位、高等级、专业化的服务；低等级网点如快递服务网点，服务半径小，网点数量多，提供部分低层次、基础化的快递服务。不同的是，快递仅是一种"商品"，其职能差异还体现在业务量的处理能力上。

2. 级差地租理论

级差地租指因土地条件差异所产生的超额利润，土地条件差异主要表现在土地的自然条件、区位和土地上的附加劳动等方面（唐为民，1993）。土地的区位差异是产生级差地租的主要因素，同一地块土地使用方式的不同也会导致不同的产出率，进而产生不同的经济效益，落实到城市空间上，由于各产业或企业地租支付和收益能力的不同，从各产业角度出发就会自动形成一种空间区位布局形态——"级差地租空间基底"（刘承良，2006）。地租由城市中心区向周边地区圈层递减，形成各产业网点经营规模、服务人口、商品序度等的层级性，主要表现为商业、金融保险业等第三产业相对集中于城市中心区等高地租地区，工业、仓储等则布局于城市边缘区等低地租地段；并且高等级网点由于支付能力高、产出效益大通常位于靠近中心区的高地租地段，而低等级网点服务范围小、产出效益少则布局于远离中心区的低地租地段。

快递作为服务性产业，其网点布局不仅体现在管理、调度等功能差异上，更体现在业务量的处理能力上，等级越高的网点，所需处理的业务量越大，需求的用地规模就越大，相应的地租承载压力就越大，更适宜布局在地租相对较低、交通便利的城市近郊区；而低等级网点服务于终端客户，占地规模小，地租压力相对较小，更适宜布局在靠近终端市场的人口密集区。

3. 网络关联性和集聚效应

网络关联性是指城市内具备不同功能特征的节点（如住区、办公楼、商场等）之间的内在联系，有效的关联往往发生在两两互补的节点之间，当两节点之间的所有关联都是一种类型时，关联之间会相互竞争，并使得通道流量超过负荷。快递服务网点与终端客户属于功能互补的两个节点，两者间的关联尤为重要，应尽可能使快递服务网点靠近终端客户，以降低关联风险，同时快递服务网点应相对分散布置，避免过多关联汇集到一起造成拥堵。同时，共同配送在解决交通拥堵方面具有重要作用，可有效减少两节点间的同类关联，或者将若干个关联整合为一个关联，从而降低通道交通流量，减少拥堵。

集聚效应是指各种产业和经济活动在空间上集中产生的经济效果以及吸引经济活动向一定地区靠近的向心力。即具有相关经济活动的企业为节省成本、提高资源利用效率、获取规模经济而选择在空间上聚集。快递企业发展到一定程度更倾向于走向联合，建立共同的配送体系实现基础设施、劳动力甚至是核心技术与知识等资源的共享，降低企业经营成本，促进专业化发展，同时有利于打造区域品牌，提高整体的知名度和影响力。各快递企业高等级网点如城市分拨中心相对集中于专业化的物流园区内，以节约用地、共享专业化的基础设施，创造规模效益，为资源整合和共同配送提供便利；而低等级网点如快递服务网点则以相当的密度相对分散于各个人口聚集区如社区、学校等，以维持稳定的市场，提供高效的快递服务。

4. 空间区位论

空间区位论是指空间区位选择不仅要考虑成本和收益等经济问题，还综合考虑社会效益、政府调控、城市规划等非经济因素，进行区域总体规划。快递网点的布局从宏观上着眼、从保障社会效益的角度出发，综合考虑各方面因素，可以整合利用快递资源，实现快递经济效益、社会效益和环境效益的协调发展。

二、时空网络模型

1. ARIMA 模型

ARIMA 模型，即差分整合移动平均自回归模型，又称整合移动平均自回归模型（移动也可称作滑动），是时间序列预测分析方法之一。ARIMA 模型是对自回归移动平均（ARMA（p，q））模型进行平稳序列建模，然后经过逆变换得到原序列的建模过程。

$$\Delta^d y_t = \theta_0 + \sum_{i=1}^{p} \phi_i \Delta^d y_{t-1} + \xi_t + \sum_{j=1}^{q} \theta_j \xi_{i-j} \qquad (4-1)$$

$\Delta^d y_t$：y_t 为经过 d 阶差分转换之后的数据序列，ξ_t 为 t 时刻的随机误差，是相互独立的白噪声序列，且 ξ_t 服从 N（0，σ^2）分布，ϕ_i（$i=1$，2，$\cdots$，p）和 θ_j（$i=1$，2，$\cdots$，q）为模型的待估参数，p 和 q 为模型的阶。该模型可记为 ARIMA（p，d，q）。

ARIMA 建模与预测步骤：①序列平稳化处理，如果序列是非平稳的，可以通过一些平稳性方法使得时间序列达到平稳性状态；②模型的识别，根据数据的自相关函数和偏相关函数以及参考 AIC、BIC 等准则来判断模型的阶数；③参数估计和模型诊断，估计模型的参数，并检验（包括参数的显著性检验和残差的随机性检验）；④运用已构建的模型进行预测。

2. NN 模型

NN 模型是一种神经网络模型，其构建的过程是确定网络结构中的隐含层及各层节点数，从而确定网络结构的过程。通过输入观察值，经过神经网络结构和权值参数确定输出值。NN 模型与传统的自回归模型（AR）的构建原理相似，但相对于传统模型，NN 模型具有极强的非线性映射能力。

3. 时空网络模型

时空网络模型是一种综合考虑了时间和空间动态变化性的优化模型，被广泛应用于空运、海运和陆运方面的资源调配及计划排程等问题。快递站点货柜存储空间分配问题，需同时考虑时间和空间的动态性，时空网络模型应用于快递业货柜存储空间分配，可以在对货柜存储情况进行预测的基础上，解决货柜存储空间资源的分配问题。

第三节 电子商务物流"最后一公里"配送网络的动态布局

一、问题描述

假设城市某区域的快递客户点总数为 n，需要在这些客户点分布的范围内布设 m 个快递柜，每个快递柜为归属于它的附近客户服务。设快递公司派出 s 辆车执行派件任务，每辆车出行一趟可为若干个快递柜派送快件。针对快递客户需求点的分布、需求量及相关建设、配送、取件成本等因素，生成系统优化方案，使快递派送系统的总成本最小。

对问题的假设如下：

（1）物流公司派件的车型统一，车辆数足够；

（2）对于同一个快递柜的所有快件由同一辆车派送；

（3）同一客户地点的不同快件的收件人是独立的。

二、快递配送中心网点布局优化

快递配送中心网点布局优化是提升快递配送效率、降低配送成本并提升配送服务水平的关键所在。若选址布局不合理，会造成不良后果：若配送中心数量太少，会增加配送运输费用及因配送不及时造成的延误成本，同时会影响服务水平；若配送中心数量过多，则会增加基础设施建设费用和运营管理费用，影响快递。

1. 指标构建

对快递配送中心进行选址布局，既要考虑全局目标，又要考虑长远战略，兼顾成本与战略发展。结合快递配送中心选址的实际情况以及国内外对选址方面的研究，构建两层次的选址评价指标体系，从基础设施、经济因素、经营环境三个方面进行综合评价。其中，基础设施包括交通设施、通信设施、服务设施；经济因素包括建设/装修成本、运营成本、服务水平；经营环境包括周围客户分布状况、客户点快递需求、环保因素和治安环境，共10个指标，如图4-1所示。

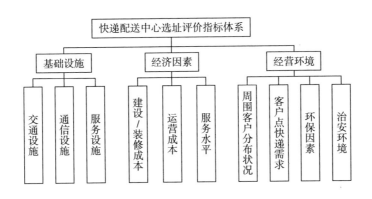

图4-1 快递配送中心选址评价指标体系

针对所建立的评价指标体系，邀请专家对指标权重和各方案在二级指标下的得分值进行评价，采用灰色聚类评价模型对备选地址进行评判，确定快递配送中心的选址方案。

2. 基于三角白化权函数的灰色评价理论的应用

模糊数学和灰色系统理论是解决不确定性系统较为常用的方法。模糊数学侧重研究"认知不确定性"的问题，单纯使用模糊方法经常会造成信息丢失；而灰色系统理论则着重研究概率统计和模糊数学难以解决的"小样本""贫信息"的不确定性问题，仅采用灰色系统理论方法则不能充分利用评价规模模糊性的特点，这两种情形都会导致评价结果与实际情况存在偏差。在快递配送中心选址评价问题中，由于评价准则存在模糊性而采用模糊评价法，同时又由于评判者的偏好与能力水平存在差异性而导致评价信息具有一定的灰度，因此，在对快递配送中心选址评价中，将模糊评价方法和灰色系统理论进行结合，建立基于灰色模糊理论的综合评价方法。

基于三角白化权函数的灰色评价模型是刘思峰于1993年首次提出来的，其

电子商务与快递物流协同关系、发展路径与协调优化

基本解决问题思路如下：

假定有 m 个方案，n 个评价指标，s 个灰类，x_j^u（$u=1$，2，…，m；$j=1$，2，…，n）为方案 u 关于指标 j 的观测值，要根据 x_j^u 对相应的方案 u 进行评价。

基于三角白化权函数的灰色评价模型通常可以采用基于端点的方法和基于中心点的方法，由于端点三角白化权函数存在两个以上灰类的多重交叉，且不满足规范性，而中心点白化权函数不存在多重交叉现象，且满足规范性，故采用中心点白化权函数的方法来划分指标的灰类。划分灰类时，把属于某个灰类程度最大的点称为该灰类的中心点。

（1）按照评价要求所需划分的灰类数 s，对各个指标 j 分别确定各个灰类的中心点 λ_j^1，λ_j^2，…，λ_j^s，中心点是指最有可能属于某一灰类的点，可以是区间的中点也可能是其他的点。采用基于中心点的三角白化权函数的方法把每个指标的取值范围相应地划分为 s 个灰类，各个灰类的代表用灰类中心 λ_j^1，λ_j^2，…，λ_j^s 表示。

（2）将灰类分别向前、后两个方向进行延伸，得到 0 灰类和 $s+1$ 灰类，对应的中心点为 λ_0 和 λ_{s+1}，新的中心点系列表示为：λ_j^0，λ_j^1，λ_j^2，…，λ_j^s，λ_j^{s+1}。

将第 $k-1$ 和第 $k+1$ 个灰类的中心点（λ_j^{k-1}，0）和（λ_j^{k+1}，0）分别与（λ_j^k，1）连接，从而得到 j 指标关于 k 灰类的三角白化权函数 $f_j^k(x)$（$j=1$，2，…，n；$k=1$，2，…，s）。

对于第 j 个指标的某个观测值 x，计算出其所属灰类 k 的隶属度函数：

$$f_j^k(x)=\begin{cases}0, & x\notin\left[\lambda_j^{k-1}, \lambda_j^{k+1}\right]\\[2mm]\dfrac{x-\lambda_j^{k-1}}{\lambda_j^k-\lambda_j^{k-1}}, & x\in\left[\lambda_j^{k-1}, \lambda_j^k\right]\\[2mm]\dfrac{\lambda_j^{k+1}-x}{\lambda_j^{k+1}-\lambda_j^k}, & x\in\left[\lambda_j^k, \lambda_j^{k+1}\right]\end{cases}\qquad(4-2)$$

（3）方案 u（$u=1$，2，…，m）关于灰度 k（$k=1$，2，…，s）的综合聚类的系数记为 σ_u^k，计算 σ_u^k 得到：

$$\sigma_u^k=\sum_{j=1}^n f_j^k(x_j^u)\cdot\eta_j\qquad(4-3)$$

其中，$f_j^k(x_j^u)$ 表示第 j 个指标第 k 类的白化权函数，η_j 为第 j 个指标在综合聚类中的权重。

根据计算得到的综合聚类系数 σ_u^k，构造方案 u 的模糊隶属度矩阵 σ_u。

（4）找出方案 u 的综合聚类系数的最大值 σ_u^k，则可以判定方案 u 属于灰类 k^*。当有多个方案属于灰类 k^* 时，可根据综合聚类系数的大小来确定同属一个灰类的各个方案的优劣次序。

3. 灰色模糊综合评价过程

利用灰色聚类方法得到的综合聚类系数矩阵，构造模糊隶属度矩阵，然后再利用模糊评价方法评估方案的优劣，形成基于灰色模糊的综合评价方法。

（1）建立评价指标层级结构。根据调查研究和分析结果，将方案选择的各个影响因素按照性质划分为若干个层次，构成层级结构，包括目标层、准则层、指标层和方案层等，准则层通常是一级指标，设为 $(C_1, C_2, \cdots, C_i, \cdots, C_l)$，指标层通常为二级指标，设为 $(C_{i1}, C_{i2}, \cdots, C_{ij}, \cdots, C_{in})$，$i=1, 2, \cdots, l$。

（2）确定各影响因素的权重。根据相关专家对已经建立的指标层级体系赋予权重系数，设一级指标（因素）的权重系数向量为 $(\alpha_1, \alpha_2, \cdots, \alpha_i, \cdots, \alpha_l)$；二级指标的权重系数向量为 $(\alpha_{i1}, \alpha_{i2}, \cdots, \alpha_{ij}, \cdots, \alpha_{iv_i})$，$i=1, 2, \cdots, l$，$v_i$ 表示第 i 个一级指标下的二级指标个数；依次计算各指标综合权重，$\eta_{ij} = \alpha_i \cdot \alpha_{ij}$，$(i=1, 2, \cdots, l; j=1, 2, \cdots, v_i)$ 为因素 i 第 j 个指标在指标体系中的权重。设二级指标的总个数为：$m = \sum_i v_i$。

（3）构造基于灰色聚类理论的模糊隶属度矩阵。

1）建立评语集。根据评估要求将方案选择评价结果划分为"优""良""中""差"4个灰类评语集，采用0-1标度，结合人们的认知习惯，确定 i 因素下指标 j 的4个灰类中心为：$\lambda_{ij}^1=0.9$，$\lambda_{ij}^2=0.8$，$\lambda_{ij}^3=0.7$，$\lambda_{ij}^4=0.5$。

将灰类中心向前后两个反向分别进行延伸，增加"特优"和"特差"两个类别，并设该两类的中心为 $\lambda_{ij}^0=1.0$，$\lambda_{ij}^5=0.3$，得到新的评语集的灰类中心点序列：$\lambda_{ij}^0=1.0$，$\lambda_{ij}^1=0.9$，$\lambda_{ij}^2=0.8$，$\lambda_{ij}^3=0.7$，$\lambda_{ij}^4=0.5$，$\lambda_{ij}^5=0.3$。

2）确定样本矩阵。设共有 r 位专家对指标层进行评价，得到 i 因素第 j 指标的评价向量为 $(x_{ij}^1, x_{ij}^2, \cdots, x_{ij}^k, \cdots, x_{ij}^r)$，则 i 因素第 j 指标的综合评价指标值为：

$$x_{ij} = \left(\sum_k l \times x_{ij}^k\right)/r \tag{4-4}$$

式（4-4）中 l 为给 i 因素 j 指标评价值为 x_{ij}^k 的专家个数。得到 i 因素 j 指标

的综合评价向量为 $(x_{ij}^1, x_{ij}^2, \cdots, x_{ij}^k, \cdots, x_{ij}^r)$。

由于指标体系中既有成本型指标,也有效益型指标,因此需要对不同类型的指标进行处理。

3)建立三角白化权函数。将灰类中心点的值代入公式,可得到 i 因素 j 指标的三角白化权函数:

$$f_{ij}^1(x) = \begin{cases} 0, x \notin [0.8, 1.0] \\ \dfrac{x-0.8}{0.9-0.8}, x \in [0.8, 0.9] \\ \dfrac{1.0-x}{1.0-0.9}, x \in [0.9, 1.0] \end{cases} \tag{4-5}$$

$$f_{ij}^2(x) = \begin{cases} 0, x \notin [0.7, 0.9] \\ \dfrac{x-0.7}{0.8-0.7}, x \in [0.7, 0.8] \\ \dfrac{0.9-x}{0.9-0.8}, x \in [0.8, 0.9] \end{cases} \tag{4-6}$$

$$f_{ij}^3(x) = \begin{cases} 0, x \notin [0.5, 0.8] \\ \dfrac{x-0.5}{0.7-0.5}, x \in [0.5, 0.7] \\ \dfrac{0.8-x}{0.8-0.7}, x \in [0.7, 0.8] \end{cases} \tag{4-7}$$

$$f_{ij}^4(x) = \begin{cases} 0, x \notin [0.3, 0.7] \\ \dfrac{x-0.3}{0.5-0.3}, x \in [0.3, 0.5] \\ \dfrac{0.7-x}{0.7-0.5}, x \in [0.5, 0.7] \end{cases} \tag{4-8}$$

4)构造方案 u 的模糊隶属度矩阵 σ_u。计算方案 u 关于灰类 k 的综合聚类系数 σ_u^k 为:

$$\sigma_u^k = \sum_{i,j} f_{ij}^k(x_{ij}^u) \cdot \eta_{ij} \tag{4-9}$$

式(4-9)中 $f_{ij}^k(x_{ij}^u)$ 表示因素 i 第 j 指标第 k 类的白化权函数,η_{ij} 为因素 i 第 j 个指标的综合权重。

由综合聚类系数,构造模糊隶属度矩阵 σ:

$$\sigma = (\sigma_u^k) = \begin{vmatrix} \sigma_1^1 & \sigma_1^2 & \cdots & \sigma_1^s \\ \sigma_2^1 & \sigma_2^1 & \cdots & \sigma_2^s \\ \cdots & \cdots & \cdots & \cdots \\ \sigma_m^1 & \sigma_m^1 & \cdots & \sigma_m^s \end{vmatrix} \qquad (4-10)$$

5）进行模糊评价。对方案 u 进行评价得到：

$$B_u = [\,b_u^1,\ b_u^2,\ b_u^3,\ b_u^4\,] = [\,\sigma_u^1,\ \sigma_u^2,\ \sigma_u^3,\ \sigma_u^4\,] \qquad (4-11)$$

根据 $\max\limits_{1 \leqslant k \leqslant s} \{\sigma_u^k\} = \sigma_u^{k*}$ 来判定方案 u 属于灰类 k^*，从而可以根据以下进行判断：

当 $\max\{b_u^1,\ b_u^2,\ b_u^3,\ b_u^4\} = b_1$ 时，方案 u 属于灰类 1，即为"优"；

当 $\max\{b_u^1,\ b_u^2,\ b_u^3,\ b_u^4\} = b_2$ 时，方案 u 属于灰类 2，即为"良"；

当 $\max\{b_u^1,\ b_u^2,\ b_u^3,\ b_u^4\} = b_3$ 时，方案 u 属于灰类 3，即为"中"；

当 $\max\{b_u^1,\ b_u^2,\ b_u^3,\ b_u^4\} = b_4$ 时，方案 u 属于灰类 4，即为"差"。

4. 算例分析

某城市一快递企业要进行配送中心选址工作，在进行初步调查和粗略筛选的基础上，需要在五个备选方案中选取两个作为快递配送中心，邀请 10 位专家按照评语集对各个方案的每个指标进行评分，如表 4-1 所示：

表 4-1　方案选址评分表

指标	综合权重	方案1				方案2				方案3				方案4				方案5			
		评价等级				评价等级				评价等级				评价等级				评价等级			
		优	良	中	差	优	良	中	差	优	良	中	差	优	良	中	差	优	良	中	差
		0.9	0.8	0.7	0.5	0.9	0.8	0.7	0.5	0.9	0.8	0.7	0.5	0.9	0.8	0.7	0.5	0.9	0.8	0.7	0.5
C_{11}	0.125	0.8	0	0.1	0.1	0.6	0.2	0.3	0.2	0.4	0.2	0.3	0.1	0.3	0.1	0.4	0.2	0.6	0.2	0.1	0.1
C_{12}	0.075	0.7	0.1	0.1	0.1	0.5	0.4	0.1	0	0.3	0.5	0.1	0.1	0.1	0.5	0.3	0.1	0.5	0.3	0.1	0.1
C_{13}	0.1	0.7	0.1	0.1	0.1	0.1	0.6	0.2	0.1	0.1	0.6	0.2	0.1	0.2	0.5	0.2	0.1	0.2	0.5	0.2	0.1
C_{21}	0.15	0.8	0.1	0.1	0	0	0.3	0.5	0.2	0.1	0.2	0.5	0.2	0.1	0.2	0.5	0.2	0.1	0.2	0.4	0.3
C_{22}	0.1	0.8	0.1	0	0.1	0.2	0.5	0.2	0.1	0.2	0.3	0.4	0.1	0.2	0.4	0.3	0.1	0.2	0.5	0.2	0.1
C_{23}	0.05	0.6	0.2	0.1	0.1	0.1	0.4	0.5		0.1	0.4	0.3	0.2	0.1	0.4	0.3		0.1	0.2	0.4	0.3
C_{31}	0.13	0.9		0.1	0	0	0.3	0.4	0.2	0.1	0.4	0.2	0.3	0.1	0.4	0.1		0.1	0.4	0.1	
C_{32}	0.12	0.8	0.1	0.1	0	0.3	0.4	0.2	0.1	0.1	0.4	0.2	0.3	0.1	0.4	0.1	0.4	0.1	0.2	0.6	0.1

指标	综合权重	方案1 评价等级				方案2 评价等级				方案3 评价等级				方案4 评价等级				方案5 评价等级			
		优	良	中	差	优	良	中	差	优	良	中	差	优	良	中	差	优	良	中	差
		0.9	0.8	0.7	0.5	0.9	0.8	0.7	0.5	0.9	0.8	0.7	0.5	0.9	0.8	0.7	0.5	0.9	0.8	0.7	0.5
C_{33}	0.08	0.8	0	0.1	0.1	0.1	0.2	0.4	0.3	0.1	0.1	0.4	0.4	0.1	0.1	0.4	0.4	0.3	0.1	0.5	0.1
C_{34}	0.07	0.8	0	0.1	0.1	0.3	0.4	0.2	0.1	0.2	0.4	0.3	0.1	0.2	0.4	0.2	0.2	0.2	0.3	0.3	0.2

数据来源：笔者统计。

根据专家打分表，进行汇总计算得到各个方案的各指标得分，如表4－2所示：

表4－2　各个方案不同指标的专家评分汇总

指标	方案1	方案2	方案3	方案4	方案5
C_{11}	0.84	0.82	0.78	0.76	0.82
C_{12}	0.83	0.84	0.79	0.75	0.81
C_{13}	0.83	0.76	0.76	0.7	0.77
C_{21}	0.87	0.69	0.7	0.7	0.68
C_{22}	0.85	0.73	0.73	0.71	0.75
C_{23}	0.82	0.76	0.7	0.69	0.68
C_{31}	0.88	0.78	0.76	0.72	0.7
C_{32}	0.87	0.78	0.7	0.68	0.72
C_{33}	0.84	0.68	0.65	0.65	0.75
C_{34}	0.84	0.78	0.76	0.74	0.73

数据来源：笔者统计。

根据公式计算各个方案的三角白化权函数，并计算各个方案关于灰类 k（$k =$ 1，2，3，4）的综合聚类系数，如表4－3~表4－7所示：

表4－3　方案1的灰色聚类综合评价系数

方案	x_1	x_2	x_3	x_4	x_5	x_6	x_7	x_8	x_9	x_{10}	σ
1	0.4	0.3	0.3	0.7	0.5	0.2	0.8	0.7	0.4	0.4	0.52
2	0.6	0.7	0.7	0.3	0.5	0.8	0.2	0.3	0.6	0.6	0.48
3	0	0.	0	0	0	0	0	0	0	0	0
4	0	0	0	0	0	0	0	0	0	0	0

表 4 – 4　方案 2 的灰色聚类综合评价系数

方案	x_1	x_2	x_3	x_4	x_5	x_6	x_7	x_8	x_9	x_{10}	σ
1	0.2	0.4	0	0	0	0	0	0	0	0	0.06
2	0.8	0.6	0.6	0	0.3	0.6	0.8	0.8	0	0.8	0.52
3	0	0	0.4	0.95	0.7	0.4	0.2	0.2	0.9	0.2	0.40
4	0	0	0	0.05	0	0	0	0	0.1	0	0.02

表 4 – 5　方案 3 的灰色聚类综合评价系数

方案	x_1	x_2	x_3	x_4	x_5	x_6	x_7	x_8	x_9	x_{10}	σ
1	0	0	0	0	0	0	0	0	0	0	0
2	0.8	0.9	0.6	0	0.3	0	0.6	0	0	0.6	0.38
3	0.2	0.1	0.4	1	0.7	1	0.4	1	0.75	0.4	0.60
4	0	0	0	0	0	0	0	0	0.25	0	0.02

表 4 – 6　方案 4 的灰色聚类综合评价系数

方案	x_1	x_2	x_3	x_4	x_5	x_6	x_7	x_8	x_9	x_{10}	σ
1	0	0	0	0	0	0	0	0	0	0	0
2	0.6	0.5	0	0	0.1	0	0.2	0	0	0.4	0.19
3	0.4	0.5	1	1	0.9	0.95	0.8	0.9	0.75	0.6	0.79
4	0	0	0	0	0	0.05	0	0.1	0.25	0	0.02

表 4 – 7　方案 5 的灰色聚类综合评价系数

方案	x_1	x_2	x_3	x_4	x_5	x_6	x_7	x_8	x_9	x_{10}	σ
1	0.2	0.1	0	0	0	0	0	0	0	0	0.03
2	0.8	0.9	0.7	0	0.5	0	0.2	0.5	0.3		0.37
3	0	0	0.3	0.9	0.5	0.9	1	0.8	0.5	0.7	0.58
4	0	0	0	0.1	0	0.1	0	0	0	0	0.02

由综合聚类系数构造模糊隶属矩阵，并对方案进行评价，如表 4 – 8 所示：

表 4 - 8　评价结果

方案	隶属度				Max	Max 对应灰度	评价等级	方案选择
	灰类1	灰类2	灰类3	灰类4				
1	0.52	0.48	0	0	0.52	1	优	√
2	0.06	0.52	0.40	0.02	0.52	2	良	√
3	0	0.38	0.60	0.02	0.60	3	中	×
4	0	0.19	0.79	0.02	0.79	3	中	×
5	0.03	0.37	0.58	0.02	0.58	3	中	×

经过对评价结果进行分析，最优方案为 1 和 2，因此选择 1 和 2 作为快递配送中心的地址。

第四节　快递柜选址布局及服务区域划分

一、问题描述

快递柜作为解决末端配送的有效措施已广泛应用于多个社区，但在快递柜布点投放初期，由于粗放式的布点策略，导致网点间的利用效率差异较大。速递易的数据显示，95% 的投递量是由 4 万多台设备完成的，但仍有 1 万台左右的设备投递量占比不到 5%，说明快递柜的分布存在不合理现象，此时急需解决快递柜的选址布局问题。

快递柜的选址布局受到很多因素的影响，如快递量、顾客取件行走路线、快递柜的服务范围和服务水平、车辆配送成本等，在综合考虑这些因素的基础上对快递柜选址、客户点的归属划分及配送车辆行驶路线进行规划。

（一）提出假设

假设一城市某区域的快递客户点总数为 n，需要在这些客户点分布的范围布设 m 个快递柜，每个快递柜为归属于它附近的客户服务。设快递公司派出 s 辆车执行派件任务，每辆车出行一趟可为若干个快递柜派送快件。针对快递客户需求点的分布、需求量及相关建设、配送、取件成本等因素，生成系统优化方案，使快递派送系统的总成本最小。

对问题的假设如下：

（1）物流公司派件的车型统一，车辆数足够；

（2）对于同一个快递柜的所有快件由同一辆车派送；

（3）同一客户地点的不同快件的收件人是独立的。

（二）变量定义

定义1：客户点 i 的坐标记为 (x_i, y_i)，$i = 1, 2, \cdots, n$；快递柜 j 的坐标记为 (x_j, y_j)，$j = 1, 2, \cdots, m$；客户点的归属划分变量为 Y_{ij}，$Y_{ij} = 0/1$，$i \in I$，$j \in J$；当 $Y_{ij} = 1$ 表示客户点 i 归属于快递柜 j 的服务范围，当 $Y_{ij} = 0$ 表示客户点 i 不归属于快递柜 j 的服务范围。

定义2：车辆的派送关系变量为 Z_{kj}，$Z_{kj} = 1$ 表示车辆 k 为快递柜 j 派送快件，$Z_{kj} = 0$ 表示车辆 k 为快递柜 j 派送快件；车辆行驶路线变量为 δ_{kij}，$\delta_{kij} = 1$ 表示车辆 k 派送快件时经过路段 (i, j)，$\delta_{kij} = 0$ 表示车辆 k 派送快件时不经过路段 (i, j)。

定义3：对基本参数作如下设定：建设一个自动快递柜的成本为 C_0，快递柜驻小区的年费用为 C_{01}，快递柜服务年限为 t，快递柜年平均维护使用费为 q，每年的工作天数为 T。

配送区域所有快递柜日平均财务成本为：

$$Z_1 = \left(\frac{C_0}{t \times T} + \frac{C_{01}}{T} + \frac{q}{T} \right) \times \sum_{j=1}^{m} \left(1 - \max\left\{ 1 - \sum_{i=1}^{n} Y_{ij}, 0 \right\} \right) \quad (4-12)$$

式（4-12）中，当 $\sum_{i=1}^{n} Y_{ij} \geq 1$ 时，表示快递柜 j 被选中，此时 $1 - \max\{ 1 - \sum_{i=1}^{n} Y_{ij}, 0 \} = 1$，即被选中建设的快递柜数量增加1，$\sum_{j=1}^{m} \left(1 - \max\{ 1 - \sum_{i=1}^{n} Y_{ij}, 0 \} \right)$ 则表示被选用的快递柜的数量。

定义4：车辆年平均固定使用成本为 C_1，单位距离运输费率为 C_2，车辆派送快件至快递柜的成本为：

$$Z_2 = \frac{C_1}{T} \times \sum_{k=1}^{s} \left(1 - \max\left\{ 1 - \sum_{j=1}^{m} Z_{kj}, 0 \right\} \right) + \sum_{k=1}^{s} \sum_{j1=1}^{m} \sum_{j2=1}^{m} C_2 Z_{kj} l_{j1,j2} \quad (4-13)$$

式（4-13）中，对于 k，当 $\sum_{j=1}^{m} Z_{kj} \geq 1$ 时，表示车辆 k 执行派送任务，此时

$1 - \max\{1 - \sum\limits_{j=1}^{m} Y_{ij}, 0\} = 1$，即配送车辆数增加1，$\sum\limits_{k=1}^{s}(1 - \max\{1 - \sum\limits_{j=1}^{m} Y_{ij}, 0\})$ 则表示执行派送任务的车辆数。

定义其他参数如下：客户取件最大容许距离为 L，快递柜最大容量为 D，快递柜最低服务率为 λ，每辆车次派送最大件数为 W。

（三）模型建立

$$\min Z = Z_1 + Z_2 \tag{4-14}$$

（四）约束条件

$$\sum_{i=1}^{m} Y_{ij} d_i \leqslant D，\forall j \tag{4-15}$$

$$\sum_{i=1}^{m} Y_{ij} d_i \geqslant \lambda D，\forall j \tag{4-16}$$

$$\max\{Y_{ij} l_{ij}\} \leqslant L，\forall i, j \tag{4-17}$$

$$\sum_{j=1}^{m} \sum_{i=1}^{n} (Y_{ij} d_i) Z_{kj} \leqslant W，\forall k \tag{4-18}$$

$$\sum_{i=0}^{n} \delta_{kij} = Z_{kj}，\forall k, j \tag{4-19}$$

$$\sum_{i=0}^{n} \delta_{kij} = Z_{ki}，\forall k, i \tag{4-20}$$

目标函数是使总成本之和最小。约束条件1（式4-15）表示快递柜服务量不超过最大容量；约束条件2（式4-16）表示快递柜服务量不少于最小服务率的要求；约束条件3（式4-17）表示保证客户取件行走路程不超过最大容许距离；约束条件4（式4-18）表示每辆车派送快件数量不超过车辆的运输能力；约束条件5和6（式4-19、式4-20）表示车辆 k 只经过服务快递柜的线路唯一性的约束，式中当 i、$j = 0$ 时表示快递公司。

二、目标函数求解

由于该问题既涉及快递柜选址及客户点归属划分，也涉及分配车辆的派送任务和指定车辆行驶路线，因此分三个阶段进行求解。首先采用动态聚类算法确定快递柜的选址及客户点的归属划分，其次分配车辆的派送任务，最后用改进的 $C-W$ 节约算法得到配送车辆的行车路线。

第一阶段：采用动态聚类算法求解快递柜选址和客户归属划分，具体步骤如下：

步骤1：对需求点的坐标进行标准化处理；

步骤2：计算初始的分类数；

步骤3：根据初始的分类数 K 进行分类；

步骤4：算出每个类别的聚类重心；

步骤5：按新的聚类重心进行分类。

第二阶段：用同样的方法确定车辆的派送任务。

第三阶段：根据车辆派送任务划分方案及各快递柜间的实际距离，制定车辆行驶路线。即从快递公司出发，依次经过各快递柜送货，然后返回快递公司，使得行驶路程最短。

第五节　电子商务物流"最后一公里"配送网络的空间优化

一、智能货柜需求预测

快递站点的货柜需求主要通过快件业务量体现出来，快递业务量是快递需要与快递供给、快递服务水平的相互作用的结果，即现有快递服务能力条件下所能实现的快递需求。实际的快递需求又可包含显性快递需求和隐性快递需求，所谓显性快递需求是快递站点目前市场需求及自身服务水平，此部分需求可以根据以往的经验或者某些数学方法预知；所谓隐性快递需求是指由于不可抗力因素导致快递需求在未来的某一段时间内呈现无规律上下波动，此部分需求快递站点无法提前预知。由于快递需求量分为显性需求和隐性需求，导致了快件业务量时间序列既包含线性部分，也包含非线性部分。

预测快递站点货柜需求是确定货柜存储空间分配的前提。由于快递站点业务量时间序列同时包含线性和非线性特征，提高了有效预测的难度，因此采用组合预测模型进行预测。即将多种预测方法结合起来以提高预测的精度和有效性。

ARIMA 模型对符合平稳性要求的线性关系预测具有良好的预测效果，而 NN 模型在非线性关系预测方面具有较好的效果，尽管 ARIMA 模型和 NN 模型两种方法各自存在明显的缺陷，但依然具备优劣互补性，因此考虑将两种模型结合起来对快递站点货柜需求量进行预测。

1. ARIMA – NN 模型研究思路

将快递站点货柜需求量预测的时间序列分为线性主体和非线性残差两部分，利用 ARIMA 模型对时间序列线性部分进行建模，并假设预测结果，得到原序列与预测结果之间的残差。该残差包含了原序列中的非线性关系，然后利用 NN 模型对该非线性残差进行模拟。最后，将两种模型的预测结果合并起来，就是快递站点货柜需求量的最终预测结果。

2. 快递站点快件业务量的预测

运用 ARIMA – NN 模型预测的具体步骤如下：

步骤 1：对时间序列建立的 ARIMA 模型进行模型识别（即确定 ARIMA 模型中 p，d，q 值）、模型参数估计（即对 ARIMA 模型中参数 ϕ_i 和 θ_j 进行估计）、模型诊断、模型预测，从而得到时间序列模型预测的线性部分。

步骤 2：采用试错法确定网络模型输出结果，以网络输出误差小于 0.0001 为止。然后利用神经网络模型识别序列预测非线性部分。

步骤 3：将两部分预测结果进行加总得到最终的预测结果。

二、货柜存储空间动态分配

1. 研究假设

为了便于模型的构建，本书给出以下假设：

（1）发往每个地区的快件都有相对优先的存储货柜。

（2）在选择优先存储货柜时必须同时考虑到时间和空间这两个要素。如快件到达站点之前，其优先存储货柜已经被占用，则须提供额外存储货柜。在被占用货柜的快件运走之前，该货柜无法用于存储到达站点的快件。

（3）快递站点每隔一段固定时间收到一批快件，且每次快件所需要的货柜数量可由 ARIMA – NN 模型预测得出。

（4）假设快件都是标准件，不需要做特殊处理，且货柜存储空间的需求量都在站点的承受范围之内。

（5）快件的装卸费用是由快件装卸所消耗的人力、物力以及时间共同决定的。设快件的装卸费用是 y，快件装卸所耗费的人力、物力、时间分别为 x_1、x_2、x_3，则快件装卸费用可用某种函数关系表示为：

$$y = f(x_1, x_2, x_3) \tag{4-21}$$

2. 基于时空网络的货柜存储空间分配模型的构建

构建模型所需用到的变量定义如下：

c_{ij}：地区 i 的快件在货柜 j 中的装卸费用；

s_i：不同地区快件在 t 时刻所需要的货柜数量；

p：快递站点服务地区数量；

q：快递站点的货柜数量；

b_t：在 t 时刻空余的货柜数量；

m：计划开始之前空余货柜数量；

$paired$ (i, j)：同一地点快件在同一时刻被装运。

通过上述对快递站点存放问题的基本描述，在 $\forall t$ 时刻，可以建立如下优化模型：

$$\text{Min} \sum_{i=1}^{p} \sum_{j=1}^{q} C_{ij} X_{ij} \tag{4-22}$$

约束条件为：

$$\sum_{j=1}^{q} X_{ij} = s_i, \ i \in [1, p] \tag{4-23}$$

$$\sum_{i=1}^{p} X_{ij} \leq 1, \ j \in [1, q] \tag{4-24}$$

$$b_t = m, \ t \in [1, \infty] \tag{4-25}$$

$$\sum_{i=1}^{p} \sum_{j=1}^{q} X_{ji} + b_t - \sum_{i=1}^{p} \sum_{j=1}^{q} X_{ij} = b_{t+1} \tag{4-26}$$

$$X_{ij} = X_{bc}, \ (b, c) = paired(i, j) \tag{4-27}$$

$$X_{ij} \in \{0, 1\}, \ i \in [1, p], j \in [1, q] \tag{4-28}$$

其中目标函数表示在计划期内快件装卸成本总和；约束条件1（式4-23-4-28）表示不同地区快件对货的需求量；约束条件2（式（4-18））表示一个货柜只能存放一个单位的快件量；约束条件3（式（4-19））和约束条件4（式（4-20））表示在各个阶段空余的货柜数量；约束条件5（式（4-21））表示发

往同一地区的快件必须在同一时刻装运；约束条件6（式（4-22））表示约束变量只能取0或者1，从而使得该货柜存储空间问题为0-1整数规划问题。值得注意的是，由于快件到达的批次不同，因此该整数规划问题可依据不同时间点分解为若干个子整数规划问题进行求解，且前一阶段子模型求解结果为下一阶段子模型的约束条件。

第五章 共同配送模式下电商物流服务供应链利益协调动态优化

第一节 电商物流服务供应链价格协调

一、引言

2019 年，国内的电子商务网购用户规模超过 7 亿，网购交易额达到 10.63 万亿元，同比增长 16.5%；网购在社会消费品零售总额中占比为 20.7%，同比提高 2.3 个百分点。国家邮政局监测数据显示，主要电商企业 2019 年"双十一"全天共产生快递物流订单 16.57 亿件，同比增长 23.7%；全天各邮政、快递企业共处理快件 5.35 亿件，同比增长 28.6%。电子商务的飞速发展给快递行业带来勃勃生机的同时，也加剧了快递行业的竞争，导致利润微薄。行业统计数据显示，快递件均收入从 2007 年的 28.6 元下降至 2019 年的 11.8 元，降幅高达 58.7%，其原因一方面是快递行业的服务同质化导致快递服务需求方议价能力强而带来的激烈竞争，另一方面是同城快递、首重快递增加带来的件均收入的摊薄。因此，研究快递首重定价的影响因素以制定合理的快递首重价格，并根据影响因素的变化适时调整价格，不仅有助于缓解快递企业间的恶性竞争，还可以抑制快递企业利润率不断下滑的趋势。

二、相关理论综述

我国的快递市场整体上来说，处于完全竞争市场。市场竞争激烈且处于饱和状态，快递企业之间的服务同质化现象严重，区分度不高，且客户相似程度极高。快递市场价格既受到快递行业性质即运输配送服务本身的影响，还受到竞争对手定价的影响。

有关快递定价的研究，不同学者从不同角度不同运输工具着手研究定价策略：姜玲等（2013）从拥挤收费定价角度进行研究；段华薇等（2015）从高铁与传统快递合作的角度研究定价过程中的博弈；陈阳等（2016）、黄玮青等（2015）研究铁路快运物流的定价模型；沈丹阳等（2015）研究航空快递的差异化定价问题；赵玉洲等（2016）、李磊等（2013）研究快递定价方法和价格形成机制。在影响因素的实证研究方面，申海波（2013）运用主成分分析法研究城市户外广告大牌媒体定价的影响因素；吴喜雁等（2015）运用 Logistic 回归研究大众参与众筹投资的影响因素；汤文彬（2016）运用面板协整检验和 Granger 因果检验构建房地产价格影响因素的回归模型。对于快递定价的研究，学者大多从竞争与合作博弈的角度进行，主要考虑外部环境对快递定价的影响，未能分析快递行业的成本构成对其定价的影响。本书研究首重快递定价的影响因素，并为快递企业动态定价提供依据。因此构建多元线性回归模型研究首重快递定价的影响因素，根据模型结果提出动态定价策略。

三、理论分析与研究假设

（一）快递行业的定价特点

1. 快递定价受运输因素影响

由于快递行业属于远距离快速运输和提供门到门服务的行业，快递行业的特色决定了速度对快递收费影响至关重要，采取不同的交通运输工具快递收费亦不同，即消费者对速度要求高则当然承担较高的费用。因此快递定价一方面受运输方式的影响，另一方面受运输速度的影响。从成本上看，运输方式和运输速度均体现在油价、运输距离和交通状况上。

2. 快递定价受服务水平和质量的影响

快递行业属于典型的服务型行业，快递收发及售后服务过程中所体现的服务水平的高低和服务质量的好坏直接影响到快递的定价。直营的顺丰速递，由于服务标准统一且满意度高，其定价标准往往高于加盟制的快递公司。

3. 快递定价受人力资源成本的影响

快递行业属于典型的劳动密集型行业，快件的收发、处理和运输均需要人工完成。快递客户需要提供的特殊服务要求，如代收货款、保价、代签回单、夜晚收件、包装或偏远地区寄派件等增值服务，其服务水平和服务质量也通过人工体现。

（二）首重快递定价的影响因素分析

《2019 年中国网络购物市场交易规模及市场数据分析》显示，以 50.1％的市场份额稳居 B2C 市场第一的天猫商城以服装鞋帽、化妆、个护、母婴、数码等商品为主，大多数网购快递均不超过 1 公斤的首重标准，因此本书重点研究首重快递定价的影响因素。假定消费者对快递速度并不敏感，无增值服务需求，运输方式采取公路运输，则首重快递定价的影响因素分析如下：

1. 人工成本

影响快递首重定价的人工成本包括两个方面：一是寄出地的人工成本；二是目的地的人工成本。因为对快递总公司来说，这些都属于快递服务成本的重要组成部分。一方面，由于快递揽件是由寄出地的快递工作人员负责，包括寄件信息录入系统、分拣、装箱等工作均由其完成，因此寄出地的人工成本是快递服务定价的重要考量因素之一。另一方面，快递的派送是由目的地的工作人员负责的，包括目的地的快递分拣、系统信息录入、运输和配送等工作。由于假设寄出地一致，只考虑目的地的人工成本，因此建立假设 1：首重快递定价与目的地人工成本呈正相关。

2. 运输距离

由于假设消费者对快递速度并不敏感，运输方式采取公路运输，那么运输过程中的油费则成为影响快递成本和快递定价的重要因素。由于同期运输的油价在寄出地和目的地并无显著差异，从而运输距离的远近则成为直接的影响因素。因此建立假设 2：首重快递定价与运输距离呈正相关。

3. 快递业务量

作为劳动密集型的服务行业，快递行业除了人工成本等直接成本外，还存在大量的诸如租金、办公费、通信费、设备折旧、水电费等间接成本，而间接成本的分摊与快递的业务量密切相关，即快递业务量多，则单件快递分摊的间接费用少，快递单位成本低，快递定价相对较低。反之，则快递单位成本高，相应地，快递服务定价也高。因此建立假设3：首重快递定价与快递业务量呈负相关。

4. 交通状况

快递属于提供上门服务的行业，城市之间的交通往往有高速的便利条件，但市内的交通运输条件则在很大程度上跟城市的交通状况有很大关系。事实上，城市"最后一公里"的运输已成为制约快递速度发展的核心问题所在。因此建立假设4：首重快递定价与城市交通拥堵指数呈正相关。

5. 城市分级

快递行业往往集中于有经济活力、市场活跃的城市，城市分级指数是综合评价一个城市经济实力的指标。城市综合实力越强，城市分级等级越高。一般来说，城市等级越高，快件数越多，因此相对来说首重价越低。因此建立假设5：首重快递定价与城市分级等级呈负相关。

6. 人口密度

一个城市的人口密度是指城市常住人口与城市面积的比值。人口密度是一个城市集中度的重要体现。相对来说，人口密度较高的城市，布局较为紧凑，快递人员派送快递的效率更高，因而成本，特别是时间成本更低。因此建立假设6：首重快递定价与人口密度呈负相关。

四、研究设计

（一）样本数据选取

选择2015年全国排名第二的申通快递公司为研究对象，以中国邮政管理局发布的2015年快递业务量排名前50个地级市构成研究样本，考虑到从各地市统计局获取平均工资的可行性和城市交通拥堵指数的可获取性，最终选取40个城市。本书的数据借助SPSS19.0软件进行处理，在显著性水平为5%的条件下对模型进行检验。

（二）变量定义

本书研究快递定价的影响因素，因此因变量为快递首重价格，选择对快递首重定价变动较为敏感的申通快递公司发布的2015年快递价格表为研究依据。

自变量的选取为影响快递首重定价的各项指标：①平均月工资自然对数。该平均月工资信息为当地统计局或人力资源和社会保障局发布的2015年度月平均工资的统计数据。由于假定快递始发地一致，快递目的地的平均工资水平反映了快递的人工成本，尽管平均工资水平不代表快递行业的平均水平，但出于对一致性和数据可靠性的考虑，使用全市平均工资水平。②高速运输距离自然对数。以申通快递总部上海市青浦区为起点，通过百度地图确定的高速运输距离。这一指标主要是确定综合运输距离，这与快递成本中的运输成本有直接关系。由于运输距离相差悬殊，而快递首重价相对较为集中，因此取运输距离的自然对数。③业务量自然对数。以国家邮政局发布的2015年全国快递业务量为基础，假定申通快递的市场份额为15%，估算出申通快递在各城市的配送业务量。由于快递业务量巨大，因此用业务量的自然对数表示。④高峰交通拥堵指数。快递的运输不仅包括城市间的高速运输还包括市内运输和配送，而快递的配送时间和成本主要取决于快递目的地的交通拥挤情况，因此选取交通拥堵指数作为交通拥挤状况的评价指标。交通拥堵指数分为高峰交通拥堵指数和全天交通拥堵指数，由于快递运输和配送时间相对集中于下班时间，因此选取高德地图发布的2015年城市高峰交通拥堵指数作为交通拥挤状况的评价指标。⑤城市分级指数。由于不同媒体对各城市分级指数确定的标准不同，取第一财经选取的包括GDP、人均收入等在内的10项指标为基础确定的城市分级指数。⑥人口密度自然对数。取百度百科有关各城市2015年的人口和面积数据为基础计算城市人口密度。由于数据较大且结果悬殊，因此取自然对数。

以上变量的定义如表5-1所示：

表5-1　变量说明

变量	指标	说明
因变量	快递首重定价 Y	按申通快递发布的2016年快递价格为标准
自变量	平均月工资自然对数 X_1	取各目的地城市的平均月工资的自然对数
	高速运输距离自然对数 X_2	取百度地图显示的快递高速运输距离自然对数
	业务量自然对数 X_3	取申通快递业务量的自然对数
	高峰交通拥堵指数 X_4	高峰旅游时间/交通畅通旅行时间
	城市分级指数 X_5	取第一财经给出的城市分级标准
	人口密度自然对数 X_6	取各城市人口密度的自然对数

（三）模型选择

关于影响因素的实证分析，不同学者运用不同的模型进行研究，申海波（2013）选择主成分分析法、吴喜雁等（2015）运用 Logistic 回归、汤文彬（2016）运用面板回归模型和面板脉冲响应函数进行实证分析。本书研究快递首重价的影响因素，不仅需要筛选出快递首重价的影响因素，还需要解释各影响因素的权重，因此选取多元线性回归模型进行分析。

$$Y = \alpha + \sum_{i=1}^{6} \beta_i X_i + \xi \qquad (5-1)$$

式（5-1）中，因变量为快递首重定价（Y），自变量为平均月工资自然对数、高速运输距离自然对数、业务量自然对数、高峰交通拥堵指数、城市分级指数和人口密度自然对数，β 为各因变量的权重。

五、实证分析

（一）描述性统计

根据研究范围收集了 40 个城市的相关数据，快递首重价格的统计信息如表 5-2 所示。各变量的统计结果如表 5-3 所示。

表 5-2 快递首重定价统计

快递首重价格（元）	频率	百分比（%）	累计百分比（%）
9	13	32.5	32.5
11	7	17.5	50.0
13	1	2.5	52.5
16	17	42.5	95.0
18	2	5.0	100.0
合计	40	100.0	—

数据来源：笔者统计。

表 5-3 描述性统计

	N	极小值	极大值	均值	标准差
快递首重价格	40	9	18	12.87	3.353
月工资自然对数	40	8.347827	8.865876	8.543687112	0.131823753
距离自然对数	40	3.908	7.7611	6.370123	1.085129

	N	极小值	极大值	均值	标准差
业务量自然对数	40	6.5863714	9.819511	7.83514818	0.88002337
交通拥堵指数	40	1.451	2.056	1.7147	0.1551382
城市分级	40	1	3	1.8	0.4777
人口密度自然对数	40	5.1988	8.5938	6.814377	0.6870866

数据来源：笔者统计。

由表5－2可知，所研究城市的快递首重价呈较为典型的离散状态，首重价为16和9的城市较多，最高值与最低值的差异较为明显。从表5－3的统计结果看，由于绝对值较高的城市月工资、高速运输距离、快递业务量及人口密度均取自然对数进行分析，因此差异较小。从整体上看，自变量的指标离散程度显著小于因变量。

（二）相关性分析

由于本书研究快递首重定价的影响因素，因此先对自变量和因变量之间的关系进行相关性分析，结果如表5－4所示。

表5－4　相关性分析

	快递首重价	月工资自然对数	距离自然对数	业务量自然对数	交通拥堵指数	城市分级	人口密度自然对数
快递首重价	1						
月工资自然对数	－0.156	1					
距离自然对数	0.767**	－0.137	1				
业务量自然对数	－0.333*	0.382*	－0.322*	1			
交通拥堵指数	0.481**	0.285	0.393*	0.304	1		
城市分级	－0.136	－0.647**	－0.030	－0.499**	－0.493**	1	
人口密度自然对数	－0.319*	0.452	－0.245	0.550	－0.089	－0.356*	1

注：**表示在0.01水平（双侧）上显著相关。*表示在0.05水平（双侧）上显著相关。

数据来源：笔者统计。

由表5－4可知，与因变量快递首重价格显著相关的自变量有距离自然对数、业务量自然对数、交通拥堵指数和人口密度自然对数四个变量。其中距离自然对数和交通拥堵指数与快递首重定价呈正相关，业务量自然对数和人口密度自然对数则与快递首重定价呈负相关，这与前期假设一致。从相关程度上看，最为相关的是距离自然对数，其次是交通拥堵指数。下面将通过相关性检验的四个变量进行进一步分析。

（三）多重共线性分析

考虑到自变量之间可能存在相关性的问题，将通过相关性分析的四个变量进行多重共线性检验。结果如表5-5所示。

表5-5　多重共线性检验

	距离自然对数	业务量自然对数	交通拥堵指数	人口密度自然对数
距离自然对数	1			
业务量自然对数	-0.110	1		
交通拥堵指数	0.042	0.561**	1	
人口密度自然对数	-0.001	0.497**	0.078	1

注：＊＊表示在0.01水平（双侧）上显著相关。

数据来源：笔者统计。

由表5-5可知，除业务量自然对数与交通拥堵指数和人口密度自然对数存在相关外，其他变量之间均不存在显著相关性，由于各变量间的相关系数均不高于0.6，因此可认为变量间不存在严重的多重共线性问题。为提高自变量对因变量的解释程度，暂不剔除任何变量，将全部变量代入模型进行线性回归分析。

（四）模型回归分析

从线性回归模型的结果上看，自变量对因变量的解释程度达到0.818，较为理想。从表5-6的线性回归系数看，距离自然对数、业务量自然对数、交通拥堵指数和人口密度自然对数对快递首重价格的影响权重分别为0.549、-0.250、0.340和-0.017。但从显著性检验结果上看，除距离自然对数和交通拥堵指数通过检验外，业务量自然对数和人口密度自然对数的显著性均低于0.05。将显著性水平提高到0.01，则只有距离自然对数这一变量通过检验。即对快递首重定价影响最为相关的因素是距离自然对数，其次是交通拥堵指数，这与快递行业的运输特性相吻合。

表 5 − 6　线性回归系数

	非标准化系数		标准 系数	t	Sig.
	B	标准误差			
（常量）	− 2.511	5.244		− 0.479	0.635
距离自然对数	1.697	0.378	0.549	4.489	0.000
业务量自然对数	− 0.953	0.551	− 0.250	− 1.729	0.093
交通拥堵指数	7.348	2.764	0.340	2.658	0.012
人口密度自然对数	− 0.081	0.600	− 0.017	− 0.135	0.893

数据来源：笔者统计。

六、研究结论及定价策略

（一）研究结论

首先，从申通快递首重价格的统计结果上看，尽管各城市间距离相差悬殊，但快递首重价格呈较为典型的分层状态。由于自变量中的目的地城市月工资水平、高速运输距离、快递业务量和目的地城市人工密度四个变量相差悬殊，在进行相关性分析时取自然对数，因而各自变量的离散水平相对较小。

其次，从相关性检验的统计结果上看，快递首重价与高速运输距离自然对数、快递业务量自然对数、交通拥堵指数和城市人口密度自然对数四个变量相关，而与目的地城市月工资水平自然对数和城市分级指数无关。其中与高速运输距离自然对数和交通拥堵指数呈正相关，而与快递业务量自然对数和城市人口密度自然对数呈负相关。快递首重价与目的地城市的月工资水平不相关，原因可能是快递收费一般采取寄方付，其人工成本取决于始发地的工资水平，与目的地人工成本无关。快递首重价格与城市分级指数不相关，原因可能是中国的城市资源大多集中于各分散的省会城市，而与快递首重价格相关性最强的是运输距离，因此与城市分级指数没有显著相关性。

再次，从各自变量的相关性上看，业务量与交通拥堵指数和人口密度存在相关性。一般来说，人口密度较大的城市，相对来说网购交易较为发达，因而快递业务量较大，交通较为拥挤。从线性回归的结果上看，与快递首重价格最显著相关的是运输距离，包括距离自然对数和交通拥堵指数，其权重分别为 0.549 和 0.340，这符合快递行业的运输特质。其次是快递业务量，权重为 -0.250，在同等情况下快递业务量大会分摊运输过程中的成本费用，降低单位成本，从而降低服务价格。

最后，从多元线性回归模型的效果上看，模型对自变量快递首重价格的解释程度为 0.818。模型不能完全解释快递首重价格的影响因素，可能的原因是各快递公司在制定快递首重价格时，存在较为明显的跟随效应，即多数民营快递公司间由于存在激烈的竞争导致定价较为接近。

（二）定价策略

由多元线性回归模型的结果可知，由于影响快递首重定价的各因素处于动态变化当中，因此快递行业需要根据其影响因素的变化适时调整定价。鉴于此，本书制定如下动态定价策略：

首先，根据油价变动或运输路线变动调整快递定价。由于影响快递首重定价最重要的因素是高速运输距离，权重为 0.549，即运输成本对快递定价影响重大。因此，当油价上升一定比例或运输距离增加时，快递公司可考虑合理调高快递价格，以弥补快递成本的上升，保持一定的利润水平。

其次，考虑目的地城市的交通状况调整快递定价。交通拥堵指数是影响快递首重定价的又一重要因素，权重为 0.340。随着家庭汽车的普及，大部分城市尤其是一二线城市的交通状况日渐拥挤，因此当目的地城市的交通拥堵指数上升时，快递公司的配送时间和配送成本均呈上升趋势，可适当调高快递价格。

再次，依据目的地城市快递业务量变化调整快递定价。快递业务量对快递首重定价有双重影响，一方面快递业务量的上升带来运输成本的摊薄；另一方面快递业务量的增加可能会加剧目的地城市的交通拥挤状况。从模型回归的结果上看，整体上呈反向变动关系，权重为 -0.250。因此，当快递公司在某一区域的快递量较大时，可适当降低快递价格。

最后，根据各影响因素的权重，综合考虑上述因素对快递定价的整体影响。由于人口密度的变化相对较小，且人口密度与快递业务量具有相关性，因此可基本忽略人口密度对快递首重定价的影响。快递公司的首重定价主要考虑高速运输成本、目的地城市交通拥堵指数和目的地城市的快递业务量，根据这些因素的影响及变化调整快递首重价格，以获取合理的经济利益。

第二节 电商物流服务供应链利益协调

一、引言

国务院 2018 年发布了《关于推进电子商务与快递物流协同发展的意见》，鼓励电商平台与快递物流企业加强协同合作。2020 年的新冠肺炎疫情期间，在供给端上，原计划为春节囤积的生鲜农产品出现大量滞销；而需求端却因为居家隔离措施导致出现短缺，由此，使网购生鲜农产品需求旺盛带来的价格上涨。电商平台为打通供需两端，加快生鲜农产品流通，帮助农民解决生鲜农产品积压问题，就必须加强与快递物流服务商协同合作。目前，电商平台仍在自营物流模式与物流外包模式之间进行探索。自营物流虽然能够快速响应顾客需求，但是给电商平台带来沉重的资金压力和管理风险；若将物流外包给物流服务商后，不但可以享受更专业的物流配送服务，而且能更专注于提升企业的核心竞争力。然而，目前电商平台与物流服务商的合作仍存在协同意识不强、利益分配机制不完善等问题，这势必影响双方协同合作的可持续性及协同绩效。因此，如何完善双方的利益分配机制是推进电子商务与快递物流协同发展的重要问题。基于收益共享契约的电商平台与物流服务商协同模式相结合，不仅可以给双方合作带来新的发展机遇，而且还能提升物流服务供应链的整体效益。就目前来看，这次的疫情，为电商平台和快递物流的协同发展提供了一个绝佳的契机。因此，协调电商平台与物流服务商的利益分配机制变得越来越迫切。本书以生鲜农产品为例，构建了电商平台与物流服务商构成的物流服务供应链单独与分散决策的模型，并基于收益共享、成本共担等原则通过契约设计促成电商平台与物流服务商合作，使双方通过契约约束达到集中决策的效果。本书探讨：①基于收益共享理论，研究电商平台和物流服务商如何通过契约协调机制实现利益协调。②对于生鲜农产品而言，新鲜程度对于销量及服务体验影响尤为重要，因此引入保鲜系数和保鲜成本，以更好地满足生鲜电商物流服务供应链协调的需求。③契约协调方案不仅包括收益共享、成本共担两个方面，还包括物流服务价格的协调，以促进电商物流服务供应链的协同发展。

二、相关理论综述

自收益共享契约理论提出后，引起了大量学者的广泛关注。研究对象从制造商与零售商组成的二级供应链，到制造商、零售商网店和第三方物流组成的购销供应链，再到电商、物流服务集成商和物流服务提供商组成的物流服务供应链系统。比如，王利等（2013）运用逆向归纳法分析制造商、3PL 和零售商对相关参数的决策，设计收益共享契约；刘玉霜等（2013）则研究由一个制造商与两个竞争零售商组成的两级供应链系统的最优决策及契约协调问题；孟丽君等（2014）研究一个物流服务集成商和一个物流服务提供商所组成的二级物流服务供应链的系统协调问题；蒲徐进等（2014）研究了市场需求为随机的两级供应链中零售商风险规避和公平关切对供应链运作的影响；秦星红等（2014）针对网络商店和第三方物流（TPL）形成的服务供需关系，建立基于服务质量非合作博弈和合作博弈决策模型；杨申燕等（2014）则基于收益共享原则，构建了两级物流服务供应链中物流信息服务产品的定价模型；颜波等（2015）针对网购的线上销售、线下配送特点，引入产品替代因子，构建基于物流与价格双重竞争的三级供应链竞争模型及产品定价策略；张雨濛等（2015）研究了线上线下双渠道供应链库存决策策略；曹巍等（2015）研究了由电商平台、快递企业和便利店组成的新型物流合作模式的收益共享加成本共担的契约协调策略；朱宝琳等（2016）探讨了不确定环境下由单一供应商、制造商和零售商组成的三级供应链基于收益共享契约的协调问题；李宝库等（2016）研究了考虑零售商公平偏好的两级供应链收益共享契约机制；鄢章华等（2017）基于收益共享契约研究了"饥饿营销"模式下供应链的协调决策；王大飞等（2017）通过构建两个销售阶段的动态博弈模型，研究考虑了消费者向服务集成商购买服务系统式存在策略性等待行为的供应链协调问题。代建生（2018）运用 CVaR 方法分析了在销售商实施促销努力并拥有部分定价权下，供应链的契约协调问题；王君君等（2018）研究了规模经济下考虑策略式顾客的二级供应链协调策略；熊峰等（2019）引入合作社公平偏好理论，研究供应链盟员保鲜投入决策；钟耀广等（2019）研究了电商环境下基于收益共享契约的利润分配方案。以上文献对收益共享契约理论的研究主要集中在产销供应链和物流供应链或农产品生鲜领域，但较少涉及电商平台和物流服务方的合作。利益协调机制主要集中在收益共享与成本共担两个方面，较少涉及物流服务价格的调整。

三、收益共享契约下生鲜电商物流服务供应链协调决策优化

（一）问题描述与模型假设

1. 问题描述

本部分的问题分为两个阶段，第一阶段，讨论电商平台自营物流与物流外包的选择策略。第二阶段，疫情期间，为加强生鲜农产品流通与满足需求，本书设计了由电商平台与物流服务商组成的电商物流服务供应链的协调决策模型，探讨单独决策与集中决策模式的选择。以生鲜农产品为例，研究由一个电商平台 f 和一个物流服务商 l 构成的两主体的决策模型。电商平台 f 向上游制造商采购生鲜农产品线上销售给消费者，物流服务商 l 将生鲜农产品运送至消费者手中，电商平台向物流服务商支付物流服务费用。

2. 模型符号说明

表 5 - 7 为本书中涉及的各变量及其对应的相关符号说明。

表 5 - 7　研究模型符号与说明

符号	含义	符号	含义
D	产品的市场需求量	C_f	电商产品的采购和运作成本
D_0	产品的市场基础需求量	C_l	物流服务商的单位配送成本
a	产品市场需求对价格的弹性系数	$g(s)$	物流服务商的保鲜成本函数
b	产品市场需求对快递服务水平的弹性系数	k	物流服务商对保鲜水平的敏感系数
p	电商产品的单价	W_f	电商平台自营配送的服务单价
s	物流服务商的保鲜水平	W_l	物流服务商的物流服务单价
F	电商平台自营配送的固定成本	V	电商平台自营配送的单位变动成本
q	电商平台的订货量	θ	物流服务商提供的服务单价折扣
δ	电商平台对物流服务商的收益共享比例	η	电商平台对物流服务商的保鲜成本分担比例
φ	物流服务单价上调比例	λ	保鲜程度系数

3. 研究假设

（1）物流系统中所有成员均为风险中性者。

（2）物流系统中所有成员都是理性人，均以自身利益最大化进行各自的决策。

（3）电商平台只销售一种农产品，农产品的市场需求受价格和物流服务保鲜的影响。

（4）借鉴 Yan 和 Pei（2009）使用的函数形式，定义物流服务商保鲜成本函数为。

$$g(s) = \frac{1}{2}\lambda ks^2 \tag{5-2}$$

表示物流服务商通过提升生鲜农产品的新鲜程度，给顾客带来好的体验增加销量而付出的成本，$k > 0$，k 表示物流服务商对保鲜水平的敏感系数；$0 < \lambda < 1$，λ 表示保鲜程度系数。

（5）Δp 表示电商平台的边际利润；$\Delta p > 0$ 保证电商平台盈利。

本书包含一个电商平台 f 和一个物流服务商 l，电商平台在供应链中占主导地位。借鉴 Chiang 等（2003）、Huang 和 Swaminathan（2009）的线性需求函数，电商平台面临的市场需求 D 受价格 p 和农产品保鲜水平 s 影响，随价格提高而减少，随保鲜水平上升而增多。三者关系为：

$$D = D_0 - ap + bs \tag{5-3}$$

其中，$D_0 > 0$，$a > 0$，$b > 0$。电商平台根据市场需求决定订货量，假定不存在缺货的情况，即 $q = D$。

物流服务商决定自身保鲜水平 s，其单位运作成本为 C_l，服务单价为 W_l，假设不存在能力限制，可以满足任何服务要求，但须付出相应的增量运作成本。为保证 p、W_l、s 等决策变量为正，$\lambda ak - b^2 > 0$，且 $D_0 - a（C_f + C_l）> 0$。

产品的市场需求函数：$q = D = D_0 - ap + bs$ \qquad (5-4)

电商平台的利润函数：$R_f = (p - C_f - W_l)q$ \qquad (5-5)

物流服务商的利润：$R_l = (W_l - C_l)q - g(s) = (W_l - C_l)q - \frac{1}{2}\lambda ks^2$ \qquad (5-6)

系统的利润：$R = R_f + R_l = (p - C_f - C_l)q - g(s) = (p - C_f - C_l)q - \frac{1}{2}\lambda ks^2$

$$\tag{5-7}$$

（二）基于收益共享契约的电子商务物流外包选择模型

1. 电子商务物流外包决策的业务量

第一步，确定电子商务物流外包决策的业务量临界点。假设电商平台自建物

流的固定成本为 F，单位变动成本为 V，则电商平台的自营配送的总成本为 $F + V \times q$，单位配送成本 $W_f = F/q + V$，而委托物流服务商配送的单位成本为 W_l。当 $W_f > W_l$ 时，即 $q < F/(W_l - V)$ 时，电商平台选择委托给物流服务商配送；而当 $W_f < W_l$ 时，即 $q > F/(W_l - V)$ 时，电商平台则会考虑自建物流自行配送。即 $q = F/(W_l - V)$ 是电商平台选择物流外包与否的业务量临界点，超过该业务量临界点，则物流服务商需采取降价或折扣的方式赢得订单。此时：

电商平台的利润为：$R_f = (p - C_f - W_l)q$　　　　　　　　　　（5-8）

物流服务商的利润为：$R_l = (W_l - C_l)q - g(s) = (W_l - C_l)q - \dfrac{1}{2}\lambda ks^2$　（5-9）

系统的利润为：$R = R_f + R_l = (p - C_f - C_l)q - g(s) = (p - C_f - C_l)q - \dfrac{1}{2}\lambda ks^2$

（5-10）

第二步，确定电子商务物流外包折扣的业务量临界点。假定物流服务商提供的折扣为 θ，即将其收益的 θ 倍让渡给电商平台，使得电商平台放弃自建物流自行配送。当 $W_f > (1 - \theta)W_l$，即 $q < F/[(1 - \theta)W_l - V]$，电商平台选择委托给物流服务商配送。物流服务商根据订单量调整让渡收益的比例以获得长久的订单，该收益的让渡不影响其整体利润率，否则放弃该订单。并假设订单的增加不改变物流服务商的现有规模，不会导致物流服务商固定投资的增加。

电商平台的利润为：$R_f = [p - C_f - (1 - \theta)W_l]q$　　　　　　（5-11）

物流服务商的利润为：$R_l = [(1 - \theta)W_l - C_l]q - g(s)$

$$= [(1 - \theta)W_l - C_l]q - \frac{1}{2}\lambda ks^2 \qquad (5-12)$$

整体的利润为：$R = R_f + R_l = (p - C_f - C_l)q - \dfrac{1}{2}\lambda ks^2$　　　（5-13）

2. 基于收益共享契约的电子商务物流外包决策模型

物流外包策略下，电商平台与物流服务商的决策模式选择有集中决策和单独决策两种，以下分别探讨两种决策模式下的变量：一是电商平台和物流服务商单独决策时的产品价格及物流服务保鲜；二是电商平台和物流服务商集中决策时的产品价格和物流服务保鲜。

（1）单独决策时各决策主体的收益模型。假定电商平台是订单量的决策者，物流服务商是追随者。在电商平台和物流服务商单独决策的情况下，电商平台决

定产品的销售价格 p，以满足市场需求；物流服务商决定物流服务报价 W_l 和自身的保鲜水平 s。

单独决策下，电商平台和物流服务商均站在自身的角度考虑利润最大化。首先，电商平台根据市场信息决定产品的销售价格。其次，物流服务商根据自身掌握的信息及电商平台提供的信息决定其物流服务报价和保鲜水平。因此，单独决策下，电商平台的决策变量为产品的销售价格 p，物流服务商的决策变量为物流服务报价 W_l 和保鲜水平 s。

根据前述假设，有 $p = C_f + W_l + \Delta p$ （5-14）

由此可以得到电商平台和物流服务商的目标函数分别为：

$$\begin{cases} \max R_l = (W_l - C_l)[D_0 - a(C_f + W_l + \Delta p) + bs] - \dfrac{1}{2}\lambda k s^2 \\ \max R_f = (p - C_f - W_l)[D_0 - a(C_f + W_l + \Delta p) + bs] \end{cases}$$ （5-15）

运用逆向归纳方法求解。

令 $\dfrac{\partial R_l}{\partial W_l} = 0$，令 $\dfrac{\partial R_l}{\partial s} = 0$，从而有：

$$W_l = \frac{D_0 - a(C_f - C_l + \Delta p) + bs}{2a}$$ （5-16）

$$s = \frac{b(W_l - C_l)}{\lambda k}$$ （5-17）

$$\frac{\partial^2 R_l}{\partial W_l^2} = -2a < 0$$

$$\frac{\partial^2 R_l}{\partial s^2} = -\lambda k < 0$$

海森矩阵 $H = \begin{vmatrix} -2a & b \\ b & -\lambda k \end{vmatrix}$，一阶主子式 $|H_1| = -2a < 0$，二阶主子式 $|H_2| = 2a\lambda k - b^2 > 0$，说明海森矩阵负定，故存在唯一最优的极大值点 (W_l, s)。

联立方程组（5-16）、（5-17）求解，得到 W_l 和 s 关于 Δp 的表达式为：

$$\begin{cases} W_l = \dfrac{\lambda k[D_0 - a(C_f + \Delta p)] + (a\lambda k - b^2)C_l}{2a\lambda k - b^2} \\ s = \dfrac{b[D_0 - a(C_f + C_l + \Delta p)]}{2(2a\lambda k - b^2)} \end{cases}$$ （5-18）

将式（5-18）代入式（5-16）中 R_f 关于 W_l 和 s 的表达式，得到

$$R_f = \Delta P \frac{a\lambda k [D_0 - a (C_f + C_l + \Delta p)]}{2a\lambda k - b^2} \qquad (5-19)$$

对式（5-19）求 R_f 关于 Δp 的一阶偏导数得到：$\dfrac{\partial R_f}{\partial \Delta p} = \dfrac{a\lambda k \ [D_0 - a \ (C_f + C_l + 2\Delta p)]}{2a\lambda k - b^2}$，

二阶偏导数为：$\dfrac{\partial^2 R_f}{\partial \Delta p^2} = \dfrac{-2a^2 \lambda k}{2a\lambda k - b^2} < 0$，说明 R_f 是关于 Δp 的凹函数，存在唯一的

Δp 使得 R_f 最优。令 $\dfrac{\partial R_f}{\partial \Delta p} = 0$，有

$$\Delta p = \frac{D_0 - a (C_f + C_l)}{2a} \qquad (5-20)$$

将式（5-20）代入式（5-18）得到：

$$W_{l1}^* = \frac{\lambda k (D_0 - aC_f) + (3a\lambda k - 2b^2) C_l}{2 (2a\lambda k - b^2)} \qquad (5-21)$$

$$s_1^* = \frac{b [D_0 - a (C_f + C_l)]}{2 (2a\lambda k - b^2)} \qquad (5-22)$$

将式（5-20）、式（5-21）、式（5-22）代入式（5-14）、式（5-4）
得到：

$$p_1^* = \frac{(3a\lambda k - b^2) D_0 + a (a\lambda k - b^2) (C_f + C_l)}{2a (2a\lambda k - b^2)} \qquad (5-23)$$

$$q_1^* = \frac{a\lambda k [D_0 - a (C_f + C_l)]}{2 (2a\lambda k - b^2)} \qquad (5-24)$$

进而可以得出单独决策模式下，电商平台和物流服务商及系统总体的最优
利润：

$$R_{f1}^* = \frac{\lambda k [D_0 - a (C_f + C_l)]^2}{4 (2a\lambda k - b^2)} \qquad (5-25)$$

$$R_{l1}^* = \frac{\lambda k [D_0 - a (C_f + C_l)]^2}{8 (2a\lambda k - b^2)} \qquad (5-26)$$

$$R_1^* = \frac{3\lambda k [D_0 - a (C_f + C_l)]^2}{8 (2a\lambda k - b^2)} \qquad (5-27)$$

（2）集中决策时各决策主体的收益模型。集中决策即将电商平台和物流服
务商看成一个联合体，从联合体整体出发，考察其利润最大化。

将式（5-4）代入式（5-7）得到：

$$R = (p - C_f - C_l)(D_0 - ap + bs) - \frac{1}{2}\lambda ks^2 \qquad (5-28)$$

利用二元函数求极值的标准原理，可知关于 p 和 s 的一阶偏导等于零的点，为方程（5-28）的唯一极大值点。

令 $\frac{\partial R_l}{\partial W_l} = 0$，令 $\frac{\partial R_l}{\partial s} = 0$，从而有：

$$p = \frac{D_0 + a(C_f + C_l) + bs}{2a} \qquad (5-29)$$

$$s = \frac{b(p - C_f - C_l)}{\lambda k} \qquad (5-30)$$

联立式（5-29）和式（5-30），得到：

$$p_2^* = \frac{\lambda k D_0 + (a\lambda k - b^2)(C_f + C_l)}{2a\lambda k - b^2} \qquad (5-31)$$

$$s_2^* = \frac{b[D_0 - a(C_f + C_l)]}{2a\lambda k - b^2} \qquad (5-32)$$

将决策变量最优值代入式（5-4）和式（5-7），得到销量和整体最优利润：

$$q_2^* = \frac{a\lambda k[D_0 - a(C_f + C_l)]}{2a\lambda k - b^2} \qquad (5-33)$$

$$R_2^* = \frac{\lambda k[D_0 - a(C_f + C_l)]^2}{2(2a\lambda k - b^2)} \qquad (5-34)$$

（3）两种决策模型下变量关系的比较分析。

集中决策与单独决策下各决策变量的取值和利润水平如表5-8所示，比较两种决策模型下的决策变量取值与利润水平，可以得到如下结论：

命题1：集中决策下，电商平台的销量 q 和物流服务保鲜 s 均是单独决策下的2倍，即 $q_2^* = 2q_1^*$，$s_2^* = 2s_1^*$。

命题2：单独决策下，电商平台的利润是物流服务商利润的2倍，即 $R_{f1}^* = 2R_{l1}^*$。

命题3：集中决策下，由电商平台和物流服务商组成的系统整体利润是单独决策下的4/3倍。

表 5-8　两主体下不同决策模式的变量取值和利润水平

参数	单独	集中
s	$\dfrac{b\left[D_0 - a\left(C_f + C_l\right)\right]}{2\left(2a\lambda k - b^2\right)}$	$\dfrac{b\left[D_0 - a\left(C_f + C_l\right)\right]}{2a\lambda k - b^2}$
p	$\dfrac{\left(3a\lambda k - b^2\right)D_0 + a\left(a\lambda k - b^2\right)\left(C_f + C_l\right)}{2a\left(2a\lambda k - b^2\right)}$	$\dfrac{\lambda kD_0 + \left(a\lambda k - b^2\right)\left(C_f + C_l\right)}{2a\lambda k - b^2}$
q	$\dfrac{a\lambda k\left[D_0 - a\left(C_f + C_l\right)\right]}{2\left(2a\lambda k - b^2\right)}$	$\dfrac{a\lambda k\left[D_0 - a\left(C_f + C_l\right)\right]}{2a\lambda k - b^2}$
W_l	$\dfrac{\lambda k\left(D_0 - aC_f\right) + \left(3a\lambda k - 2b^2\right)C_l}{2\left(2a\lambda k - b^2\right)}$	—
R_f	$\dfrac{\lambda k\left[D_0 - a\left(C_f + C_l\right)\right]^2}{4\left(2a\lambda k - b^2\right)}$	—
R_l	$\dfrac{\lambda k\left[D_0 - a\left(C_f + C_l\right)\right]^2}{8\left(2a\lambda k - b^2\right)}$	—
R	$\dfrac{3\lambda k\left[D_0 - a\left(C_f + C_l\right)\right]^2}{8\left(2a\lambda k - b^2\right)}$	$\dfrac{\lambda k\left[D_0 - a\left(C_f + C_l\right)\right]^2}{2\left(2a\lambda k - b^2\right)}$

(三) 契约协调机制设计

从电商平台和物流服务商组成的物流服务供应链系统的决策可以看出,集中决策下的利润显著高于单独决策下的利润,因此,要想使双方的利润达到集中决策的效果,必然需要达成一定的契约协议,以达到在不降低各自单独决策时所得利润的前提下,提高供应链整体的收益。

1. 电商平台和物流服务商的利润协调范围

命题4:契约协调机制下,电商平台和物流服务商的利润范围分别为:

$$\frac{\lambda k\left[D_0 - a\left(C_f + C_l\right)\right]^2}{4\left(2a\lambda k - b^2\right)} \leqslant R_f \leqslant \frac{3\lambda k\left[D_0 - a\left(C_f + C_l\right)\right]^2}{8\left(2a\lambda k - b^2\right)}$$

$$\frac{\lambda k\left[D_0 - a\left(C_f + C_l\right)\right]^2}{8\left(2a\lambda k - b^2\right)} \leqslant R_l \leqslant \frac{\lambda k\left[D_0 - a\left(C_f + C_l\right)\right]^2}{4\left(2a\lambda k - b^2\right)}$$

证明:电商平台与物流服务商进行契约协调的目的是使协调后双方的利润之和达到集中决策的效果,且各方利润均不低于单独决策时双方的利润。因此有:

$$R_f + R_l = \frac{\lambda k\left[D_0 - a\left(C_f + C_l\right)\right]^2}{2\left(2a\lambda k - b^2\right)}$$

$$R_f \geqslant \frac{\lambda k\left[D_0 - a\left(C_f + C_l\right)\right]^2}{4\left(2a\lambda k - b^2\right)}$$

$$R_l \geqslant \frac{\lambda k [D_0 - a(C_f + C_l)]^2}{8(2a\lambda k - b^2)}$$

从而得到：

$$\frac{\lambda k [D_0 - a(C_f + C_l)]^2}{4(2a\lambda k - b^2)} \leqslant R_f \leqslant \frac{3\lambda k [D_0 - a(C_f + C_l)]^2}{8(2a\lambda k - b^2)}$$

$$\frac{\lambda k [D_0 - a(C_f + C_l)]^2}{8(2a\lambda k - b^2)} \leqslant R_l \leqslant \frac{\lambda k [D_0 - a(C_f + C_l)]^2}{4(2a\lambda k - b^2)}$$

2. 电商平台和物流服务商的利润协调方案分析

命题5：当电商平台的产品价格 p 和保鲜水平 s 达到供应链集中决策的水平，而物流服务价格 W_l 依然不变时，由于电商平台在动态博弈中处于主导方，因此利润必定高于单独决策下的利润，而物流服务商的利润则未必增加。

证明：

当 $p = p_2^* = \dfrac{\lambda k D_0 + (a\lambda k - b^2)(C_f + C_l)}{2a\lambda k - b^2}$、$s = s_2^* = \dfrac{b[D_0 - a(C_f + C_l)]}{2a\lambda k - b^2}$、$W_l = $

$$\frac{\lambda k(D_0 - aC_f) + (3a\lambda k - 2b^2)C_l}{2(2a\lambda k - b^2)} 时$$

则 $q = \dfrac{a\lambda k[D_0 - a(C_f + C_l)]}{2a\lambda k - b^2}$

$$R_{f3} = \frac{a\lambda^2 k^2 [D_0 - a(C_f + C_l)]^2}{2(2a\lambda k - b^2)^2}$$

$$R_{l3} = \frac{\lambda k(a\lambda k - b^2)[D_0 - a(C_f + C_l)]^2}{2(2a\lambda k - b^2)^2}$$

$$R_{f3} - R_{f1}^* = \frac{a\lambda^2 k^2 [D_0 - a(C_f + C_l)]^2}{2(2a\lambda k - b^2)^2} - \frac{\lambda k [D_0 - a(C_f + C_l)]}{4(2a\lambda k - b^2)}$$

$$= \frac{\lambda k b^2 [D_0 - a(C_f + C_l)]^2}{4(2a\lambda k - b^2)^2} > 0$$

$$R_{l3} - R_{l1}^* = \frac{\lambda k(a\lambda k - b^2)[D_0 - a(C_f + C_l)]^2}{2(2a\lambda k - b^2)^2} - \frac{\lambda k [D_0 - a(C_f + C_l)]}{8(2a\lambda k - b^2)}$$

$$= \frac{\lambda k(2a\lambda k - 3b^2)[D_0 - a(C_f + C_l)]^2}{8(2a\lambda k - b^2)^2}$$

因此，当 $2a\lambda k - 3b^2 > 0$ 时，则 $R_{l3} > R_{l1}^*$，物流服务商的利润高于单独决策下的利润；当 $2a\lambda k - 3b^2 < 0$ 时，则 $R_{l3} < R_{l1}^*$，物流服务商的利润低于单独决策下的

利润。

当 $2a\lambda k - 3b^2 > 0$，$R_{f3} > R_{f1}^*$，$R_{l3} > R_{l1}^*$，电商平台与物流服务商的利润均高于单独决策下的利润，因此，可能是电商平台 f 让渡部分收益给物流服务商 l，也可能是物流服务商 l 让渡部分收益给电商平台 f；当 $2a\lambda k - 3b^2 < 0$，$R_{f3} > R_{f1}^*$，$R_{l3} < R_{l1}^*$，必定是电商平台 f 让渡部分收益给物流服务商 l。

收益共享契约下，当物流服务商的服务价格保持不变时，电商平台的利润高于单独决策下的利润水平，因此为实现集中决策下的收益效果，电商平台可能需要通过契约的形式让渡收益、提高物流服务单价或承担部分保鲜成本等，以激励物流服务商提高保鲜水平，达到集中决策下的销量及利润水平。在由电商平台和物流服务商组成的网购交易系统中，电商平台通过降低单价赢得订单，物流服务商则通过提升保鲜水平赢得订单。

基于此，当 $2a\lambda k - 3b^2 > 0$，可能是电商平台 f 让渡部分收益给物流服务商 l，也可能是物流服务商 l 让渡部分收益给电商平台 f，契约协调方案有四种：

（1）电商平台让渡部分收益给物流服务商的策略；

（2）电商平台为物流服务商承担部分物流服务努力成本的策略；

（3）物流服务商提升物流服务单价的策略；

（4）物流服务商让渡部分收益给电商平台的策略。

当 $2a\lambda k - 3b^2 < 0$，电商平台 f 让渡部分收益给物流服务商 l，协调方案有三种：

（1）电商平台让渡部分收益给物流服务商的策略；

（2）电商平台为物流服务商承担部分物流服务努力成本的策略；

（3）物流服务商提升物流服务单价的策略。

3. 当 $2a\lambda k - 3b^2 > 0$ 时，电商平台让渡收益给物流服务商的协调策略

由电商平台和物流服务商组成的物流服务供应链系统中，当电商平台处于谈判主导地位，则为达成合作契约，电商平台需要让渡部分收益给物流服务商，以实现集中决策的物流服务保鲜和销量，达到集中决策的利润效果。

（1）电商平台让渡部分收益给物流服务商的策略。

命题6：为实现集中决策的销售价格 p 和物流保鲜水平 s，且物流服务单价 W_l 保持不变时，假定电商平台对物流服务商的收益分享比例为 δ_1，$0 < \delta_1 < 1$，当

$$0 < \delta_1 \leqslant \frac{b^2 \left[D_0 - a\left(C_f + C_l \right) \right]}{2a \left[\lambda k \left(D_0 - aC_f \right) \left(3a\lambda k - 2b^2 \right) C_l \right]}，可实现电商平台与物流服务商利$$

润的协调。

证明：假定电商平台对物流服务商的收益共享比例为 δ_1，其中 $0 < \delta_1 < 1$，则

电商平台的利润为：$R_f = \left[(1 - \delta_1)p - C_f - W_l \right]q$

物流服务商的利润为：$R_l = \left(W_l + \delta_1 p - C_l \right)q - \frac{1}{2}\lambda ks^2$

当 $p = \dfrac{\lambda kD_0 + (a\lambda k - b^2)(C_f + C_l)}{2a\lambda k - b^2}$、$s = \dfrac{b\left[D_0 - a(C_f + C_l) \right]}{2a\lambda k - b^2}$、$W_l =$

$\dfrac{\lambda k(D_0 - aC_f) + (3a\lambda k - 2b^2)C_l}{2a\lambda k - b^2}$时，

$$R_f = \frac{a\lambda k \left[D_0 - a(C_f + C_l) \right]}{2(2a\lambda k - b^2)^2} \left\{ (1 - 2\delta_1)kD_0 - \left[(1 + 2\delta_1)ak - \delta_1 b^2 \right](C_f + C_l) \right\}$$

$$R_l = \frac{\lambda k \left[D_0 - a(C_f + C_l) \right]}{(4ak - b^2)^2} \left\{ \left[(1 + 2\delta_1)2ak - b^2 \right]D_0 - a(1 - 2\delta_1)(2ak - b^2) \right.$$

$\left. (C_f + C_l) \right\}$

由于 $\dfrac{\lambda k \left[D_0 - a(C_f + C_l) \right]^2}{4(2a\lambda k - b^2)} \leqslant R_f \leqslant \dfrac{3\lambda k \left[D_0 - a(C_f + C_l) \right]^2}{8(2a\lambda k - b^2)}$

$\dfrac{\lambda k \left[D_0 - a(C_f + C_l) \right]^2}{8(2a\lambda k - b^2)} \leqslant R_l \leqslant \dfrac{\lambda k \left[D_0 - a(C_f + C_l) \right]^2}{4(2a\lambda k - b^2)}$，

同时，$2a\lambda k - 3b^2 > 0$，得到

$$0 < \delta_1 \leqslant \frac{b^2 \left[D_0 - a(C_f + C_l) \right]}{2a \left[\lambda k(D_0 - aC_f)(3a\lambda k - 2b^2)C_l \right]} \tag{5-35}$$

（2）电商平台承担部分物流服务努力成本的协调策略。当电商平台对物流服务商的服务水平有相对明确的标准且知晓其提升其物流服务保鲜的成本时，可在双方的谈判协议中明确对物流服务努力成本的分摊比例，以便实现集中决策下的物流服务保鲜和销量，进而使系统实现集中决策的利润水平。

命题 7：为实现集中决策的销售价格 p 和物流服务保鲜水平 s，且物流服务单价 W_l 保持不变时，假定电商平台承担的物流服务成本比例为 η_1，$0 < \eta_1 < 1$，当 $0 < \eta_1 \leqslant \dfrac{1}{2}$，可实现电商平台与物流服务商利润的协调。

证明：假定电商平台承担的物流服务成本比例为 η_1，$0 < \eta_1 < 1$，则

电商平台的利润为：$R_f = (p - C_f - W_l)q - \dfrac{1}{2}\eta_1 \lambda k s^2$

物流服务商的利润为：$R_l = (W_l - C_l)q - \dfrac{1}{2}(1 - \eta_1)ks^2$

当 $p = \dfrac{\lambda k D_0 + (a\lambda k - b^2)(C_f + C_l)}{2a\lambda k - b^2}$、$s = \dfrac{b[D_0 - a(C_f + C_l)]}{2a\lambda k - b^2}$、$W_l =$

$\dfrac{\lambda k(D_0 - aC_f) + (3a\lambda k - 2b^2)C_l}{2a\lambda k - b^2}$时，

$R_f = \dfrac{\lambda k(a\lambda k - \eta_1 b^2)[D_0 - a(C_f + C_l)]^2}{2(2a\lambda k - b^2)^2}$

$R_l = \dfrac{\lambda k[a\lambda k - (1 - \eta_1)b^2][D_0 - a(C_f + C_l)]^2}{2(2a\lambda k - b^2)^2}$

同理得到：

$$0 < \eta_1 \leqslant \dfrac{1}{2} \tag{5-36}$$

（3）电商平台提高物流服务价格的协调策略。当物流服务商在由电商平台和物流服务商组成的物流服务供应链系统中处于谈判的相对主导地位时，物流服务商可要求电商平台提高其物流服务单价，以弥补其提升物流服务保鲜的部分成本。

命题8：为实现集中决策的销售价格 p 和物流服务保鲜水平 s，假定物流服务商对物流服务价格上调比例为 φ_1，$0 < \varphi_1 < 1$，则当 $0 < \varphi_1 \leqslant \dfrac{b^2[D_0 - a(C_f + C_l)]}{2a[\lambda k(D_0 - aC_f) + (3a\lambda k - 2b^2)C_l]}$，电商平台与物流服务商可实现利润协调。

证明：假定物流服务商的物流服务价格上调比例为 φ_1，$0 < \varphi_1 < 1$，则

电商平台的利润为：$R_f = [p - C_f - (1 + \varphi_1)W_l]q$

物流服务商的利润为：$R_l = [(1 + \varphi_1)W_l - C_l]q - \dfrac{1}{2}\lambda k s^2$

当 $p = \dfrac{\lambda k D_0 + (a\lambda k - b^2)(C_f + C_l)}{2a\lambda k - b^2}$、$s = \dfrac{b[D_0 - a(C_f + C_l)]}{2a\lambda k - b^2}$、$W_l =$

$\dfrac{\lambda k(D_0 - aC_f) + (3a\lambda k - 2b^2)C_l}{2a\lambda k - b^2}$时，

$R_f = \dfrac{a\lambda k[D_0 - a(C_f + C_l)]}{2(2a\lambda k - b^2)^2}\{(1 - \varphi_1)\lambda k(D_0 - aC_f) - [(1 + 3\varphi_1)a\lambda k - 2\varphi_1 b^2]C_l\}$

$$R_l = \frac{\lambda k[D_0 - a(C_f + C_l)]}{2(2a\lambda k - b^2)^2}\{[(1+\varphi_1)a\lambda k - b^2](D_0 - aC_f) + a[(3\varphi_1 - 1)a\lambda k + (1 - 2\varphi_1)b^2]C_l\}$$

同理得到：

$$0 < \varphi_1 \leqslant \frac{b^2[D_0 - a(C_f + C_l)]}{2a[\lambda k(D_0 - aC_f) + (3a\lambda k - 2b^2)C_l]} \qquad (5-37)$$

（4）物流服务商让渡收益给电商平台的策略。

命题9：为实现集中决策的销售价格 p 和物流服务保鲜水平 s，假定物流服务商让渡收益给电商平台的比例为 θ，$0 < \theta < 1$，则当 $0 < \theta \leqslant \frac{(2a\lambda k - 3b^2)[D_0 - a(C_f + C_l)]}{4a[\lambda k(D_0 - aC_f) + (3a\lambda k - 2b^2)C_l]}$，电商平台与物流服务商可实现利润协调。

证明：假定物流服务商的物流服务价格上调比例为 θ，$0 < \theta < 1$，则

电商平台的利润为：$R_f = [p - C_f - (1-\theta)W_l]q$

物流服务商的利润为：$R_l = [(1-\theta)W_l - C_l]q - \frac{1}{2}\lambda k s^2$

当 $p = \frac{\lambda k D_0 + (a\lambda k - b^2)(C_f + C_l)}{2a\lambda k - b^2}$、$s = \frac{b[D_0 - a(C_f + C_l)]}{2a\lambda k - b^2}$、$W_l = \frac{\lambda k(D_0 - aC_f) + (3a\lambda k - 2b^2)C_l}{2a\lambda k - b^2}$ 时，

$$R_f = \frac{a\lambda k[D_0 - a(C_f + C_l)]}{2(2ak - b^2)^2}\{(1+\theta)\lambda k(D_0 - aC_f) + [(3\theta - 1)ak - 2\theta b^2]C_l\}$$

$$R_l = \frac{k[D_0 - a(C_f + C_l)]}{2(2a\lambda k - b^2)^2}\{[(1-\theta)a\lambda k - b^2](D_0 - aC_f) - a[(3\theta + 1)a\lambda k - (1 + 2\theta)b^2]C_l\}$$

同理得到：

$$0 < \theta \leqslant \frac{(2a\lambda k - 3b^2)[D_0 - a(C_f + C_l)]}{4a[\lambda k(D_0 - aC_f) + (3a\lambda k - 2b^2)C_l]} \qquad (5-38)$$

4. 当 $2a\lambda k - 3b^2 < 0$ 时，电商平台让渡收益给物流服务商的协调策略

（1）电商平台让渡部分收益给物流服务商的策略。

命题10：为实现集中决策的销售价格 p 和物流服务保鲜水平 s，且物流服务单价 W_l 保持不变时，假定电商平台对物流服务商的收益分享比例为 δ_2，当

$$\frac{(3b^2 2\lambda k)[D_0 - a(C_f + C_l)]}{4a[\lambda k(D_0 - aC_f) + (3a\lambda k - 2b^2)C_l]} \leq \delta_2 \leq \frac{b^2[D_0 - a(C_f + C_l)]}{2a[\lambda k(D_0 - aC_f) + (3a\lambda k - 2b^2)C_l]},$$

可实现电商平台与物流服务商利润的协调。

证明：假定电商平台对物流服务商的收益共享比例为 δ_2，其中 $0 < \delta_2 < 1$，则电商平台的利润为：$R_f = [(1-\delta_2)p - C_f - W_l]q$

物流服务商的利润为：$R_l = (W_l + \delta_2 p - C_l)q - \frac{1}{2}\lambda k s^2$

当 $p = \dfrac{\lambda k D_0 + (a\lambda k - b^2)(C_f + C_l)}{2a\lambda k - b^2}$、$s = \dfrac{b[D_0 - a(C_f + C_l)]}{2a\lambda k - b^2}$、$W_l = $

$\dfrac{\lambda k(D_0 - aC_f) + (3a\lambda k - 2b^2)C_l}{2a\lambda k - b^2}$ 时，

$$R_f = \frac{a\lambda k[D_0 - a(C_f + C_l)]}{2(2a\lambda k - b^2)^2}\{(1-2\delta_2)kD_0 - [(1+2\delta_2)ak - \delta_2 b^2](C_f + C_l)\}$$

$$R_l = \frac{\lambda k[D_0 - a(C_f + C_l)]}{(4ak - b^2)^2}\{[(1+2\delta_2)2ak - b^2]D_0 - a(1-2\delta_2)(2ak - b^2)$$

$(C_f + C_l)\}$

由于 $\dfrac{\lambda k[D_0 - a(C_f + C_l)]^2}{4(2a\lambda k - b^2)} \leq R_f \leq \dfrac{3\lambda k[D_0 - a(C_f + C_l)]^2}{8(2a\lambda k - b^2)}$

$\dfrac{\lambda k[D_0 - a(C_f + C_l)]^2}{8(2a\lambda k - b^2)} \leq R_l \leq \dfrac{\lambda k[D_0 - a(C_f + C_l)]^2}{4(2a\lambda k - b^2)}$

同时，由于 $2a\lambda k - 3b^2 < 0$，得到

$$\frac{(3b^2 2\lambda k)[D_0 - a(C_f + C_l)]}{4a[\lambda k(D_0 - aC_f) + (3a\lambda k - 2b^2)C_l]} \leq \delta_2 \leq \frac{b^2[D_0 - a(C_f + C_l)]}{2a[\lambda k(D_0 - aC_f) + (3a\lambda k - 2b^2)C_l]}$$

$$(5-39)$$

（2）电商平台承担部分物流服务努力成本的协调策略。当电商平台对物流服务商的服务水平有相对明确的标准且知晓其提升其物流服务保鲜的成本时，可在双方的谈判协议中明确对物流服务努力成本的分摊比例，以便实现集中决策下的物流服务保鲜和销量，进而使系统实现集中决策的利润水平。

命题11：为实现集中决策的销售价格 p 和物流服务保鲜水平 s，且物流服务单价 W_l 保持不变时，假定电商平台承担的物流服务成本比例为 η_2，$0 < \eta_2 < 1$，当 $\dfrac{3b^2 - 2a\lambda k}{b^2} \leq \eta_2 \leq \dfrac{1}{2}$，可实现电商平台与物流服务商利润的协调。

证明：假定电商平台承担的物流服务成本比例为 η_2，$0 < \eta_2 < 1$，则

电商平台的利润为：$R_f = (p - C_f - W_l)q - \dfrac{1}{2}\eta_2 \lambda k s^2$

物流服务商的利润为：$R_l = (W_l - C_l)q - \dfrac{1}{2}(1 - \eta_2)ks^2$

当 $p = \dfrac{\lambda k D_0 + (a\lambda k - b^2)(C_f + C_l)}{2a\lambda k - b^2}$、$s = \dfrac{b[D_0 - a(C_f + C_l)]}{2a\lambda k - b^2}$、$W_l =$

$$\dfrac{\lambda k(D_0 - aC_f) + (3a\lambda k - 2b^2)C_l}{2a\lambda k - b^2}$$ 时，

$$R_f = \dfrac{\lambda k(a\lambda k - \eta_2 b^2)[D_0 - a(C_f + C_l)]^2}{2(2a\lambda k - b^2)^2}$$

$$R_l = \dfrac{\lambda k[a\lambda k - (1 - \eta_2)b^2][D_0 - a(C_f + C_l)]^2}{2(2a\lambda k - b^2)^2}$$

同理得到：

$$\dfrac{3b^2 - 2a\lambda k}{b^2} \leqslant \eta_2 \leqslant \dfrac{1}{2} \tag{5-40}$$

（3）电商平台提高物流服务价格的协调策略。当物流服务商在由电商平台和物流服务商组成的物流服务供应链系统中处于谈判的相对主导地位时，物流服务商可要求电商平台提高其物流服务单价，以弥补其提升物流服务保鲜的部分成本。

命题 12：为实现集中决策的销售价格 p 和物流服务保鲜 s，假定物流服务商对

物流服务价格上调比例为 φ_2，$0 < \varphi_2 < 1$，则当 $\dfrac{(3b^2 - 2a\lambda k)[D_0 - a(C_f + C_l)]}{4a[\lambda k(D_0 - aC_f) + (3a\lambda k - 2b^2)C_l]} \leqslant$

$\varphi_2 \leqslant \dfrac{b^2[D_0 - a(C_f + C_l)]}{2a[\lambda k(D_0 - aC_f) + (3a\lambda k - 2b^2)C_l]}$，电商平台与物流服务商可实现利润

协调。

证明：假定物流服务商的物流服务价格上调比例为 φ_2，$0 < \varphi_2 < 1$，则

电商平台的利润为：$R_f = [p - C_f - (1 + \varphi_2)W_l]q$

物流服务商的利润为：$R_l = [(1 + \varphi_2)W_l - C_l]q - \dfrac{1}{2}\lambda k s^2$

当 $p = \dfrac{\lambda k D_0 + (a\lambda k - b^2)(C_f + C_l)}{2a\lambda k - b^2}$、$s = \dfrac{b[D_0 - a(C_f + C_l)]}{2a\lambda k - b^2}$、$W_l =$

$$\dfrac{\lambda k(D_0 - aC_f) + (3a\lambda k - 2b^2)C_l}{2(2a\lambda k - b^2)}$$ 时，

$$R_f = \frac{a\lambda k[D_0 - a(C_f + C_l)]}{2(2a\lambda k - b^2)^2}\{(1 - \varphi_2)\lambda k(D_0 - aC_f) - [(1 + 3\varphi_2)a\lambda k - 2\varphi_2 b^2]C_l\}$$

$$R_l = \frac{\lambda k[D_0 - a(C_f + C_l)]}{2(2a\lambda k - b^2)^2}\{[(1 + \varphi_2)a\lambda k - b^2](D_0 - aC_f) + a[(3\varphi_2 - 1)a\lambda k +$$

$$(1 - 2\varphi_2)b^2]C_l\}$$

同理得到：

$$\frac{(3b^2 - 2a\lambda k)[D_0 - a(C_f + C_l)]}{4a[\lambda k(D_0 - aC_f) + (3a\lambda k - 2b^2)C_l]} \leq \varphi_2 \leq \frac{b^2[D_0 - a(C_f + C_l)]}{2a[\lambda k(D_0 - aC_f) + (3a\lambda k - 2b^2)C_l]}$$

$$(5-41)$$

（4）小结。电商平台与物流服务商的契约协调方案存在两种可能性：

第一，当 $2a\lambda k - 3b^2 > 0$，可能是电商平台 f 让渡部分收益给物流服务商 l，也可能是物流服务商 l 让渡部分收益给电商平台 f，契约协调方案有四种：①电商平台让渡部分收益给物流服务商的策略；②电商平台为物流服务商承担部分物流服务努力成本的策略；③物流服务商提升物流服务单价的策略；④物流服务商让渡部分收益给电商平台的策略。

第二，当 $2a\lambda k - 3b^2 < 0$，电商平台 f 让渡部分收益给物流服务商 l，协调方案有三种：①电商平台让渡部分收益给物流服务商的策略；②电商平台为物流服务商承担部分物流服务努力成本的策略；③物流服务商提升物流服务单价的策略。

四、算例分析

为验证收益共享契约条件下网购供应链的决策及基于收益共享契约协调的可行性，本书给出具体的算例进行分析。假定某电商平台只销售一种农产品，农产品的需求函数为 $D = 400 - 8p + 9s$；$k = 20$，$\lambda = 0.8$，物流服务商的保鲜成本函数为 $g(s) = 8s^2$。令 $C_A = 20$，$C_B = 10$，由于供需平衡，则有销量 $q = D = 400 - 8p + 9s$。

（一）决策模式算例分析

将已知数值代入表 5-8 各式，分别得到单独决策和集中决策时各自的最优决策、利润及系统整体利润值，如表 5-9 所示。

表 5 - 9　两主体不同决策模式下的最优决策和利润水平

参数	单独决策	集中决策	变动额	变动率（％）
s	4.11	8.22	4.11	100
p	47.31	44.63	-2.68	-5.66
q	58.51	117.02	58.51	100
W_l	17.31	—	—	—
R_f	585.14	—	—	—
R_l	292.57	—	—	—
R	877.71	1170.28	—	33.33

数据来源：笔者统计。

由算例分析可知，电商平台和物流服务商单独决策时，物流服务商的保鲜水平较低，产品的销售价格较高，产品的销量和系统的整体利润较低。为实现电商平台和物流服务商构成的物流服务供应链整体利润最大化，物流服务商要提升生鲜产品的保鲜程度，以帮助电商平台获取更多的订单。此时双方需要基于收益共享原理达成契约，以促使双方合作从而实现系统整体利润的最大化。

（二）基于收益共享契约协调的算例分析

根据算例取值，由于 $2a\lambda k - 3b^2 > 0$，契约协调方案有四种：①电商平台让渡部分收益给物流服务商的策略；②电商平台为物流服务商承担部分物流服务努力成本的策略；③物流服务商提升物流服务单价的策略；④物流服务商让渡部分收益给电商平台的策略。

1. 电商平台让渡收益给物流服务商的协调

将上述各数值代入公式（5 - 35）得到，$0 < \delta_1 \leqslant 0.052$。即当电商平台将其收益的 $(0, 0.052]$ 让渡给物流服务商可实现双方利润的协调，达到集中决策的利润效果。电商平台让渡收益的比例越高，其自身获得的利润越少；反之则电商平台可获得较高的利润。具体让渡比例取决于双方谈判及博弈的结果，不同让渡比例下双方可实现的利润如表 5 - 10 所示。

表 5 - 10　电商平台让渡收益的协调结果

参数	单独决策	利润协调范围	利润协调		
s	4.11	8.22	8.22		
p	47.31	44.63	44.63		
q	58.51	117.02	117.02		
W_l	17.31	17.31	17.31		
δ_1	—	—	0.01	0.03	0.05
R_f	585.14	856.59	804.36	699.91	595.45
R_l	292.57	313.69	365.92	470.37	574.82
R	877.71	1170.28	1170.28	1170.28	1170.28

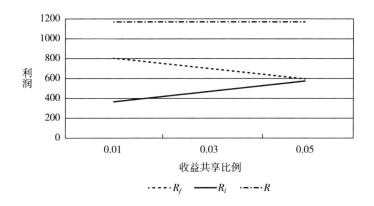

图 5 - 1　电商平台让渡收益给物流服务上的利润取值范围

　　由表 5 - 10 和图 5 - 1 可知，通过收益共享契约，系统整体利润上升
33.33%。电商平台让渡收益给物流服务商的利润取值范围为［585.14，
856.59］，电商平台让渡收益比例越高，电商平台的利润越低，物流服务商的利
润越高，让渡比例取决于双方的博弈结果。

　　2. 电商平台承担部分物流服务努力成本的协调

　　将上述各数值代入公式（5 - 36）得到，$0 < \eta_1 \leq 0.5$。即电商平台承担物流
服务努力成本比例的区间范围为（0，0.5］，在该区间范围内可实现双方利润的
协调。具体承担成本的比例取决于双方谈判及博弈的结果，不同分担比例下双方
可实现的利润如表 5 - 11 所示。

表 5 – 11 电商平台承担物流服务努力成本的协调结果

参数	单独决策	利润协调范围	利润协调		
s	4.11	8.22	8.22		
p	47.31	44.63	44.63		
q	58.51	117.02	117.02		
W_l	17.31	17.31	17.31		
η_1	—	—	0.1	0.25	0.4
R_f	585.14	856.59	802.53	721.45	640.37
R_l	292.57	313.69	367.75	448.83	529.91
R	877.71	1170.28	1170.28	1170.28	1170.28

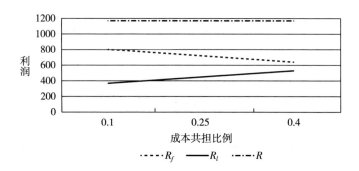

图 5 – 2 电商平台承担保鲜成本比例的利润取值范围

由表 5 – 11 和图 5 – 2 可知，通过收益共享契约，系统整体利润上升 33.33%。电商平台让渡收益给物流服务商的利润取值范围为 [585.14, 856.59]，成本共担比例越高，电商平台的利润越低，物流服务商的利润越高，成本共担比例取决于双方的博弈结果。

3. 物流服务商上调物流服务价格的协调

将上述各数值代入公式 (5 – 37) 得到，$0 < \varphi_1 \leq 0.13$。即物流服务商可实现的上调服务价格区间范围为 (0，0.13]，在该区间范围内可实现双方利润的协调。具体可上调的范围取决于双方谈判及博弈的结果，不同上调比例下双方可实现的利润如表 5 – 12 所示。

表 5 – 12　物流服务商提升服务价格的协调结果

参数	单独决策	利润协调范围	利润协调		
s	4.11	8.22	8.22		
p	47.31	44.63	44.63		
q	58.51	117.02	117.02		
W_l	17.31	17.31	0.04	0.08	0.12
φ_1	—	—	18.00	18.69	19.39
R_f	585.14	856.59	775.56	694.54	613.51
R_l	292.57	313.69	394.72	475.24	556.77
R	877.71	1170.28	1170.28	1170.28	1170.28

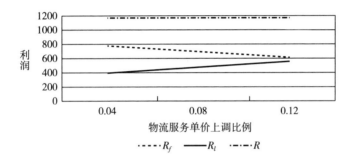

图 5 – 3　物流服务单价上调比例的利润取值范围

由表 5 – 12 和图 5 – 3 可知，通过收益共享契约，系统整体利润上升 33.33%。电商平台让渡收益给物流服务商的利润取值范围为 [585.14，856.59]，物流服务单价上调比例越高，电商平台的利润越低，物流服务商的利润越高，物流服务单价上调比例取决于双方的博弈结果。

4. 物流服务商让渡部分收益给电商平台的协调

将上述各数值代入公式（5 – 38）得到，$0 < \theta \leqslant 0.011$。即物流服务商将其收益的（0，0.011]让渡给电商平台时，可实现双方利润的协调。具体让渡比例的范围取决于双方谈判及博弈的结果，不同让渡比例下双方可实现的利润如表 5 – 13 所示。

表5－13　物流服务商让渡收益给电商平台的协调结果

参数	单独决策	利润协调		
s	4.11	8.22		
p	47.31	44.63		
q	58.51	117.02		
W_l	17.31	17.26	17.21	17.15
θ	—	0.003	0.006	0.009
R_f	585.14	862.66	868.74	874.82
R_l	292.57	307.62	301.54	295.46
R	877.71	1170.28	1170.28	1170.28

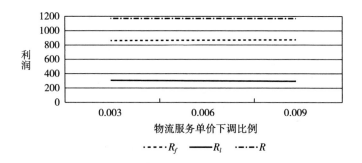

图5－4　物流服务商让渡收益给电商平台的利润取值范围

由表5－13和图5－4可知，通过收益共享契约，系统整体利润上升33.33％。电商平台让渡收益给物流服务商的利润取值范围为［292.57，307.62］，物流服务商让渡收益比例越高，电商平台的利润越高，物流服务商的利润越低，物流服务商让渡收益比例取决于双方的博弈结果。

五、结论

在网购盛行的电商时代，各电商平台均在部署与物流服务商达成合作意向以分享电商环境下的收益战略。特别是在当前的疫情环境下，凸显了网购生鲜农产品的需求与物流服务能力不匹配的问题，进而促进电商平台与物流服务商的协同合作。本书首先探讨了电商平台在自营物流与物流外包决策上的选择。当电商平台的业务量足够大时，其自营配送的单位物流成本低于物流外包单价时，电商平台可选择自营物流。物流服务商可能会通过提供折扣的方式吸引电商平台选择物流外包而非自营物流，现实中电商平台的物流服务单价由于其强势的议价能力也确实显著低于普通客户物流服务单价。电商平台选择物流外包可规避管理及营运风险，承担相对较低的物流费用，但同时也无法控制物流服务质量从而带来较低的客户体验。反之，电商平台自营物流可保证甚至提升物流服务质量，从而带来电商平台更多的订单和更高的收益，但也可能存在管理及盈利水平的风险。

其次以生鲜农产品为例，探讨了在疫情环境下，为促成电商平台与物流服务商的合作共赢问题。本书构建了由一个电商平台 f 和一个物流服务商 l 构成的两主体单独决策和集中决策的模型选择。通过构建模型进行比较分析发现，电商平台和物流服务商集中决策时，产品的销量 q 和物流保鲜水平 s 均为单独决策时的两倍，且整个供应链的整体利润显著高于单独决策的利润。

再次为实现集中决策的利润，电商平台和物流服务商需要通过契约达成产品销售价格及物流保鲜程度共识。基于此，根据不同情况，探讨了契约协调方案。当 $2a\lambda k - 3b^2 > 0$ 时，探讨了电商平台让渡收益给物流服务商、承担部分物流服务努力成本、提升物流服务单价及物流服务商让渡部分收益给电商平台的协调策略，并推导了收益让渡比例、物流保鲜成本分担比例、物流服务单价上调比例和物流服务商收益让渡比例的有效范围。当 $2a\lambda k - 3b^2 < 0$ 时，探讨了电商平台让渡收益给物流服务商、承担部分物流服务努力成本和提升物流服务单价的协调策略，并推导了收益让渡比例、物流保鲜成本分担比例和物流服务单价上调比例的有效范围。

最后通过算例分析，证实了收益让渡比例、物流保鲜成本分担比例、物流服务单价上调比例和物流服务商收益让渡比例的不同取值范围及双方利润的变化规律。具体的契约方案选择取决于电商平台与物流服务商在谈判及博弈中的相对比较优势。从算例分析可知，当电商平台与物流服务商合作集中决策时，销售价格的少量下调，可使得产品销量上升1倍，保鲜程度可提升1倍，系统整体利润上升33.33%。且集中决策下，由于电商平台处于主导地位，其利润必定高于单独决策下的利润，因此，对于电商平台而言，通过契约实现集中决策的效果是最优的方案。电商平台应当尽可能通过收益共享、成本共担、提升物流服务单价等方式与物流服务商进行联盟，以达到集中决策的效果。

第三节　共同配送模式下电商物流服务供应链收益共享协同运作研究

一、引言

近年来，中国电子商务发展迅猛，推动物流快递业的繁荣发展。国家邮政局的数据显示，2019 年全国快递业务收入达到 7497.8 亿元，同比增长 24.2%；快递业务量累计超过 630 亿件，同比增长 25.3%。然而，随着这些年来的粗放式发展，物流配送服务的滞后与电子商务的发展已严重不相匹配，成为网购消费者的主要投诉内容之一，物流配送特别是"最后一公里"的末端配送已成为电商平台发展的瓶颈所在。因此如何寻求与物流服务商的合作，是电商平台目前面临的最紧要问题。自营物流固然能解决配送服务的部分问题，但由此带来的巨额投资和管理压力等风险让众多电商平台望而却步，从京东自营物流的多年亏损可窥见一斑，此时收益共享理念应运而生。电商平台与物流服务相关主体基于收益共享理念寻求新的合作模式，不仅可以降低自营配送带来诸多风险，还可以优化利润，从而提升核心竞争力。

因此，本书先构建了由一个电商平台与一个物流服务商组成的传统两级物流服务供应链的决策模型。研究了电商平台与物流服务商单独决策和集中决策下，决策模型的变量及各主体的收益情况，并进行比较分析。由于社会分工的日益精细化，物流服务商细分为提供干路运输的快递公司和负责末端配送的末端配送商。然后将模型扩展为由一个电商平台、一个快递公司和一个末端配送商组成的现代三级物流服务供应链，并比较了两主体决策与三主体决策之间的关系。对于电商平台而言，产品的质量是其获利的源泉，但给消费者带来的运输速度和末端购物体验则直接关系到产品的销量和利润。电商与快递公司或末端配送商联盟可在一定程度上把控物流服务质量和水平，给消费者带来良好的购物体验，从而提升其产品销量。本书分析研究了电商平台、快递公司和末端配送商两两联盟下的半集中决策方案与三者联盟的集中决策方案下各决策主体的决策变量及利润。基于收益共享原则通过契约设计促成电商平台与末端配送商组成的联盟与快递公司合作、电商平台与快递公司组成的联盟与末端配送商合作的契约协调机制，使三方在两两联盟下能达到集中决策的效果。三方通过加强合作，从整体上进行定价和服务质量决策，从而提高合作各方的收益，分享合作利润。

本部分研究的结构如下：第二部分综述了与本课题相关的主要文献。第三部分提出了研究问题和决策模型。第四部分构建了电商与物流服务商组成的两主体的决策模型。第五部分将决策模型扩展至电商、快递与末端配送商组成的三主体，提出了分散、半集中和集中决策下电子商务物流服务供应链决策模型。第六部分分别推导了半集中决策下不同联盟的契约协调方案。第七部分提供数值分析，以验证协调策略的可行性。第八部分对研究进行总结，提出管理建议，指出本书研究的局限性和未来的研究方向。

二、相关理论综述

（一）博弈论

大多数学者在供应链决策研究中采用了博弈理论。罗和陈（2016）研究了收益共享契约在随机收益率和随机市场需求的供应链协调中的作用。利用博弈论模型，推导出收益共享契约下零售商的最优订货策略和供应商的最优生产策略。Wu、Feng 和 Chen（2018）应用微分博弈理论研究了平台用户对需求影响的供应链定价与广告决策的协调问题。结果表明，基于收益共享契约的供应链协调可以提高供应链的绩效。宋高（2018）构建了基于收益共享契约的集中控制、分散决策和绿色供应链的博弈模型。结果表明，收益共享契约能有效提高产品的绿色化水平和供应链的整体盈利能力。Xie、Zhang、Liang、Xia、Yin 和 Yang（2018）将正向渠道收益共享契约与渠道投资成本共享契约相结合，引入 Stackelberg 博弈来研究契约协调机制。结果表明，通过合理设置收益分担率和成本分担率，可以提高供应链成员在线上和线下渠道的利润。Yan、Liu、Xu 和 He（2020）运用博弈论研究了由一个资金受限的供应商和一个提供资金的电子零售商组成的双渠道供应链中的定价策略。

（二）供应链协调策略

不同学者从不同视角对供应链协调策略进行了研究。①数量折扣视角。Pang、Chen 和 Hu（2014）研究了制造商、分销商和零售商组成的三级供应链中收益共享契约的协调作用，提出了一种改进的基于数量折扣策略的收益共享契约来协调供应链。Pang、Wu、Tan 和 Cao（2015）提出了一种改进的基于数量折扣策略的收益共享契约。结果表明，改进后的收益共享契约可以通过在三层供应链中的一个或两个交易中实施来协调供应链。②随机需求视角。Sang（2016）研究了顾客需求和零售价格为模糊变量的多级供应链的收益共享契约，提出了一个具有模糊需求和信息不对称的收益共享契约。Zabihi 和 Bafruei（2016）研究了两级供应链在随机需求下的协调问题。通过收益共享契约和价格折扣协调供应链。Zhao、Song、Zhang、Gupta、Devlin 和 Chiong（2019）研究了随机需求下联合回购（BB）和收益共享（RS）契约对风险中性供应商和风险厌恶零售商供应链协调的影响。③资源约束视角。Zhao、Li、Song、Li 和 Wu（2018）建立了一个由制造商和资本约束的零售商组成的模型，研究了资本约束下绿色供应链的定价与协调问题。为了保证整个渠道的利润，实现双赢，设计了一个双向收益共享契约来协调绿色供应链。Raza（2018）提出了单个制造商－零售商供应链库存定价和企业社会责任投资决策的供应链协调方案，并构建了基于收益共享契约的库存定价和企业社会责任投资决策模型。④其他视角。Cai、Hu、Tadikamalla 和 Shang（2017）发现简单的收入共享合同不能优化供应链服务的性能。提出了供应商管理库存供应链的三种柔性补贴契约。Liu、Li、Wu 和 Zhang（2017）分析了石油、天然气和农产品受政府价格限制的需求中断后，在政府价格控制政策下，供应链和零售商之间通过收入分享合同进行的协调。Yan、Liu、Bai 和 Chen（2017）研究了基于收益共享契约的饥饿营销模型下的供应链协调决策问题。Dai（2018）运用 CVaR 方法分析了在卖方促销努力和部分定价权下供应链的合同协调问题。孟、陈、钱（2018）建立了基于代理的收益共享协商模型，研究了建设项目时间压缩中利益相关者收入共享的复杂性。

（三）联合配送的供应链协调

在供应链协调主体上，学者们分别对两级、三级供应链实施联合配送的供应链协调策略进行了深入研究。Zhang、Liu、Zhang 和 Bai（2015）构建了一个由一个制造商和一个零售商组成的变质物品供应链模型。他们设计了一个收益共享和合作投资契约，将收益共享和成本分担机制相结合，协调供应链。Bai、Chen 和 Xu（2017）研究了由生产商和零售商组成的两阶段可持续供应链系统，以及碳排放总量控制和贸易控制下的收入协调。为了协调这一体系，提出了收入和促销成本分担合同和两部分关税合同。Giri、Mondal 和 Maiti（2018）提出了一个由一个制造商和一个零售商组成的两阶段闭环供应链的两个博弈模型，通过收益共享契约协调供应链绩效。Heydari 和 Ghasemi（2018）研究了一个由单个再制造商和单个收集器组成的两级逆向供应链（RSC）。结果表明，在再制造能力有限的情况下，所提出的收益分享契约能够在参与者之间分担风险，创造双赢局面。Peng、Pang 和 Cong（2018）采用 Stackelberg 模型探讨了一个由供应商和制造商组成的供应链，研究了分散和集中供应链的生产、价格和碳减排决策，结果表明，数量折扣契约能有效协调低碳供应链，而收益分享契约不能有效协调低碳供应链。邹、秦、杨、戴（2018）构建了一个由一个制造商和两个零售商竞价组成的可持续闭环供应链协调机制，通过收益共享契约协调供应链成员的利润。Mohammadi、Ghazanfari、Pishvaee 和 Teimoury（2019）研究了由单一供应商和单一销售商组成的供应链，基于保鲜技术投资的新鲜供应链协调机制，提出了一个新的收益与保全技术投资分享协调契约（RPTIS），以说服 FSC 成员从局部最优解（即分散法）转向全局最优解（即集中法）。Ghazanfari、Mohammadi、Pishvaee 和 Teimoury（2019）基于 Stackelberg 博弈模型对由供应商和买方组成的供应链使用两种不同的方法进行建模：公开市场中的传统销售周期 – 加强政府的激励措施；和现代销售策略 – 考虑到政府的激励措施。Zhao、Zhou、Cao 和 Min（2020）研究了由两个制造商和一个主要零售商组成的两级供应链。在收益共享的委托代理契约下，考虑了制造商之间的博弈和制造商与零售商之间的利益协调。钟、郭、王、唐（2019）从由电商平台与物流服务商组成的两级供应链拓展到由电商平台、快递公司和末端配送商组成的三级供应链，研究了电子商务环境下基于收益分享契约的利润分配方案。庞、侯、吕（2016）研究了由制造商、分销商和零售商组成的三阶段供应链的收益协调问题。通过假设零售商自己承担努力成本，在三级供应链的一次或两次交易中，通过实施基于返利和惩罚策略的收益共享契约来实现协调。Hou、Wei、Li、Huang 和 Ashley（2017）专注于一个由制造商、分销商和零售商组成的三级供应链。在收益共享契约的基础上，分析了分散供应链与同时移动博弈或领导 – 跟随博弈的协调问题。袁、鞠、范、边（2019）构建了一个由在线零售商（OR）组成的三级海产品在线零售物流服务供应链 LSSC、物流服务集成商（LSI）和功能性物流服务提供商（FLSP）。运用博弈论方法，建立了三方收益共享模型。Liu 和 Yi（2018）研究了由一个制造商、一个零售商和一个数据公司组成的三阶段供应链的协调策略，分析了分散和集中供应链中 BDI 投资的四种效益模型，结果表明收益共享契约可以协调供应链利益。Giri 和 Sarker（2019）研究了由一个原材料供应商、一个制造商和一个零售商组成的三级供应链系统在面临生产中断风险的契约协调。

在供应链协调的分析工具选择上，大多数学者选择了博弈理论。在供应链收益共享协调策略上，不同学者选取了不同视角，有数量折扣视角、随机需求视角、资源约束视角及其他视角。在供应链协调策略的研究主体上，不同学者分别针对两级和三级供应链联合配送的收益进行了协调。综上所述，由于网购越来越成为一种趋势和潮流，电商平台和物流服务方的关系越来越紧密。

本书旨在研究：①基于收益共享理论下，由电商平台、快递公司和末端配送商组成的现代物流服务供应链两两联盟的决策及利润协调问题。②契约安排不仅涉及收益共享与成本共担两个方面，还特别体现在快递公司、末端配送商等物流服务方的服务价格协调方面，以有助于电商物流服务供应链的协同发展。

三、问题描述与模型假设

（一）问题描述

本部分研究分为两个阶段：第一阶段，研究传统模式下，一个电商和一个物流服务商构成的两主体的决策及其效果，即集中还是单独决策，以及对总体利润的影响；第二阶段，研究现代模式下，一个电商、一个快递和一个末端配送服务商构成的三主体的决策及其效果，即集中还是单独决策，以及对总体利润的影响。现代模式下的电商物流系统是基于"电商 + 快递 + 末端配送"的物流模式。该物流系统中的主体要素包括一个电商平台、一个快递公司和一个末端配送服务商。电商平台采购商品后线上销售给消费者，快递公司负责干路运输至终端配送网点，末端配送商负责为消费者提供末端配送服务。该物流系统主体可选择多种方式进行服务，主要有单独决策、半集中决策（包括电商平台与快递公司联盟、电商平台与末端配送商联盟、快递公司与末端配送商联盟）和集中决策。本书分别讨论在 Stackelberg 博弈下物流系统主体半集中决策的定价和服务质量决策问题。

（二）模型符号说明

模型符号说明见表 5 – 14。

表 5 – 14　研究模型符号与说明

符号	含义	符号	含义
D	产品的市场需求量	C_A	电商产品的采购和运作成本
D_O	产品的市场基础需求量	C_B	快递公司的单位运输成本
a	产品市场需求对价格的弹性系数	C_C	末端配送商的单位配送成本
b	产品市场需求对快递服务努力水平的弹性系数	C_E	物流服务商的单位配送成本
p	电商产品的单价	W_A	电商平台自营配送的服务单价
q	电商平台的订货量	W_B	快递公司的物流服务单价
s	快递公司的服务水平	W_C	末端配送的服务单价
k	快递公司对服务水平的敏感系数	W_{BC}	快递与末端配送商联盟的服务报价
$g(s)$	快递服务努力水平对应的成本	θ	收益共享比例
η	成本共担比例	φ	快递服务价格上调比例

（三）研究假设

（1）物流系统中所有成员均为风险中性者；

（2）物流系统中所有成员都是理性人，均以自身利益最大化进行各自的决策；

（3）产品的市场需求受价格和物流服务水平的影响；

（4）借鉴 Yan 和 Pei 使用的函数形式，定义物流服务努力成本函数为 $g(s) = ks^2$，表示物流服务商通过提升物流服务效率给顾客带来好的体验增加销量而付出的成本，$k > 0$，k 表示物流服务努力成本系数；

（5）$\Delta p > 0$，Δp 表示电商平台或电商平台联盟的边际利润；$\Delta p > 0$ 保证电商平台或电商平台联盟盈利。

第一阶段：本书包含一个电商企业 A 和一个物流服务商 E。电商企业在供应链中占主导地位，电商平台面临的市场需求 D 受价格 p 和物流服务水平 s 的影响，随价格提高而减少，随服务水平上升而增多。假设三者关系为：$D = D_0 - ap + bs$，其中 $D_0 > 0$，$a > 0$，$b > 0$。电商企业根据市场需求决定订货量，假定不存在缺货的情况，即 $q = D$。

物流服务商决定自身物流服务水平，其单位运作成本为 C_E，服务单价为 W_E，假设不存在能力限制，可以满足任何服务要求，但须付出相应的增量运作成本。为保证 p、W_E、s 等决策变量为正，$2ak - b^2 > 0$，且 $D_0 - a(C_A + C_E) > 0$。

产品的市场需求函数：$q = D = D_0 - ap + bs$ （5－42）

电商企业的利润函数：$R_A = (p - C_A - W_E)q$ （5－43）

物流服务商的利润：$R_E = (W_E - C_E)q - g(s) = (W_E - C_E)q - ks^2$ （5－44）

系统的利润：$R = R_A + R_E = (p - C_A - C_E)q - g(s) = (p - C_A - C_E)q - ks^2$

$$（5－45）$$

第二阶段：本书包含一个电商平台 A、一个快递公司 B 和一个末端配送主体 C，电商平台在供应链中占主导地位。借鉴 Chiang（2003）、Huang 和 Swaminathan（2009）的线性需求函数，电商平台面临的市场需求 D 受价格 p 和快递服务努力水平 s 的影响，其需求量随价格提高而减少，随快递服务努力水平的提高而增多。三者关系为：$D = D_0 - ap + bs$，其中 $D_0 > 0$，$a > 0$，$b > 0$。电商平台根据市场需求决定订货量，假定不存在缺货的情况，即 $q = D = D_0 - ap + bs$。

快递决定自身的物流服务水平 s，其单位运作成本为 C_B，服务单价为 W_B，假设不存在能力限制，可以满足任何服务要求，但须付出相应的增量运作成本。末端配送商的单位运作成本为 C_C，服务单价为 W_C，假设不存在能力限制。为保证 p、q、s 等决策变量为正，$2ak - b^2 > 0$，且 $D_0 - a（C_A + C_B + C_C）> 0$。

产品的市场需求函数：$q = D = D_0 - ap + bs$ （5－46）

电商平台的利润：$R_A = (p - C_A - W_B - W_C)q$ （5－47）

快递的利润：$R_B = (W_B - C_B)q - g(s) = (W_B - C_B)q - ks^2$ （5－48）

末端配送商的利润：$R_C = (W_C - C_C)q$ （5－49）

电商平台与末端配送商联盟的利润：$R_{AC} = (p - W_B - C_A - C_C)q$ （5－50）

电商平台与快递公司联盟的利润：$R_{AB} = (p - W_C - C_A - C_B)q - ks^2$ （5－51）

快递公司与末端配送商联盟的利润：$R_{BC} = (W_{BC} - C_B - C_C)q$ （5－52）

系统的利润：$R = R_A + R_B + R_C = (p - C_A - C_B - C_C)q - g(s) = (p - C_A - C_B - C_C)q - ks^2$

$$（5－53）$$

四、电商与物流服务商组成的两主体决策

（一）单独决策时各决策主体的收益模型

假定电商企业是订单量的决策者，物流服务商是追随者。在电商企业和物流服务商单独决策的情况下，根据 Stacklberg 动态博弈思想，电商企业决定订单量

q，以满足市场需求；物流服务商决定 W_B 和 s。

根据前述假设，有 $p = C_A + W_E + \Delta p$ （5 - 54）

由此可以得到电商企业和物流服务商的目标函数分别为：

$$\begin{cases} \max R_E = (W_E - C_E)[D_0 - a(C_A + W_E + \Delta p) + bs] - ks^2 \\ \max R_A = (P - C_A - W_E)[D_0 - a(C_A + W_E + \Delta p) + bs] \end{cases} \quad (5-55)$$

运用逆向归纳方法求解。首先，对式（5 - 55）求 R_E 关于 W_E 和 s 的一阶偏导数得到：

$$\frac{\partial R_E}{\partial W_E} = D_0 - a(C_A - C_E + \Delta p) + bs - 2aW_E$$

$$\frac{\partial R_E}{\partial s} = b(W_E - C_E) - 2ks$$

对式（5 - 55）求 R_E 关于 W_E 和 s 的二阶偏导数得到：

$$\frac{\partial^2 R_E}{\partial W_E^2} = -2a < 0$$

$$\frac{\partial^2 R_E}{\partial s^2} = -2k < 0$$

海森矩阵 $H = \begin{vmatrix} -2a & b \\ b & -2k \end{vmatrix}$，一阶主子式 $|H_1| = -2a < 0$，二阶主子式

$|H_2| = 4ak - b^2 > 0$，说明海森矩阵负定，存在唯一最优的 (W_E, s) 使 R_B 最大。

令 $\frac{\partial R_E}{\partial W_E} = 0$，令 $\frac{\partial R_E}{\partial s} = 0$，从而有：

$$W_E = \frac{D_0 - a(C_A - C_E + \Delta p) + bs}{2a} \quad (5-56)$$

$$s = \frac{b(W_E - C_E)}{2k} \quad (5-57)$$

联立方程组（5 - 56）、（5 - 57）求解，得到 W_E 和 s 关于 Δp 的表达式为：

$$\begin{cases} W_E = \dfrac{2k[D_0 - a(C_A + \Delta p)] + (2ak - b^2)C_E}{4ak - b^2} \\ s = \dfrac{b[D_0 - a(C_A + C_E + \Delta p)]}{4ak - b^2} \end{cases} \quad (5-58)$$

将式（5 - 58）代入式（5 - 55）中 R_A 关于 W_E 和 s 的表达式，得到

$$R_A = \Delta P \frac{2ak[D_0 - a(C_A + C_E + \Delta p)]}{4ak - b^2} \tag{5-59}$$

对式(5-59)求 R_A 关于 Δp 的一阶偏导数得到：$\dfrac{\partial R_A}{\partial \Delta p} = \dfrac{2ak[D_0 - a(C_A + C_E + 2\Delta p)]}{4ak - b^2}$，

二阶偏导数为：$\dfrac{\partial^2 R_A}{\partial \Delta p^2} = \dfrac{-4a^2 k}{4ak - b^2} < 0$，说明 R_A 是关于 Δp 的凹函数，存在唯一的

Δp 使得 R_A 最优。令 $\dfrac{\partial R_A}{\partial \Delta p} = 0$，有

$$\Delta p = \frac{D_0 - a(C_A + C_E)}{2a} \tag{5-60}$$

将式（5-60）代入式（5-58）得到：

$$W_{E1}^* = \frac{k(D_0 - aC_A) + (3ak - b^2)C_E}{4ak - b^2} \tag{5-61}$$

$$s_1^* = \frac{b[D_0 - a(C_A + C_E)]}{2(4ak - b^2)} \tag{5-62}$$

将式（5-60）、式（5-61）、式（5-62）代入式（5-42）、式（5-54），

得到：

$$q_1^* = \frac{ak[D_0 - a(C_A + C_E)]}{4ak - b^2}$$

$$p_1^* = \frac{(6ak - b^2)D_0 + a(2ak - b^2)(C_A + C_E)}{2a(4ak - b^2)}$$

进而可以得出单独决策情况下，电商企业和物流服务商及系统总体的最优

利润：

$$R_{A1}^* = \frac{k[D_0 - a(C_A + C_E)]^2}{2(4ak - b^2)}$$

$$R_{E1}^* = \frac{k[D_0 - a(C_A + C_E)]^2}{4(4ak - b^2)}$$

$$R_1^* = \frac{3k[D_0 - a(C_A + C_E)]^2}{4(4ak - b^2)}$$

（二）集中决策时各决策主体的收益模型

集中决策即将电商企业和物流服务商看成一个联合体，从联合体整体出发，

考察其利润最大化。

将式（5-42）代入式（5-45）得到：

$$R = (p - C_A - C_E)(D_0 - ap + bs) - ks^2 \tag{5-63}$$

采取逆向归纳方法求解基本模型。首先，对式（5-63）求 R 关于 p 和 s 的一阶偏导数得到：

$$\frac{\partial R}{\partial p} = D_0 + a(C_A + C_E) + bs - 2ap$$

$$\frac{\partial R}{\partial s} = b(p - C_A - C_E) - 2ks$$

对式（5-63）求 R 关于 q 和 s 的二阶偏导数得到：

$$\frac{\partial^2 R}{\partial p^2} = -2a < 0, \quad \frac{\partial^2 R}{\partial s^2} = -2k < 0$$

海森矩阵 $H = \begin{vmatrix} -2a & b \\ b & -2k \end{vmatrix}$，一阶主子式 $|H_1| = -2a < 0$，$|H_2| = 4ak - b^2 > 0$，

说明海森矩阵负定，存在唯一最优的 (p, s) 使 R 最大。

令 $\dfrac{\partial R_E}{\partial W_E} = 0$，令 $\dfrac{\partial R_E}{\partial s} = 0$，从而有：

$$p = \frac{D_0 + a(C_A + C_E) + bs}{2a} \tag{5-64}$$

$$s = \frac{b(p - C_A - C_E)}{2k} \tag{5-65}$$

联立式（5-64）和式（5-65），得到：

$$\begin{cases} p_2^* = \dfrac{2kD_0 + (2ak - b^2)(C_A + C_E)}{4ak - b^2} \\ s_2^* = \dfrac{b[D_0 - a(C_A + C_E)]}{4ak - b^2} \end{cases} \tag{5-66}$$

将决策变量最优值代入式（5-42）和式（5-63），得到销量和整体最优利润：

$$q_2^* = \frac{2ak[D_0 - a(C_A + C_E)]}{4ak - b^2}$$

$$R_2^* = \frac{k[D_0 - a(C_A + C_E)]^2}{4ak - b^2}$$

（三）两种决策模型的比较分析

两种决策模型下各主体的变量取值和利润水平如表 5－15 所示。

表 5－15　两主体下不同决策模式的变量取值和利润水平

	单独参数	集中
s	$\dfrac{b\left[D_0-a\left(C_A+C_E\right)\right]}{2\left(ak-b^2\right)}$	$\dfrac{b\left[D_0-a\left(C_A+C_E\right)\right]}{4ak-b^2}$
p	$\dfrac{\left(6ak-b^2\right)D_0+a\left(2ak-b^2\right)\left(C_A+C_E\right)}{2a\left(4ak-b^2\right)}$	$\dfrac{2kD_0+\left(2ak-b^2\right)\left(C_A+C_E\right)}{4ak-b^2}$
q	$\dfrac{ak\left[D_0-a\left(C_A+C_E\right)\right]}{4ak-b^2}$	$\dfrac{2ak\left[D_0-a\left(C_A+C_E\right)\right]}{4ak-b^2}$
W_E	$\dfrac{k\left(D_0-aC_A\right)+\left(3ak-b^2\right)C_E}{4ak-b^2}$	—
R_A	$\dfrac{k\left[D_0-a\left(C_A+C_E\right)\right]^2}{2\left(4ak-b^2\right)}$	—
R_E	$\dfrac{k\left[D_0-a\left(C_A+C_E\right)\right]^2}{4\left(4ak-b^2\right)}$	—
R	$\dfrac{3k\left[D_0-a\left(C_A+C_E\right)\right]^2}{4\left(4ak-b^2\right)}$	$\dfrac{k\left[D_0-a\left(C_A+C_E\right)\right]^2}{4ak-b^2}$

命题 13：两种决策模型下，订货量 q、物流服务水平 s、系统整体利润 R 均与参与方的边际成本 C_A、C_E 呈反向相关关系。商品价格 p 与参与方的边际成本 C_A、C_E 呈正相关关系。

命题 14：与单独决策相比，集中决策下的销量 q 和物流服务商的努力程度 s 是单独决策时的 2 倍，即 $q_2^*=2q_1^*$，$s_2^*=2s_1^*$；且价格 p 更低，即 $p_2^*<p_1^*$；系统整体利润 R 更高，即 $R_2^*>R_1^*$。即集中决策能使社会资源的配置更优。

证明：

$$\dfrac{q_2^*}{q_1^*}=\dfrac{\dfrac{2ak\left[D_0-a\left(C_A+C_E\right)\right]}{4ak-b^2}}{\dfrac{ak\left[D_0-a\left(C_A+C_E\right)\right]}{4ak-b^2}}=2，\text{即 } q_2^*=2q_1^*，\text{得证；}$$

$$\frac{s_2^*}{s_1^*} = \frac{\dfrac{b[D_0 - a(C_A + C_E)]}{4ak - b^2}}{\dfrac{b[D_0 - a(C_A + C_E)]}{2(4ak - b^2)}} = 2，即\ s_2^* = 2s_1^*；$$

$$p_1^* - p_2^* = \frac{(2ak - b^2)[D_0 - a(C_A + C_E)]}{2a(4ak - b^2)} > 0，得证；$$

$$R_1^* - R_2^* = \frac{-k[D_0 - a(C_A + C_E)]^2}{4(4ak - b^2)} < 0，得证。$$

命题 15：单独决策下，电商企业的利润是物流服务商利润的两倍，即 $R_{A1}^* = 2R_{E1}^*$。

证明：

$$\frac{R_{A1}^*}{R_{E1}^*} = \frac{\dfrac{k[D_0 - a(C_A + C_E)]^2}{2(4ak - b^2)}}{\dfrac{k[D_0 - a(C_A + C_E)]^2}{4(4ak - b^2)}} = 2，得证。$$

命题 16：集中模式下，系统利润需要在电商企业与物流服务商之间进行分配，假定电商企业的分配比率为 θ，物流服务商的分配比率为 $1 - \theta$，则 $\frac{1}{2} < \theta < \frac{3}{4}$，使得双方的利润均能实现最优化。即与单独决策相比，各自的利润都能增加。

证明：

$$R_{A2}^* = \theta R_2^* = \frac{\theta k[D_0 - a(C_A + C_E)]^2}{4ak - b^2}$$

$$R_{E2}^* = (1 - \theta)R_2^* = \frac{(1 - \theta)k[D_0 - a(C_A + C_E)]^2}{4ak - b^2}$$

$$\theta R_2^* > R_{A1}^*，即\frac{\theta k[D_0 - a(C_A + C_E)]^2}{4ak - b^2} > \frac{k[D_0 - a(C_A + C_E)]^2}{2(4ak - b^2)} \tag{5-67}$$

$$(1 - \theta)R_2^* > R_{E1}^*，即\frac{(1 - \theta)k[D_0 - a(C_A + C_E)]^2}{4ak - b^2} > \frac{k[D_0 - a(C_A + C_E)]^2}{4(4ak - b^2)} \tag{5-68}$$

联立式（5-67）、式（5-68），得到 $\frac{1}{2} < \theta < \frac{3}{4}$。

五、电商、快递与末端配送商组成的三主体的决策模型

在本书中，以电商平台为主导者，快递和末端配送商为追随者。在电商平台、快递和末端配送商三主体的决策下，根据 Stackelberg 动态博弈思想，电商平台决定产品单价 p；快递公司决定快递服务单价 W_B 和服务水平 s；末端配送商决定末端配送单价 W_C。

（一）单独决策时各决策主体的收益模型

单独决策即电商企业、快递和末端配送商根据利润最大化的原则确定各自的决策变量，采取逆向归纳方法求解基本模型。

根据前述假设，有 $p = C_A + W_B + W_C + \Delta p$ （5-69）

由此可以得到电商企业和物流服务商的目标函数分别为：

$$\begin{cases} \max R_C = (W_C - C_C)\left[D_0 - a(C_A + W_B + W_C + \Delta p) + bs\right] \\ \max R_B = (W_B - C_B)\left[D_0 - a(C_A + W_B + W_C + \Delta p) + bs\right] - ks^2 \\ \max R_A = (P - C_A - W_E - W_C)\left[D_0 - a(C_A + W_E + W_C + \Delta p) + bs\right] \end{cases}$$ （5-70）

运用逆向归纳求解的思想。首先，对式（5-70）求 R_C 关于 W_C 一阶偏导数得到：

$\dfrac{\partial R_C}{\partial W_C} = D_0 - a(C_A + W_B + \Delta p - C_C) + bs - 2aW_C$，二阶偏导数得到：$\dfrac{\partial^2 R_C}{\partial W_C^2} = -2a < 0$，

说明 R_C 是关于 W_C 的凹函数，存在唯一的 W_C 使得 R_C 最优。令 $\dfrac{\partial R_C}{\partial W_C} = 0$，有

$$W_C = \frac{D_0 - a(C_A + W_B + \Delta p - C_C) + bs}{2a}$$ （5-71）

将式（5-71）代入式（5-70）关于 R_B 的表达式，并对 R_B 求关于 W_B 和 s 一阶偏导数得到：

$$\frac{\partial R_B}{\partial W_B} = \frac{D_0 - a(C_A - C_B + C_C + \Delta p) + bs}{2} - aW_B$$

$$\frac{\partial R_B}{\partial s} = \frac{b(W_B - C_B)}{2} - 2ks$$

对 R_B 求关于 W_B 和 s 二阶偏导数得到：

$$\frac{\partial^2 R_B}{\partial W_B^2} = -a < 0$$

$$\frac{\partial^2 R_B}{\partial s^2} = -2k < 0$$

海森矩阵 $H = \begin{vmatrix} -a & \dfrac{b}{2} \\ \dfrac{b}{2} & -2k \end{vmatrix}$，一阶主子式 $|H_1| = -a < 0$，$|H_2| = \dfrac{8ak - b^2}{4} > 0$，

说明海森矩阵负定，存在唯一最优的（W_B，s）使 R_E 最大。

令 $\dfrac{\partial R_B}{\partial W_B} = 0$，令 $\dfrac{\partial R_B}{\partial s} = 0$，从而有：

$$W_B = \frac{D_0 - a(C_A - C_B + C_C + \Delta p) + bs}{2a} \tag{5-72}$$

$$s = \frac{b(W_B - C_B)}{4k} \tag{5-73}$$

联立式（5-72）、式（5-73），解得：

$$\begin{cases} W_B = \dfrac{4k[D_0 - a(C_A + C_C + \Delta p)] + (4ak - b^2)C_B}{8ak - b^2} \\[3mm] s = \dfrac{b[D_0 - a(C_A + C_B + C_C + \Delta p)]}{8ak - b^2} \end{cases} \tag{5-74}$$

将式（5-74）代入式（5-73）得到：

$$W_C = \frac{2k[D_0 - a(C_A + C_B + \Delta p)] + (6ak - b^2)C_C}{8ak - b^2} \tag{5-75}$$

将式（5-74）、式（5-75）代入式（5-70）中 R_A 关于 W_B、W_C 和 s 的表达式，得到

$$R_A = \Delta P \frac{2ak[D_0 - a(C_A + C_B + C_C + \Delta p)]}{8ak - b^2} \tag{5-76}$$

对式（5-76）求 R_A 关于 Δp 的一阶偏导数得到：$\dfrac{\partial R_A}{\partial \Delta p} = \dfrac{2ak[D_0 - a(C_A + C_B + C_C) - 2a\Delta p]}{8ak - b^2}$，

二阶偏导数为：$\dfrac{\partial^2 R_A}{\partial \Delta p^2} = \dfrac{-4a^2 k}{8ak - b^2} < 0$，说明 R_A 是关于 Δp 的凹函数，存在唯一的

Δp 使得 R_A 最优。令 $\dfrac{\partial R_A}{\partial \Delta p} = 0$，有

$$\Delta p = \frac{D_0 - a(C_A + C_B + C_C)}{2a} \tag{5-77}$$

将式（5-77）代入式（5-74）、式（5-75），得到：

$$W_{B3}^* = \frac{2k[D_0 - a(C_A + C_C)] + (6ak - b^2)C_B}{8ak - b^2}$$

$$W_{C3}^* = \frac{k[D_0 - a(C_A + C_B)] + (7ak - b^2)C_C}{8ak - b^2}$$

$$s_3^* = \frac{b[D_0 - a(C_A + C_B + C_C)]}{2(8ak - b^2)}$$

将最优决策变量代入式（5-46）、式（5-69），得到：

$$q_3^* = \frac{ak[D_0 - a(C_A + C_B + C_C)]}{8ak - b^2}$$

$$p_3^* = \frac{(14ak - b^2)D_0 + a(2ak - b^2)(C_A + C_B + C_C)}{2a(8ak - b^2)}$$

进而可以得出单独决策情况下，电商企业和物流服务商及系统总体的最优利润：

$$R_{A3}^* = \frac{k[D_0 - a(C_A + C_B + C_C)]^2}{2(8ak - b^2)}$$

$$R_{B3}^* = \frac{k[D_0 - a(C_A + C_B + C_C)]^2}{4(8ak - b^2)}$$

$$R_{C3}^* = \frac{2ak^2[D_0 - a(C_A + C_B + C_C)]^2}{(8ak - b^2)^2}$$

$$R_3^* = \frac{k(28ak - 3b^2)[D_0 - a(C_A + C_B + C_C)]^2}{4(8ak - b^2)^2}$$

（二）半集中决策时各决策主体的收益模型

半集中决策的情况下，整个物流系统存在两两组合的小联盟，在小联盟内部集中决策，成员之间的转移价格通过契约协定，而在小联盟外部，则遵循独立决策的原则，各方分别追求最大化自身利益。共分为三种情形：

情形一：电商平台与末端配送商组成联盟，相当于电商自营终端网点。

情形二：电商平台与快递公司组成联盟，相当于电商自营干路运输。

情形三：快递公司企业与末端配送商组成联盟，相当于快递公司自营从电商仓库到消费者的全过程。

1. 电商平台与末端配送商组成联盟

电商平台与末端配送商联盟，相当于电商平台自营终端网点，此时物流系统中存在联盟企业与快递公司的 Stackelberg 博弈，其中联盟企业处于主导地位，快递公司为跟随者。第一阶段，联盟企业根据市场信息决定其产品销售价格 p，从而最大化自身利润；第二阶段，快递公司根据自身掌握的市场信息及联盟所提供的信息决定最优的快递服务单价 W_B 和服务水平 s。

电商平台与末端配送商联盟时，联盟企业的决策变量为产品的销售单价 p，快递公司的决策变量为快递服务单价 W_B 和服务水平 s。为保证电商联盟有利可图，从而有：

$$p = C_A + W_B + C_C + \Delta p \tag{5-78}$$

将式（5-78）、式（5-42）代入式（5-48）、式（5-50）得到，联盟企业和快递公司的目标函数分别为：

$$\begin{cases} \max R_B = (W_B - C_B)\left[D_0 - a(C_A + C_C + W_B + \Delta p) + bs\right] - ks^2 \\ \max R_{AC} = (p - C_A - W_B - C_C)\left[D_0 - a(C_A + C_C + W_B + \Delta p) + bs\right] \end{cases} \tag{5-79}$$

运用逆向归纳方法求解。首先，对式（5-79）求 R_B 关于 W_B 和 s 的一阶偏导数得到：

$$\frac{\partial R_B}{\partial W_B} = D_0 - a(C_A - C_B + C_C + \Delta p) + bs - 2aW_B$$

$$\frac{\partial R_B}{\partial s} = b(W_B - C_B) - 2ks$$

对式（5-79）求 R_B 关于 W_B 和 s 二阶偏导数得到：

$$\frac{\partial^2 R_B}{\partial W_B^2} = -2a < 0$$

$$\frac{\partial^2 R_B}{\partial s^2} = -2k < 0$$

海森矩阵 $H = \begin{vmatrix} -2a & b \\ b & -2k \end{vmatrix}$，一阶主子式 $|H_1| = -2a < 0$，$|H_2| = 4ak - b^2 > 0$，说明海森矩阵负定，存在唯一最优的 (W_B, s) 使 R_B 最大。

令 $\frac{\partial R_B}{\partial W_B} = 0$，令 $\frac{\partial R_B}{\partial s} = 0$，从而有：

$$W_B = \frac{D_0 - a(C_A - C_B + C_C + \Delta p) + bs}{2a} \tag{5-80}$$

$$s = \frac{b(W_B - C_B)}{2k} \qquad (5-81)$$

联立方程组（5-80）、（5-81）求解，得到 W_B 和 s 关于 Δp 的表达式为：

$$\begin{cases} W_B = \dfrac{2k[D_0 - a(C_A + C_C + \Delta p)] + (2ak - b^2)C_B}{4ak - b^2} \\ s = \dfrac{b[D_0 - a(C_A + C_B + C_C + \Delta p)]}{4ak - b^2} \end{cases} \qquad (5-82)$$

将式（5-82）代入式（5-79）中 R_{AC} 关于 W_B 和 s 的表达式，得到：

$$R_{AC} = \Delta p \frac{2ak[D_0 - a(C_A + C_B + C_C + \Delta p)]}{4ak - b^2} \qquad (5-83)$$

对式（5-83）求 R_{AC} 关于 Δp 的一阶偏导数：$\dfrac{\partial R_{AC}}{\partial \Delta p} = \dfrac{2ak[D_0 - a(C_A + C_B + C_C + 2\Delta p)]}{4ak - b^2}$，

二阶偏导数为：$\dfrac{\partial^2 R_{AC}}{\partial \Delta p^2} = \dfrac{-4a^2 k}{4ak - b^2} < 0$，说明 R_{AC} 是关于 Δp 的凹函数，存在唯一的

Δp 使得 R_{AC} 最优。令 $\dfrac{\partial R_{AC}}{\partial \Delta p} = 0$，有

$$\Delta p = \frac{D_0 - a(C_A + C_B + C_C)}{2a} \qquad (5-84)$$

将式（5-84）代入式（5-82）得到：

$$W_{B1}^* = \frac{k[D_0 - a(C_A + C_C)] + (3ak - b^2)C_B}{4ak - b^2} \qquad (5-85)$$

$$s_1^* = \frac{b[D_0 - a(C_A + C_B + C_C)]}{2(4ak - b^2)} \qquad (5-86)$$

将式（5-84）、式（5-85）、式（5-86）代入式（5-46）、式（5-78），得到：

$$q_1^* = \frac{ak[D_0 - a(C_A + C_B + C_C)]}{4ak - b^2}$$

$$p_1^* = \frac{(6ak - b^2)D_0 + a(2ak - b^2)(C_A + C_B + C_C)}{2a(4ak - b^2)}$$

进而可以得出单独决策情况下，电商联盟和快递公司及系统总体的最优利润：

$$R_{AC}^* = \frac{k[D_0 - a(C_A + C_B + C_C)]^2}{2(4ak - b^2)}$$

$$R_{B1}^* = \frac{k[D_0 - a(C_A + C_B + C_C)]^2}{4(4ak - b^2)}$$

$$R_1^* = \frac{3k[D_0 - a(C_A + C_B + C_C)]^2}{4(4ak - b^2)}$$

2. 电商平台与快递公司组成联盟

电商平台与快递公司联盟，相当于电商平台自营干路运输，此时物流系统中存在联盟企业与末端配送商的 Stackelberg 博弈，其中联盟企业处于主导地位，末端配送商为跟随者。第一阶段，联盟企业根据市场信息决定其产品销售价格 p 及所需服务水平 s，从而最大化自身利润；第二阶段，末端配送商根据自身掌握的市场信息及联盟所提供的信息决定最优的末端配送服务报价 W_C。

电商平台与快递公司联盟时，联盟企业的决策变量为产品的销售单价 p 和物流服务水平 s，末端配送商的决策变量为末端配送服务报价 W_C。为保证电商联盟有利可图，从而有：

$$p = C_A + C_B + W_C + \Delta p \tag{5-87}$$

将式（5-46）、式（5-87）代入式（5-49）、式（5-51）得到，联盟企业和快递公司的目标函数分别为：

$$\begin{cases} \max R_C = (W_C - C_C)[D_0 - a(C_A + C_B + W_C + \Delta p) + bs] \\ \max R_{AB} = (p - C_A - C_B - W_C)[D_0 - a(C_A + C_B + W_C + \Delta p) + bs] - ks^2 \end{cases}$$

同理，运用逆向归纳求解的思想。按照前述相同的方法求解，最终得到：

$$W_{C2}^* = \frac{2k[D_0 - a(C_A + C_B)] + (6ak - b^2)C_C}{8ak - b^2}$$

$$s_2^* = \frac{b[D_0 - a(C_A + C_B + C_C)]}{8ak - b^2}$$

$$q_2^* = \frac{2ak[D_0 - a(C_A + C_B + C_C)]}{8ak - b^2}$$

$$p_2^* = \frac{6kD_0 + (2ak - b^2)(C_A + C_B + C_C)}{8ak - b^2}$$

$$R_{AB}^* = \frac{k[D_0 - a(C_A + C_B + C_C)]^2}{8ak - b^2}$$

$$R_{C2}^* = \frac{4ak^2[D_0 - a(C_A + C_B + C_C)]^2}{(8ak - b^2)^2}$$

$$R_2^* = \frac{k^2(12ak - b^2)\left[D_0 - a(C_A + C_B + C_C)\right]^2}{(8ak - b^2)^2}$$

3. 快递公司与末端配送商组成联盟

快递公司与末端配送商联盟，相当于快递企业自营从电商仓库到消费者的全过程，此时物流系统中存在联盟企业与电商平台的 Stackelberg 博弈，其中电商平台处于主导地位，联盟企业为跟随者。第一阶段，电商平台根据市场信息决定其产品销售价格 p，从而最大化自身利润；第二阶段，联盟企业根据自身掌握的市场信息及电商所提供的信息决定最优的配送服务报价 W_{BC} 及所需服务水平 s。

快递公司与末端配送商联盟时，电商平台的决策变量为产品的销售单价 p，联盟企业的决策变量为联盟的服务报价 W_{BC} 和物流服务水平 s。为保证电商平台有利可图，从而有：

$$p = C_A + W_{BC} + \Delta p \tag{5-88}$$

将式（5-46）、式（5-88）代入式（5-47）、式（5-52），联盟企业和快递公司的目标函数分别为：

$$\begin{cases} \max R_{BC} = (W_{BC} - C_B - C_C)\left[D_0 - a(C_A + W_{BC} + \Delta p) + bs\right] - ks^2 \\ \max R_A = (p - C_A - W_{BC})\left[D_0 - a(C_A + W_{BC} + \Delta p) + bs\right] \end{cases}$$

同理，运用逆向归纳方法求解。按照前述相同的方法求解，最终得到：

$$W_{BC}^* = \frac{k(D_0 - aC_A) + (3ak - b^2)(C_B + C_C)}{4ak - b^2}$$

$$s_3^* = \frac{b\left[D_0 - a(C_A + C_B + C_C)\right]}{2(4ak - b^2)}$$

$$q_3^* = \frac{ak\left[D_0 - a(C_A + C_B + C_C)\right]}{4ak - b^2}$$

$$p_3^* = \frac{(6ak - b^2)D_0 + a(2ak - b^2)(C_A + C_B + C_C)}{2a(4ak - b^2)}$$

$$R_{A3}^* = \frac{k\left[D_0 - a(C_A + C_B + C_C)\right]^2}{2(4ak - b^2)}$$

$$R_{BC}^* = \frac{k\left[D_0 - a(C_A + C_B + C_C)\right]^2}{4(4ak - b^2)}$$

$$R_3^* = \frac{3k\left[D_0 - a(C_A + C_B + C_C)\right]^2}{4(4ak - b^2)}$$

电商平台与末端配送商联盟、电商平台与快递公司联盟、快递公司与末端配送商联盟三种半集中决策模型下的变量取值和利润水平如表 5 - 16 所示。

表 5 - 16　半集中决策模型的变量取值和利润水平

参数	电商平台与末端配送商联盟	电商平台与快递公司联盟	快递公司与末端配送商联盟
s	$\dfrac{b[D_0-a(C_A+C_B+C_C)]}{2(4ak-b^2)}$	$\dfrac{b[D_0-a(C_A+C_B+C_C)]}{8ak-b^2}$	$\dfrac{b[D_0-a(C_A+C_B+C_C)]}{2(4ak-b^2)}$
p	$\dfrac{(6ak-b^2)D_0+a(2ak-b^2)(C_A+C_B+C_C)}{2a(4ak-b^2)}$	$\dfrac{6kD_0+(2ak-b^2)(C_A+C_B+C_C)}{8ak-b^2}$	$\dfrac{(6ak-b^2)D_0+a(2ak-b^2)(C_A+C_B+C_C)}{2a(4ak-b^2)}$
q	$\dfrac{ak[D_0-a(C_A+C_B+C_C)]}{4ak-b^2}$	$\dfrac{2ak[D_0-a(C_A+C_B+C_C)]}{8ak-b^2}$	$\dfrac{ak[D_0-a(C_A+C_B+C_C)]}{4ak-b^2}$
W_B	$\dfrac{k[D_0-a(C_A+C_C)]+(3ak-b^2)C_B}{4ak-b^2}$	—	—
W_C	—	$\dfrac{2k[D_0-a(C_A+C_B)]+(6ak-b^2)C_C}{8ak-b^2}$	—
W_{BC}	—	—	$\dfrac{k(D_0-aC_A)+(3ak-b^2)(C_B+C_C)}{4ak-b^2}$
R_{AC}	$\dfrac{k[D_0-a(C_A+C_B+C_C)]^2}{2(4ak-b^2)}$	—	—
R_{AB}	—	$\dfrac{k[D_0-a(C_A+C_B+C_C)]^2}{8ak-b^2}$	—
R_{BC}	—	—	$\dfrac{k[D_0-a(C_A+C_B+C_C)]^2}{4(4ak-b^2)}$
R_A	—	—	$\dfrac{k[D_0-a(C_A+C_B+C_C)]^2}{2(4ak-b^2)}$
R_B	$\dfrac{k[D_0-a(C_A+C_B+C_C)]^2}{4(4ak-b^2)}$	—	—
R_C	—	$\dfrac{4ak^2[D_0-a(C_A+C_B+C_C)]^2}{(8ak-b^2)^2}$	—
R	$\dfrac{3k[D_0-a(C_A+C_B+C_C)]^2}{4(4ak-b^2)}$	$\dfrac{k(12ak-b^2)[D_0-a(C_A+C_B+C_C)]^2}{(8ak-b^2)^2}$	$\dfrac{3k[D_0-a(C_A+C_B+C_C)]^2}{4(4ak-b^2)}$

（三）集中决策时各决策主体的收益模型

集中决策类似于电商自营商品至消费者的全过程，即将电商平台、快递、末端配送商看成一个联合体，从联合体整体出发，考察其利润最大化。

将式（5-46）代入式（5-53）得到：

$$R = [p - (C_A + C_B + C_C)](D_0 - ap + bs) - ks^2$$

同理，运用逆向归纳方法求解得到：

$$p_4^* = \frac{2kD_0 + (2ak - b^2)(C_A + C_B + C_C)}{4ak - b^2}$$

$$s_4^* = \frac{b[D_0 - a(C_A + C_B + C_C)]}{4ak - b^2}$$

$$q_4^* = \frac{2ak[D_0 - a(C_A + C_B + C_C)]}{4ak - b^2}$$

$$R_4^* = \frac{k[D_0 - a(C_A + C_B + C_C)]^2}{4ak - b^2}$$

电商平台、快递公司和末端配送商组成的三主体，集中决策与分散决策模型下各决策变量取值和利润水平如表5-17所示。

表5-17　三主体下不同决策模型的变量取值和利润水平

参数	单独	集中
s	$\dfrac{b[D_0 - a(C_A + C_B + C_C)]}{2(8ak - b^2)}$	$\dfrac{b[D_0 - a(C_A + C_B + C_C)]}{4ak - b^2}$
p	$\dfrac{(14ak - b^2)D_0 + a(2ak - b^2)(C_A + C_B + C_C)}{2a(8ak - b^2)}$	$\dfrac{2kD_0 + (2ak - b^2)(C_A + C_B + C_C)}{4ak - b^2}$
q	$\dfrac{ak[D_0 - a(C_A + C_B + C_C)]}{8ak - b^2}$	$\dfrac{2ak[D_0 - a(C_A + C_B + C_C)]}{4ak - b^2}$
W_B	$\dfrac{2k[D_0 - a(C_A + C_C)] + (6ak - b^2)C_B}{8ak - b^2}$	—
W_C	$\dfrac{k[D_0 - a(C_A + C_B)] + (7ak - b^2)C_C}{8ak - b^2}$	—
R_A	$\dfrac{k[D_0 - a(C_A + C_B + C_C)]^2}{2(8ak - b^2)}$	—

参数	单独	集中
R_B	$\dfrac{k[D_0 - a(C_A + C_B + C_C)]^2}{4(8ak - b^2)}$	—
R_C	$\dfrac{ak^2[D_0 - a(C_A + C_B + C_C)]^2}{(8ak - b^2)^2}$	—
R	$\dfrac{k(28ak - 3b^2)[D_0 - a(C_A + C_B + C_C)]^2}{4(8ak - b^2)^2}$	$\dfrac{k[D_0 - a(C_A + C_B + C_C)]^2}{4ak - b^2}$

（四）集中决策、半集中决策与单独决策模型的比较分析

1. 集中决策与半集中决策的比较分析

命题 17：集中决策的整体利润优于半集中决策，即 $R_4^* > R_1^* = R_3^* > R_2^*$，且 $R_4^* = \dfrac{4}{3}R_1^*$。

证明：

$$\frac{R_4^*}{R_1^*} = \frac{\dfrac{k[D_0 - a(C_A + C_B + C_C)]^2}{4ak - b^2}}{\dfrac{3k[D_0 - a(C_A + C_B + C_C)]^2}{4(4ak - b^2)}} = \frac{4}{3} > 1$$

得证：$R_4^* > R_1^*$，且 $R_4^* = \dfrac{4}{3}R_1^*$；

$$R_1^* - R_2^* = \frac{b^2(16ak - b^2)[D_0 - a(C_A + C_B + C_C)]^2}{4(4ak - b^2)^2(8ak - b^2)^2} > 0$$

得证：$R_1^* = R_3^* > R_2^*$；

命题 18：集中决策下，快递公司企业的努力程度 s 高于半集中决策，即 $s_4^* > s_3^* = s_1^* > s_2^*$，且 $s_4^* = 2s_3^* = 2s_1^*$；产品的销量 q 高于半集中决策，即 $q_4^* > q_3^* = q_1^* > q_2^*$，且 $q_4^* = 2q_3^* = 2q_1^*$；产品的销售价格 p 低于半集中决策，即 $p_2^* > p_1^* = p_3^* > p_4^*$。

证明：将三种决策模式下的决策变量 s、q 依次相除可得到：

$$\frac{s_4^*}{s_3^*} = \frac{\dfrac{b\left[D_0 - a(C_A + C_B + C_C)\right]}{4ak - b^2}}{\dfrac{b\left[D_0 - a(C_A + C_B + C_C)\right]}{2(4ak - b^2)}} = 2$$

得证：$s_4^* > s_3^*$，且 $s_4^* = 2s_3^*$；

$$\frac{s_1^*}{s_2^*} = \frac{\dfrac{b\left[D_0 - a(C_A + C_B + C_C)\right]}{2(4ak - b^2)}}{\dfrac{b\left[D_0 - a(C_A + C_B + C_C)\right]}{8ak - b^2}} = \frac{8ak - b^2}{2(4ak - b^2)} > 1$$

得证：$s_1^* > s_2^*$；

同理：

$$\frac{q_4^*}{q_3^*} = \frac{\dfrac{2ak\left[D_0 - a(C_A + C_B + C_C)\right]}{4ak - b^2}}{\dfrac{ak\left[D_0 - a(C_A + C_B + C_C)\right]}{4ak - b^2}} = 2$$

得证：$q_4^* > q_3^*$，且 $q_4^* = 2q_3^*$；

$$\frac{q_1^*}{q_2^*} = \frac{\dfrac{ak\left[D_0 - a(C_A + C_B + C_C)\right]}{4ak - b^2}}{\dfrac{2ak\left[D_0 - a(C_A + C_B + C_C)\right]}{8ak - b^2}} = \frac{8ak - b^2}{2(4ak - b^2)} > 1$$

得证：$q_1^* > q_2^*$。

$$p_2^* - p_1^* = \frac{b^2(2ak - b^2)\left[D_0 - a(C_A + C_B + C_C)\right]}{2a(4ak - b^2)(8ak - b^2)} > 0$$

得证：$p_1^* = p_3^* < p_2^*$；

$$p_3^* - p_4^* = \frac{(2ak - b^2)\left[D_0 - a(C_A + C_B + C_C)\right]}{2a(4ak - b^2)} > 0$$

得证：$p_4^* < p_3^* = p_1^*$。

命题 19：半集中决策的三种模式中，电商平台与末端配送商联盟、快递公司与末端配送商联盟两种联盟模式下，物流服务供应链整体优于电商平台与快递公司联盟的效果。对电商平台而言，当快递公司与末端配送商联盟时，其取得的利润最高。

证明：由命题 17、命题 18 可知，$R_1^* = R_3^* > R_2^*$、$s_3^* = s_1^* > s_2^*$、$q_3^* = q_1^* >$

q_2^*、$p_2^* > p_1^* = p_3^*$，因此电商平台与末端配送商联盟、快递公司与末端配送商联盟，物流服务供应链的整体效果优于电商平台与快递公司联盟。

$$R_{A3}^* = R_{AC}^* = \frac{k\left[D_0 - a(C_A + C_B + C_C)\right]^2}{2(4ak - b^2)} > R_{AB}^* = \frac{k\left[D_0 - a(C_A + C_B + C_C)\right]^2}{8ak - b^2}$$

即快递公司与末端配送商联盟时电商平台的利润 R_{A3}^* 等于电商平台与末端配送商联盟的整体利润 R_{AC}^*，且高于电商平台与快递公司联盟的整体利润 R_{AB}^*。因此，对电商平台来说，当快递公司与末端配送商联盟时，其获得的利润是最高的。

2. 集中决策与单独决策的比较分析

命题20：集中决策与单独决策模式下，订货量 q、快递服务水平 s、系统整体利润 R 均与参与方的边际成本 C_A、C_B、C_C 呈反向相关关系。商品价格 p 与参与方的边际成本 C_A、C_B、C_C 呈正向相关关系。

命题21：与单独决策相比，集中决策下的销量 q 和快递公司的努力程度 s 更高，价格 p 更低，系统整体利润 R 更高。即集中决策能使社会资源的配置更优。

证明：

$$\frac{q_3^*}{q_4^*} = \frac{4ak - b^2}{2(8ak - b^2)} < \frac{1}{2}$$

即 $q_3^* < q_4^*$，得证；

$$\frac{s_3^*}{s_4^*} = \frac{4ak - b^2}{2(8ak - b^2)} < \frac{1}{2}$$

即 $s_3^* < s_4^*$，得证；

$$p_3^* - p_4^* = \frac{(2ak - b^2)(12ak - b^2)\left[D_0 - a(C_A + C_B + C_C)\right]}{2a(4ak - b^2)(8ak - b^2)} > 0$$

即 $p_3^* > p_4^*$，得证；

$$\frac{R_3^*}{R_4^*} = \frac{(28ak - b^2)(4ak - b^2)}{4(8ak - b^2)^2} = \frac{(28ak - b^2)(4ak - b^2)}{2(28ak - b^2)(4ak - b^2) + 2(16a^2k^2 + b^4)} < \frac{1}{2}$$

即 $R_3^* < R_4^*$，得证。

命题22：单独决策下，电商企业的利润是快递公司利润的两倍，即 $R_{A3}^* = 2R_{E3}^*$。

证明：

$$\frac{R_{A3}^*}{R_{B3}^*} = \frac{\dfrac{k[D_0 - a(C_A + C_B + C_C)]^2}{2(8ak - b^2)}}{\dfrac{k[D_0 - a(C_A + C_B + C_C)]^2}{4(8ak - b^2)}} = 2，得证。$$

命题23：由于集中决策下，系统整体利润高于单独决策及半集中决策下的系统整体利润，因此为达成集中决策的共识，集中决策下，需要将系统整体利润在各主体之间进行分配，使各主体的利润不低于单独决策下的利润且不低于半集中决策下的利润。假定电商企业、快递公司和末端配送商三主体的收益分配率分别为 φ_A、φ_B、$1 - \varphi_A - \varphi_B$。由于单独决策下，电商企业的利润是快递公司利润的两倍，故假定 $\varphi_A = 2\varphi_B$，则 $\dfrac{4ak - b^2}{4(8ak - b^2)} < \varphi_B < \dfrac{(10ak - b^2)(6ak - b^2) + akb^2}{3(8ak - b^2)^2}$。

证明：

$$\varphi_B \times R_4^* > R_{B3}^*$$

$$(1 - \varphi_A - \varphi_B) \times R_4^* > R_{C3}^*，即 (1 - 3\varphi_B) \times R_4^* > R_{C3}^*$$

$$\varphi_B \frac{k[D_0 - a(C_A + C_B + C_C)]^2}{4ak - b^2} > \frac{k[D_0 - a(C_A + C_B)]^2}{4(8ak - b^2)} \tag{5-89}$$

$$(1 - 3\varphi_B)\frac{k[D_0 - a(C_A + C_B + C_C)]^2}{4ak - b^2} > \frac{ak^2[D_0 - a(C_A + C_B + C_C)]^2}{(8ak - b^2)^2} \tag{5-90}$$

联立式（5-89）、式（5-90），解得：

$$\frac{4ak - b^2}{4(8ak - b^2)} < \varphi_B < \frac{(10ak - b^2)(6ak - b^2) + akb^2}{3(8ak - b^2)^2}，得证。$$

3. 两主体决策与三主体决策的关系

以上探讨的网购服务供应链系统决策中，两主体单独决策实质上相当于三主体决策中快递公司与末端配送商建立联盟成为物流服务商提供服务的情形，而两主体集中决策与三主体集中决策的实质相同。因此，当三主体决策中快递公司的单位运输成本与末端配送商的单位配送成本之和等于两主体决策中物流配送商的成本时，即 $C_E = C_B + C_C$ 时，由于两主体单独决策时，相对于三主体单独决策来说，系统的集中程度较高，因此系统的整体利润高于三主体单独决策下系统的整体利润，即 $R_1^* > R_3^*$。而两主体集中决策时系统的整体利润与三主体集中决策时系统整体利润相等，即 $R_2^* = R_4^*$。

证明：

$$\frac{R_1^*}{R_3^*} = \frac{\dfrac{3k\left[D_0 - a(C_A + C_E)\right]^2}{4(4ak - b^2)}}{\dfrac{k(28ak - 3b^2)\left[D_0 - a(C_A + C_B + C_C)\right]^2}{4(8ak - b^2)^2}} = \frac{3(8ak - b^2)^2}{(28ak - 3b^2)(4ak - b^2)} = 1 +$$

$$\frac{8ak(10ak - b^2)}{(28ak - 3b^2)(4ak - b^2)} > 1$$

因此，$R_1^* > R_3^*$。

$$\frac{R_2^*}{R_4^*} = \frac{\dfrac{k\left[D_0 - a(C_A + C_E)\right]^2}{4ak - b^2}}{\dfrac{k\left[D_0 - a(C_A + C_B + C_C)\right]^2}{4ak - b^2}} = 1,$$

因此，$R_2^* = R_4^*$。

六、三主体集中与半集中决策的契约协调机制设计

从由电商平台、快递公司和末端配送商组成的物流服务供应链系统集中决策和两两联盟的半集中决策效果上看，集中决策下系统的整体利润显著高于半集中决策，因此，要想使半集中决策下系统的利润达到集中决策的效果，需要通过收益共享契约达成协议，以达到在不降低各决策主体利润的前提下，提高供应链整体的利润。

由于电商平台与末端配送商联盟的决策变量与快递公司与末端配送商联盟的决策变量相同，因此契约协调设计一致。而快递公司与终端配送服务商建立联盟，就相当于传统的两级物流服务供应链，不符合现代物流精细化分工合作理念，因此本书不做研究。本书主要探讨电商平台与末端配送商联盟以及电商平台与快递公司联盟的协调策略。

（一）半集中决策下联盟企业的收益共享范围

命题 24：契约协调机制下，电商平台与末端配送商组成的联盟、快递公司的利润范围分别为：$\dfrac{k\left[D_0 - a(C_A + C_B + C_C)\right]^2}{2(4ak - b^2)} \leqslant R_{AC} \leqslant \dfrac{3k\left[D_0 - a(C_A + C_B + C_C)\right]^2}{4(4ak - b^2)}$

$$\frac{k\left[D_0 - a(C_A + C_B + C_C)\right]^2}{4(4ak - b^2)} \leqslant R_B \leqslant \frac{k\left[D_0 - a(C_A + C_B + C_C)\right]^2}{2(4ak - b^2)}$$

证明：电商平台与末端配送商组成的联盟与快递公司进行契约协调的目的是使协调后双方的利润之后达到集中决策的效果，且各方利润均不低于协调前的利润，因此有：

$$R_{AC} + R_B = \frac{k[D_0 - a(C_A + C_B + C_C)]^2}{4ak - b^2}$$

$$R_{AC} \geq \frac{k[D_0 - a(C_A + C_B + C_C)]^2}{2(4ak - b^2)}$$

$$R_B \geq \frac{k[D_0 - a(C_A + C_B + C_C)]^2}{4(4ak - b^2)}$$

从而得到：

$$\frac{k[D_0 - a(C_A + C_B + C_C)]^2}{2(4ak - b^2)} \leq R_{AC} \leq \frac{3k[D_0 - a(C_A + C_B + C_C)]^2}{4(4ak - b^2)}$$

$$\frac{k[D_0 - a(C_A + C_B + C_C)]^2}{4(4ak - b^2)} \leq R_B \leq \frac{k[D_0 - a(C_A + C_B + C_C)]^2}{2(4ak - b^2)}$$

命题 25：契约协调机制下，电商平台与快递公司组成的联盟、末端配送商的利润范围分别为：

$$\frac{k[D_0 - a(C_A + C_B + C_C)]^2}{8ak - b^2} \leq R_{AB} \leq \frac{k(48a^2k^2 - 12akb^2 + b^4)[D_0 - a(C_A + C_B + C_C)]^2}{(8ak - b^2)^2(4ak - b^2)}$$

$$\frac{4ak^2[D_0 - a(C_A + C_B + C_C)]^2}{(8ak - b^2)^2} \leq R_C \leq \frac{4ak^2[D_0 - a(C_A + C_B + C_C)]^2}{(8ak - b^2)(4ak - b^2)}$$

证明：电商平台与快递公司组成的联盟与末端配送商进行契约协调的目的是使协调后双方的利润之后达到集中决策的效果，且各方的利润均不低于协调前的利润，因此有：

$$R_{AB} + R_C = \frac{k[D_0 - a(C_A + C_B + C_C)]^2}{4ak - b^2}$$

$$R_{AB} \geq \frac{k[D_0 - a(C_A + C_B + C_C)]^2}{8ak - b^2}$$

$$R_C \geq \frac{4ak^2[D_0 - a(C_A + C_B + C_C)]^2}{(8ak - b^2)^2}$$

从而得到：

$$\frac{k[D_0 - a(C_A + C_B + C_C)]^2}{8ak - b^2} \leq R_{AB} \leq \frac{k(48a^2k^2 - 12akb^2 + b^4)[D_0 - a(C_A + C_B + C_C)]^2}{(8ak - b^2)^2(4ak - b^2)}$$

$$\frac{4ak^2\left[D_0 - a(C_A + C_B + C_C)\right]^2}{(8ak - b^2)^2} \leqslant R_C \leqslant \frac{4ak^2\left[D_0 - a(C_A + C_B + C_C)\right]^2}{(8ak - b^2)(4ak - b^2)}$$

（二）电商平台与末端配送商联盟的协调策略分析

当 $s_4^* = \dfrac{b\left[D_0 - a(C_A + C_B + C_C)\right]}{4ak - b^2}$、$p_4^* = \dfrac{2kD_0 + (2ak - b^2)(C_A + C_C)}{4ak - b^2}$、

$$W_B = \frac{k\left[D_0 - \alpha(C_A + C_C)\right] + (3ak - b^2)C_B}{4ak - b^2}时，$$

$$R_{AC} = \frac{2ak^2\left[D_0 - a(C_A + C_B + C_C)\right]^2}{(4ak - b^2)^2}$$

$$R_B = \frac{k(2ak - b^2)\left[D_0 - a(C_A + C_B + C_C)\right]^2}{(4ak - b^2)^2}$$

由于 $\dfrac{k\left[D_0 - a(C_A + C_B + C_C)\right]^2}{2(4ak - b^2)} \leqslant R_{AC} \leqslant \dfrac{3k\left[D_0 - a(C_A + C_B + C_C)\right]^2}{4(4ak - b^2)}$

$$\frac{k\left[D_0 - a(C_A + C_B + C_C)\right]^2}{4(4ak - b^2)} \leqslant R_B \leqslant \frac{k\left[D_0 - a(C_A + C_B + C_C)\right]^2}{2(a\alpha k - b^2)},$$

因此，当 $3b^2 - 4ak > 0$，$R_{AC} > R_{AC\max} = \dfrac{3k\left[D_0 - a(C_A + C_B + C_C)\right]^2}{4(4ak - b^2)}$，联盟企业需要让渡收益给快递公司；而当 $3b^2 - 4ak < 0$ 时，$R_{AC} < R_{AC\max} = \dfrac{3k\left[D_0 - a(C_A + C_B + C_C)\right]^2}{4(4ak - b^2)}$，可能是联盟企业让渡收益给快递公司，也可能是快递公司让渡收益给联盟企业。

基于此，契约协调方案存在以下两种情况：当 $3b^2 - 4ak > 0$ 时，契约协调方案为：①联盟企业让渡部分收益给快递公司；②联盟企业承担部分快递公司的物流服务努力成本；③联盟企业提高快递公司的物流服务单价。当 $3b^2 - 4ak < 0$ 时，契约协调方案为：①联盟企业让渡部分收益给快递公司；②联盟企业承担部分快递公司的物流服务努力成本；③联盟企业提高快递公司的物流服务单价；④快递公司让渡部分收益给联盟企业。

情况一：$3b^2 - 4ak > 0$

如前所述：当 $3b^2 - 4ak > 0$，契约协调方案有三种：①联盟企业让渡部分收益给快递公司；②联盟企业承担部分快递公司的物流服务努力成本；③联盟企业提高快递公司的物流服务单价。

A1：电商平台与末端配送商联盟的收益共享协调策略

命题 26：为实现集中决策的销售价格 p 和快递服务努力水平 s，且快递公司的服务单价 W_B 保持不变，假定电商平台与末端配送商组成的联盟对快递公司的收益分享比例为 θ_1，当 $\dfrac{(3b^2 - 4ak)[D_0 - a(C_A + C_B + C_C)]}{8a[2kD_0 + (2ak - b^2)(C_A + C_B + C_C)]} \leqslant \theta_1 \leqslant$

$\dfrac{b^2[D_0 - a(C_A + C_B + C_C)]}{4a[2kD_0 + (2ak - b^2)(C_A + C_B + C_C)]}$ 时，可实现联盟与快递公司利润的协调。

证明：假定联盟对快递的收益共享比例为 θ_1，其中 $0 < \theta_1 < 1$，则

联盟的利润：$R_{AC} = [(1 - \theta_1)p - C_A - C_C - W_B]q$

快递公司的利润：$R_B = (W_B + \theta_1 p - C_B)q - ks^2$

当 $p = \dfrac{2kD_0 + (2ak - b^2)(C_A + C_B + C_C)}{4ak - b^2}$、$s = \dfrac{b[D_0 - a(C_A + C_B + C_C)]}{4ak - b^2}$、$W_B =$

$\dfrac{k[D_0 - a(C_A + C_C)] + (3ak - b^2)C_B}{4ak - b^2}$ 时，

$R_{AC} = \dfrac{2ak[D_0 - a(C_A + C_B + C_C)]}{(4ak - b^2)^2}\{(1 - 2\theta_1)kD_0 - [(1 + 2\theta_1)ak - \theta_1 b^2](C_A +$

$C_B + C_C)\}$

$R_B = \dfrac{k[D_0 - a(C_A + C_B + C_C)]}{(4ak - b^2)^2}\{[(1 + 2\theta_1)2ak - b^2]D_0 - a(1 - 2\theta_1)(2ak - b^2)$

$(C_A + C_B + C_C)\}$

由于 $\dfrac{k[D_0 - a(C_A + C_B + C_C)]^2}{2(4ak - b^2)} \leqslant R_{AC} \leqslant \dfrac{3k[D_0 - a(C_A + C_B + C_C)]^2}{4(4ak - b^2)}$

$\dfrac{k[D_0 - a(C_A + C_B + C_C)]^2}{4(4ak - b^2)} \leqslant R_B \leqslant \dfrac{k[D_0 - a(C_A + C_B + C_C)]^2}{2(4ak - b^2)}$，得到

$\dfrac{(3b^2 - 4ak)[D_0 - a(C_A + C_B + C_C)]}{8a[2kD_0 + (2ak - b^2)(C_A + C_B + C_C)]} \leqslant \theta_1 \leqslant \dfrac{b^2[D_0 - a(C_A + C_B + C_C)]}{4a[2kD_0 + (2ak - b^2)(C_A + C_B + C_C)]}$

$$(5 - 91)$$

B1：电商平台与末端配送商联盟的成本共担协调策略

命题 27：为实现集中决策的销售价格 p 和快递服务努力水平 s，且保持快递服务单价 W_B 不变，假定联盟企业对快递公司物流服务努力成本的分担比例为

η_1，$0 < \eta_1 < 1$，则当$\dfrac{3b^2 - 4ak}{4b^2} < \eta_1 < \dfrac{1}{2}$时，联盟企业与快递公司可实现利润协调

（$3b^2 - 4ak > 0$）。

证明：假定联盟企业对快递公司的物流服务努力成本分担比例为η_1，其中

$0 < \eta_1 < 1$，则

联盟的利润为：$R_{AC} = (p - C_A - C_C - W_B)q - \eta_1 ks^2$

快递公司的利润为：$R_B = (W_B - C_B)q - (1 - \eta_1)ks^2$

当$p = \dfrac{2kD_0 + (2ak - b^2)(C_A + C_B + C_C)}{4ak - b^2}$、$s = \dfrac{b[D_0 - a(C_A + C_B + C_C)]}{4ak - b^2}$、$W_B =$

$\dfrac{k[D_0 - a(C_A + C_C)] + (3ak - b^2)C_B}{4ak - b^2}$时，

$$R_{AC} = \frac{k(2ak - \eta_1 b^2)[D_0 - a(C_A + C_B + C_C)]^2}{(4ak - b^2)^2}$$

$$R_B = \frac{k[2ak - (1 - \eta_1)b^2][D_0 - a(C_A + C_B + C_C)]^2}{(4ak - b^2)^2}$$

同理得到：

$$\frac{3b^2 - 4ak}{4b^2} \leqslant \eta_1 \leqslant \frac{1}{2} \tag{5-91}$$

C1：电商平台与末端配送商联盟的调整快递服务单价协调策略

命题28：为实现集中决策的销售价格p和快递服务努力水平s，且快递服务单

价W_B保持不变时，假定联盟企业将快递服务单价上调比例为φ_1，$0 < \varphi_1 < 1$，则当

$$\frac{(3b^2 - 4ak)[D_0 - a(C_A + C_B + C_C)]}{8a\{k[D_0 - a(C_A + C_C)] + (3ak - b^2)C_B\}} \leqslant \varphi_1 \leqslant \frac{b^2[D_0 - a(C_A + C_B + C_C)]}{4a\{k[D_0 - a(C_A + C_C)] + (3ak - b^2)C_B\}}$$

时，联盟与快递公司可实现利润协调（$3b^2 - 4ak > 0$）。

证明：假定联盟企业将快递价格上调φ_1，其中$0 < \varphi_1 < 1$，则

联盟的利润：$R_{AC} = [p - C_A - C_C - (1 + \varphi_1)W_B]q$

快递公司的利润：$R_B = [(1 + \varphi_1)W_B - C_B]q - ks^2$

当$p = \dfrac{2kD_0 + (2ak - b^2)(C_A + C_B + C_C)}{4ak - b^2}$、$s = \dfrac{b[D_0 - a(C_A + C_B + C_C)]}{4ak - b^2}$、$W_B =$

$\dfrac{k[D_0 - a(C_A + C_C)] + (3ak - b^2)C_B}{4ak - b^2}$时，

$$R_{AC} = \frac{2ak[D_0 - a(C_A + C_B + C_C)]}{(4ak - b^2)^2}\{(1 - \varphi_1)k[D_0 - a(C_A + C_C)] - [(1 + 3\varphi_1)}$$

$$ak - \varphi_1 b^2]C_B\}$$

$$R_B = \frac{k[D_0 - a(C_A + C_B + C_C)]}{(4ak - b^2)^2}\{[(1 + \varphi)2ak - b^2][D_0 - a(C_A + C_C)] + a$$

$$[(3\varphi_1 - 1)2ak + (1 - 2\varphi_1)b^2]C_B\}$$

同理得到:

$$\frac{(3b^2 - 4ak)[D_0 - a(C_A + C_B + C_C)]}{8a\{k[D_0 - a(C_A + C_C)] + (3ak - b^2)C_B\}} \leq \varphi \leq \frac{b^2[D_0 - a(C_A + C_B + C_C)]}{4a\{k[D_0 - a(C_A + C_C)] + (3ak - b^2)C_B\}}$$

$$(5 - 93)$$

情况二:$3b^2 - 4ak < 0$

如前所述:当 $3b^2 - 4ak < 0$,契约协调方案有四种:①联盟企业让渡部分收益给快递公司;②联盟企业承担部分快递公司的物流服务努力成本;③联盟企业提高快递公司的物流服务单价;④快递公司让渡部分收益给联盟企业。

A2:电商平台与末端配送商联盟的收益共享协调策略

命题29:为实现集中决策的销售价格 p 和快递服务努力水平 s,且快递公司的服务单价 W_B 保持不变,假定电商平台与末端配送商组成的联盟对快递公司的收益分享比例为 θ_2,当 $0 < \theta_2 \leq \frac{b^2[D_0 - a(C_A + C_B + C_C)]}{4a[2kD_0 + (2ak - b^2)(C_A + C_B + C_C)]}$ 时,可实现联盟与快递公司利润的协调。

证明:假定联盟对快递的收益共享比例为 θ_2,其中 $0 < \theta_2 < 1$,则

联盟的利润:$R_{AC} = [(1 - \theta_2)p - C_A - C_C - W_B]q$

快递公司的利润:$R_B = (W_B + \theta_2 p - C_B)q - ks^2$

当 $p = \frac{2kD_0 + (2ak - b^2)(C_A + C_B + C_C)}{4ak - b^2}$、$s = \frac{b[D_0 - a(C_A + C_B + C_C)]}{4ak - b^2}$、$W_B = \frac{k[D_0 - a(C_A + C_C)] + (3ak - b^2)C_B}{4ak - b^2}$ 时,

$$R_{AC} = \frac{2ak[D_0 - a(C_A + C_B + C_C)]}{(4ak - b^2)^2}\{(1 - 2\theta_2)kD_0 - [(1 + 2\theta_2)ak - \theta_2 b^2](C_A + C_B + C_C)\}$$

$$R_B = \frac{k[D_0 - a(C_A + C_B + C_C)]}{(4ak - b^2)^2}\{[(1 + 2\theta_2)2ak - b^2]D_0 - a(1 - 2\theta_2)(2ak - b^2)$$

$(C_A + C_B + C_C) \}$

由于 $\dfrac{k \left[D_0 - a (C_A + C_B + C_C) \right]^2}{2 (4ak - b^2)} \leqslant R_{AC} \leqslant \dfrac{3k \left[D_0 - a (C_A + C_B + C_C) \right]^2}{4 (4ak - b^2)}$

$\dfrac{k \left[D_0 - a (C_A + C_B + C_C) \right]^2}{4 (4ak - b^2)} \leqslant R_B \leqslant \dfrac{k \left[D_0 - a (C_A + C_B + C_C) \right]^2}{2 (4ak - b^2)}$，得到

$$0 < \theta_2 \leqslant \dfrac{b^2 \left[D_0 - a (C_A + C_B + C_C) \right]}{4a \left[2kD_0 + (2ak - b^2) (C_A + C_B + C_C) \right]} \qquad (5-94)$$

B2：电商平台与末端配送商联盟的成本共担协调策略

命题30：为实现集中决策的销售价格 p 和快递服务努力水平 s，且保持快递服务单价 W_B 不变，假定联盟企业对快递公司物流服务努力成本的分担比例为 η_2，$0 < \eta_2 < 1$，则当 $0 < \eta_2 \leqslant \dfrac{1}{2}$ 时，联盟企业与快递公司可实现利润协调。

证明：假定联盟企业对快递公司的物流服务努力成本分担比例为 η_2，其中 $0 < \eta_2 < 1$，则

联盟的利润为：$R_{AC} = (p - C_A - C_C - W_B) q - \eta_2 k s^2$

快递公司的利润为：$R_B = (W_B - C_B) q - (1 - \eta_2) k s^2$

当 $p = \dfrac{2kD_0 + (2ak - b^2) (C_A + C_B + C_C)}{4ak - b^2}$、$s = \dfrac{b \left[D_0 - a (C_A + C_B + C_C) \right]}{4ak - b^2}$、$W_B = \dfrac{k \left[D_0 - a (C_A + C_C) \right] + (3ak - b^2) C_B}{4ak - b^2}$ 时，

$$R_{AC} = \dfrac{k (2ak - \eta_2 b^2) \left[D_0 - a (C_A + C_B + C_C) \right]^2}{(4ak - b^2)^2}$$

$$R_B = \dfrac{k \left[2ak - (1 - \eta_2) b^2 \right] \left[D_0 - a (C_A + C_B + C_C) \right]^2}{(4ak - b^2)^2}$$

同理得到：

$$0 \dfrac{3b^2 - 4ak}{4b^2} < \eta_2 \leqslant \dfrac{1}{2} \qquad (5-95)$$

C2：电商平台与末端配送商联盟的调整快递服务单价协调策略

命题31：为实现集中决策的销售价格 p 和快递服务努力水平 s，且快递服务单价 W_B 保持不变时，假定联盟企业将快递服务单价上调比例为 φ_2，$0 < \varphi_2 < 1$，则当

$0 < \varphi_2 \leqslant \dfrac{b^2 \left[D_0 - a (C_A + C_B + C_C) \right]}{4a \{ k \left[D_0 - a (C_A + C_C) \right] + (3ak - b^2) C_B \}}$ 时，联盟与快递公司可实现利润

协调。

证明：假定联盟企业将快递价格上调 φ_2，其中 $0 < \varphi_2 < 1$，则

联盟的利润：$R_{AC} = [p - C_A - C_C - (1 + \varphi_2)W_B]q$

快递公司的利润：$R_B = [(1 + \varphi_2)W_B - C_B]q - ks^2$

当 $p = \dfrac{2kD_0 + (2ak - b^2)(C_A + C_B + C_C)}{4ak - b^2}$、$s = \dfrac{b[D_0 - a(C_A + C_B + C_C)]}{4ak - b^2}$、$W_B = \dfrac{k[D_0 - a(C_A + C_C)] + (3ak - b^2)C_B}{4ak - b^2}$ 时，

$$R_{AC} = \frac{2ak[D_0 - a(C_A + C_B + C_C)]}{(4ak - b^2)^2}\{(1 - \varphi_2)k[D_0 - a(C_A + C_C)] - [(1 + 3\varphi_2)ak - \varphi_2 b^2]C_B\}$$

$$R_B = \frac{k[D_0 - a(C_A + C_B + C_C)]}{(4ak - b^2)^2}\{[(1 + \varphi_2)2ak - b^2][D_0 - a(C_A + C_C)] + a[(3\varphi_2 - 1)2ak + (1 - 2\varphi_2)b^2]C_B\}$$

同理得到：

$$0 < \varphi_2 \leqslant \frac{b^2[D_0 - a(C_A + C_B + C_C)]}{4a\{k[D_0 - a(C_A + C_C)] + (3ak - b^2)C_B\}} \tag{5-96}$$

D2：快递公司让渡部分收益给联盟企业的协调策略

命题 32：为实现集中决策的销售价格 p 和快递服务努力水平 s，且快递服务单价 W_B 保持不变时，假定快递公司收益让渡给联盟企业的比例为 δ，$0 < \delta < 1$，则当 $0 < \delta \leqslant \dfrac{(4ak - 3b^2)[D_0 - a(C_A + C_B + C_C)]}{8a\{k[D_0 - a(C_A + C_C)] + (3ak - b^2)C_B\}}$ 时，联盟与快递公司可实现利润协调。

证明：假定快递公司让渡收益给联盟企业的比例为 δ，其中 $0 < \delta < 1$，则

联盟的利润：$R_{AC} = [p - C_M - C_T - (1 - \delta)W_E]q - ks^2$ $R_{AC} = [p - C_A - C_C - (1 + \varphi)W_B]q$

快递公司的利润：$R_B = [(1 + \varphi)W_B - C_B]q - ks^2$

当 $p = \dfrac{2kD_0 + (2ak - b^2)(C_A + C_B + C_C)}{4ak - b^2}$、$s = \dfrac{b[D_0 - a(C_A + C_B + C_C)]}{4ak - b^2}$、$W_B = \dfrac{k[D_0 - a(C_A + C_C)] + (3ak - b^2)C_B}{4ak - b^2}$ 时，

$$R_{AC} = \frac{2ak[D_0 - a(C_A + C_B + C_C)]}{(4ak - b^2)^2}\{(1+\delta)k[D_0 - a(C_A + C_C)] + [(3\delta - 1)ak -$$

$$\delta b^2]C_B\}$$

$$R_B = \frac{k[D_0 - A(C_A + C_B + C_C)]}{(4ak - b^2)^2}\{[(1-\delta)2ak - b^2][D_0 - A(C_A + C_C)] - A[(1+$$

$$3\delta)2ak - (1+2\delta)b^2]C_B\}$$

由于 $\frac{k[D_0 - a(C_A + C_B + C_C)]^2}{2(4ak - b^2)} \leqslant R_{AC} \leqslant \frac{3k[D_0 - a(C_A + C_B + C_C)]^2}{4(4ak - b^2)}$ 和

$$\frac{k[D_0 - a(C_A + C_B + C_C)]^2}{4(4ak - b^2)} \leqslant R_B \leqslant \frac{k[D_0 - a(C_A + C_B + C_C)]^2}{2(4ak - b^2)}$$

因此得到:

$$0 < \delta \leqslant \frac{(4ak - 3b^2)[D_0 - a(C_A + C_B + C_C)]}{8a\{k[D_0 - a(C_A + C_C)] + (3ak - b^2)C_B\}} \qquad (5-97)$$

(三)电商平台与快递企业联盟的协调策略

命题33:假设电商平台与快递企业组成的联盟与末端配送商通过收益共享契约实现集中决策的销量,当末端配送商的单价保持不变的情况下,末端配送商的利润必定增加。

证明:

当 $q = \frac{2ak[D_0 - a(C_A + C_B + C_C)]}{4ak - b^2}$、$W_C = \frac{2k[D_0 - a(C_A + C_B)] + (6ak - b^2)C_C}{8ak - b^2}$时,

$$R_C = (W_C - C_C)q = \frac{4ak^2[D_0 - a(C_A + C_B + C_C)]^2}{(4ak - b^2)(8ak - b^2)} > R_{C2}^* = \frac{4ak^2[D_0 - a(C_A + C_B + C_C)]^2}{(8ak - b^2)^2}$$

因此,需要末端配送商让渡部分利益给电商平台与快递公司组成的联盟,基于此,利润协调方案分为两种:一是末端配送商让渡部分收益给联盟的协调策略;二是末端配送商承担联盟部分物流服务努力成本的协调策略。

1. 末端配送商让渡部分收益给联盟的协调策略

命题34:为实现集中决策的销售价格 p 和物流服务水平 s,且末端配送商的服务单价 W_C 保持不变时,假设末端配送商让渡收益给联盟的比例为 θ_3,$0 < \theta_3 < 1$,

当 $0 < \theta_3 \leqslant \frac{8ak^2[D_0 - a(C_A + C_B + C_C)]}{(8ak - b^2)\{2k[D_0 - a(C_A + C_B)] + (6ak - b^2)C_C\}}$时,联盟与末端配送商可实现利润协调。

证明：假定末端配送商让渡收益的比例为 θ_3，其中 $0 < \theta_3 < 1$，则

联盟的利润为：$R_{AB} = [p - C_A - C_B - (1 - \theta_3)W_C]q - ks^2$

末端配送商的利润为：$R_C = [(1 - \theta_3)W_C - C_C]q$

当 $p = \dfrac{2kD_0 + (2ak - b^2)(C_A + C_B + C_C)}{4ak - b^2}$、$s = \dfrac{b[D_0 - a(C_A + C_B + C_C)]}{4ak - b^2}$、$W_C = $

$\dfrac{2k[D_0 - a(C_A + C_B)] + (6ak - b^2)C_C}{8ak - b^2}$

$$R_{AB} = \frac{k[D_0 - a(C_A + C_B + C_C)]}{(4ak - b^2)(8ak - b^2)}\{[4ak(1 + \theta_3) - b^2][D_0 - a(C_A + C_B)] + a$$

$$[4ak(3\theta_3 - 1) + (1 - 2\theta_3)C_C]\}$$

$$R_C = \frac{2k(1 - \theta_3)[D_0 - a(C_A + C_B)] + [2ak(1 - 3\theta_3) - \theta_3 b^2]C_C}{(4ak - b^2)(8ak - b^2)}[D_0 - a(C_A + C_B +$$

$C_C)]$

由于

$$\frac{k[D_0 - a(C_A + C_B + C_C)]^2}{8ak - b^2} \leqslant R_{AB} \leqslant \frac{k(48a^2k^2 - 12akb^2 + b^4)[D_0 - a(C_A + C_B + C_C)]^2}{(8ak - b^2)^2(4ak - b^2)}$$

$$\frac{4ak^2[D_0 - a(C_A + C_B + C_C)]^2}{(8ak - b^2)^2} \leqslant R_C \leqslant \frac{4ak^2[D_0 - a(C_A + C_B + C_C)]^2}{(8ak - b^2)(4ak - b^2)}$$

因此得到：

$$0 < \theta_3 \leqslant \frac{8ak^2[D_0 - a(C_A + C_B + C_C)]}{(8ak - b^2)\{2k[D_0 - a(C_A + C_B)] + (6ak - b^2)C_C\}} \tag{5-98}$$

2. 末端配送商承担联盟部分物流服务努力成本的协调策略

命题 35：为实现集中决策的销售价格 p 和快递服务努力水平 s，且末端配送商的服务单价 W_C 保持不变时，假设末端配送商承担联盟的物流服务努力成本比例为 η_3，$0 < \eta_3 < 1$，当 $0 < \eta_3 \leqslant \dfrac{16a^2k^2(4ak - b^2)}{(8ak - b^2)^2 b^2}$ 时，联盟与末端配送商可实现利润协调。

证明：末端配送商承担联盟的物流服务努力成本比例为 η_3，其中 $0 < \eta_3 < 1$，则

联盟企业的利润为：$R_{AB} = (p - C_A - C_B - W_C)q - (1 - \eta_3)ks^2$

末端配送商的利润为：$R_C = (W_C - C_C)q - \eta_3 ks^2$

当 $p = \dfrac{2kD_0 + (2ak - b^2)(C_A + C_B + C_C)}{4ak - b^2}$、 $s = \dfrac{b[D_0 - a(C_A + C_B + C_C)]}{4ak - b^2}$、 $W_C =$

$\dfrac{2k[D_0 - a(C_A + C_B)] + (6ak - b^2)C_C}{8ak - b^2}$ 时

$$R_{AB} = \frac{k[D_0 - a(C_A + C_B + C_C)]^2}{(4ak - b^2)^2(8ak - b^2)}[(4ak - b^2)^2 + \eta_3 b^2(8ak - b^2)]$$

$$R_C = \frac{k[D_0 - a(C_A + C_B + C_C)]^2}{(4ak - b^2)(8ak - b^2)}[4ak(4ak - b^2) - \eta_3 b^2(8ak - b^2)]$$

由于

$$\frac{k[D_0 - a(C_A + C_B + C_C)]^2}{8ak - b^2} \leqslant R_{AB} \leqslant \frac{k(48a^2k^2 - 12akb^2 + b^4)[D_0 - a(C_A + C_B + C_C)]^2}{(8ak - b^2)^2(4ak - b^2)}$$

$$\frac{4ak^2[D_0 - a(C_A + C_B + C_C)]^2}{(8ak - b^2)^2} \leqslant R_C \leqslant \frac{4ak^2[D_0 - a(C_A + C_B + C_C)]^2}{(8ak - b^2)(4ak - b^2)}$$

因此得到：

$$0 < \eta_2 \leqslant \frac{16a^2k^2(4ak - b^2)}{(8ak - b^2)^2 b^2} \tag{5-99}$$

（四）协调机制小结

由电商平台与末端配送商组成的联盟与快递公司的契约协调中，协调方案存在两种可能性：当 $3b^2 - 4ak > 0$ 时，由电商平台与末端配送商组成的联盟与快递公司的契约协调方案有三种：①电商平台让渡部分收益给物流服务商的策略；②电商平台为物流服务商承担部分物流服务努力成本的策略；③物流服务商提升物流服务单价的策略。当 $4ak - 3b^2 > 0$ 时，由电商平台与末端配送商组成的联盟可能需要让渡收益给快递公司，也可能是快递公司需要让渡收益给联盟企业，因此契约协调方案有四种：①电商平台让渡部分收益给物流服务商的策略；②电商平台为物流服务商承担部分物流服务努力成本的策略；③物流服务商提升物流服务单价的策略；④末端配送商让渡部分收益给联盟的策略。由电商平台与快递公司组成的联盟与末端配送商的协调方案中，由于系统销量的增加，导致末端配送商的利润必定高于协调前的利润，因此必定是末端配送商对联盟企业利益让渡，契约协调方案包括：①末端配送商让渡部分收益给联盟的协调策略；②末端配送商承担联盟企业的部分物流努力成本的协调策略。

七、算例分析

为验证收益共享契约条件下网购供应链整体利润及各决策主体利润变化情况，本书给出具体的算例进行数值运算。令 $D_0 = 450$，$a = 8$，$b = 15$，$k = 16$，则电商平台公司的订单需求函数为 $D_0 = 450 - 8p + 15s$；快递的服务努力成本函数为 $g(s) = 16s^2$。令 $C_A = 30$，$C_B = 12$，$C_C = 3$，由于供需平衡，则有销量 $q = D_0 = 450 - 8p + 15s$。

（一）集中与半集中决策模型算例分析

将上述各数值代入表 5 – 15、表 5 – 16，得到半集中决策与集中决策下各主体的决策参数如表 5 – 18 所示：

表 5 – 18　集中与半集中决策模式下的变量取值和利润水平

参数	电商平台与末端配送商联盟	电商平台与快递公司联盟	快递公司与末端配送商联盟	集中决策
s	2. 35	1. 69	2. 35	4. 70
p	55. 64	55. 81	55. 64	55. 03
q	40. 14	28. 84	40. 14	80. 28
W_B	17. 02			
W_C		6. 60		
W_{BC}			20. 17	
R_A			225. 78	
R_B	112. 89			
R_C		103. 94		
R_{AC}	225. 78			
R_{AB}		162. 20		
R_{BC}			112. 89	
R	338. 67	266. 14	338. 67	451. 77

由算例分析可知，半集中决策下系统的整体利润显著低于集中决策下系统的整体利润。当电商平台与末端配送商联盟时各决策变量及系统的整体利润同快递

公司与末端配送商联盟时一致。为实现电商平台、快递公司和末端配送商构成的物流服务供应链整体利润最大化，快递公司要比以前更加努力，以帮助电商平台获取更多的订单，但其成本也随之增加。因此需要参与各方基于收益共享契约达成合作，从而实现系统整体利润的最大化。

（二）基于收益共享契约协调的算例分析

1. 电商平台与末端配送商联盟契约协调的算例分析

A. 电商平台与末端配送商联盟让渡收益给快递公司的协调

由于 $3b^2 - 4ak > 0$，因此电商与末端配送商联盟的契约协调方案有三种。

将上述各数值代入公式（5 - 91），得到 $0.0145 \leqslant \theta_1 \leqslant 0.040$。即当电商平台与末端配送商联盟将其收益的 $[0.0145, 0.040]$ 让渡给快递公司时可实现双方利润的协调，达到集中决策的利润效果。联盟企业让渡收益的比例越高，其自身获得的利润越少；反之则联盟可获得较高的利润。具体让渡比例取决于双方谈判及博弈的结果，不同让渡比例下双方可实现的利润如表 5 - 19 所示。

表 5 - 19　电商平台与末端配送商联盟让渡收益 θ_1 的协调结果

参数	联盟	利润协调		
s	2.35	4.70		
p	55.64	55.03		
q	40.14	80.28		
W_B	17.02	17.02		
θ_1	—	0.02	0.025	0.035
R_{AC}	225.78	313.85	291.76	247.58
R_B	112.89	137.92	160.01	204.19
R	338.67	451.77	451.77	451.77

由表 5 - 19 和图 5 - 5 可知，通过收益共享契约，系统整体利润上升 33.33%。电商平台与末端配送商联盟让渡收益给快递公司的比例范围为 $[0.0145, 0.040]$，电商平台与末端配送商联盟让渡收益比例越高，电商平台与

末端配送商联盟的利润越低，快递公司的利润越高，让渡比例取决于双方的博弈结果。

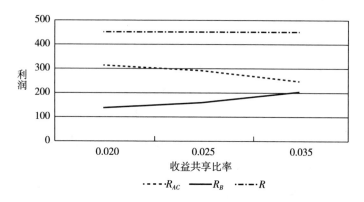

图 5 – 5　电商平台与末端配送商联盟让渡收益给快递公司的利润协调图

B. 电商平台与末端配送商联盟分担部分快递服务努力成本的协调

将上述各数值代入公式（5 – 92），得到 $0.18 \leqslant \eta_1 \leqslant 0.5$。即电商平台与末端配送商组成的联盟承担快递服务努力成本的区间范围为 [0.18, 0.5]，在该区间范围内可实现双方利润的协调。具体承担的成本范围取决于双方谈判及博弈的结果，不同分担范围下双方可实现的利润如表 5 – 20 所示。

表 5 – 20　电商平台与末端配送商联盟承担快递服务努力成本 η_1 的协调结果

参数	联盟	利润协调		
s	2.35	4.70		
p	55.64	55.03		
q	40.14	80.28		
W_B	17.02	17.02		
η_1	—	0.2	0.3	0.4
R_{AC}	225.78	331.51	296.17	260.83
R_B	112.89	120.26	155.60	190.94
R	338.67	451.77	451.77	451.77

由表 5 – 20 和图 5 – 6 可知，通过收益共享契约，系统整体利润上升 33.33%。电商平台与末端配送商联盟承担快递服务努力成本的比例范围为 [0.18, 0.5]，电

商平台与末端配送商联盟成本分担比例越高，电商平台与末端配送商联盟的利润越低，快递公司的利润越高，让渡比例取决于双方的博弈结果。

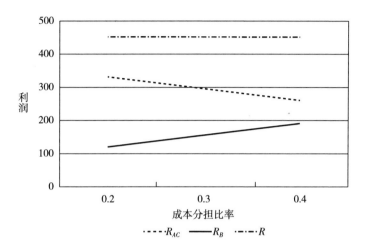

图 5 – 6　电商平台与末端配送商联盟承担快递服务努力成本的利润协调图

C. 电商平台与末端配送商联盟上调快递服务单价的协调

将上述各数值代入公式（5 – 93），得到 $0.047 \leqslant \varphi \leqslant 0.13$。即快递服务单价上调比例的区间范围为［0.047，0.13］，在该区间范围内可实现双方利润的协调。具体上调的比例取决于双方谈判及博弈的结果，不同上调比例下双方可实现的利润如表 5 – 21 所示。

表 5 – 21　电商平台与末端配送商联盟上调快递服务单价 φ 的协调结果

参数	联盟	利润协调		
s	2.35	4.70		
p	55.64	55.03		
q	40.14	80.28		
W_B	17.02	18.04	18.38	18.72
φ	—	0.06	0.08	0.10
R_{AC}	225.78	320.22	292.89	265.57
R_B	112.89	131.55	158.88	186.20
R	338.67	451.77	451.77	451.77

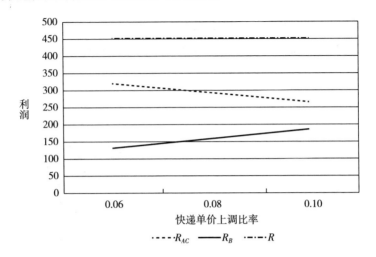

图 5 - 7　快递公司上调快递服务单价的利润协调图

由表 5 - 21 和图 5 - 7 可知，通过收益共享契约，系统整体利润上升 33.33%。快递公司上调快递服务单价的比例范围为 [0.047, 0.13]，快递公司上调快递服务单价的比例越高，快递公司的利润越高，电商平台与末端配送商联盟的利润越低，让渡比例取决于双方的博弈结果。

2. 电商平台与快递公司联盟契约协调的算例分析

电商平台与快递公司联盟的契约协调方案有两种。

A. 末端配送商让渡部分收益给电商平台与快递公司联盟的协调

将上述各数值代入公式 (5 - 98)，得到 $0 < \theta_3 \le 0.35$。即末端配送商让渡给电商平台与快递公司组成的联盟的收益范围为 (0, 0.35]，在此区间范围内可实现双方利润的协调。具体的让渡比例取决于双方谈判及博弈的结果，不同让渡比例下双方可实现的利润如表 5 - 22 所示。

表 5 - 22　末端配送商让渡收益 θ_2 的协调结果

参数	联盟	利润协调
s	1.69	4.70
p	55.81	55.03
q	28.84	80.28

续表

参数	联盟	利润协调		
W_C	6.60	5.94	5.28	4.62
θ_2	—	0.1	0.2	0.3
R_{AB}	162.20	215.75	268.73	321.71
R_C	103.94	236.02	183.04	130.06
R	266.14	451.77	451.77	451.77

由表 5 - 22 和图 5 - 8 可知，通过收益共享契约，系统整体利润上升 33.33%。末端配送商让渡部分收益给电商平台与快递公司联盟的比例范围为 (0，0.35]，末端配送商让渡收益比例越高，末端配送商的利润越低，电商平台与快递公司联盟的利润越高，让渡比例取决于双方的博弈结果。

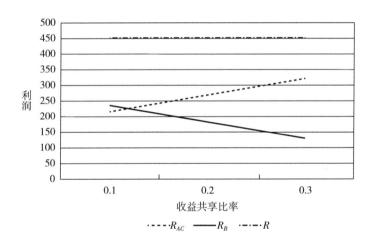

图 5 - 8　末端配送商让渡部分收益给电商平台与快递公司联盟的利润协调图

B. 末端配送商承担部分电商平台与快递公司联盟的服务努力成本的协调

将上述各数值代入公式（5 - 99），得到 $0 < \eta_3 \leqslant 0.52$。即末端配送商承担电商平台与快递公司组成的联盟的服务努力成本范围为 (0，0.52]，在该区间范围内可实现双方利润的协调。具体承担成本的范围取决于双方谈判及博弈的结果，不同分担比例下双方可实现的利润如表 5 - 23 所示。

表 5 – 23　末端配送商承担联盟快递服务努力成本的协调结果

参数	联盟	利润协调		
s	1.69	4.7		
p	55.81	55.03		
q	28.84	80.28		
W_C	6.60	6.60		
η_2	—	0.1	0.3	0.45
R_{AB}	162.20	198.10	268.79	321.81
R_C	103.94	253.67	182.98	129.96
R	266.14	451.77	451.77	451.77

　　由表 5 – 23 和图 5 – 9 可知，通过收益共享契约，系统整体利润上升 33.33%。电商平台与末端配送商联盟承担快递服务努力成本的比例范围为 [0.18，0.5]，末端配送商成本分担比例越高，末端配送商的利润越低，电商平台与快递公司联盟的利润越高，让渡比例取决于双方的博弈结果。

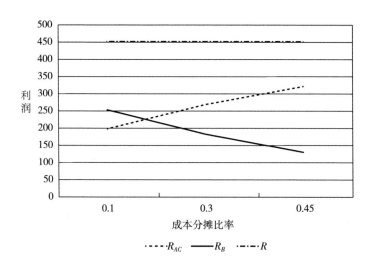

图 5 – 9　末端配送商联盟承担快递服务努力成本的利润协调图

八、研究结论及管理建议

（一）研究结论

根据 Stackelberg 动态博弈思想，本书首先构建了由一个电商平台、一个快递公司和一个末端配送商组成的网购服务系统，研究半集中决策和集中决策下的收益模型。通过比较发现，当电商平台、快递公司和末端配送商三者合作进行集中决策时，供应链整体的服务努力程度、销量均高于两两联盟条件下的服务努力程度和销量；销售单价均低于两两联盟条件下的单价，而系统整体利润均高于两两联盟条件下的利润。

其次为实现集中决策的利润水平，促成三者达成合作建立联盟，需要基于收益共享原则达成收益分配机制以赢得长远的合作。基于此，本书分别探讨了电商平台与末端配送商组成的联盟、电商平台与快递公司组成的联盟基于收益共享契约的利润协调方案。在电商平台与末端配送商组成的联盟的利益协调方案中，根据不同情况，分别探讨了契约协调方案。当 $3b^2 - 4ak > 0$，探讨了联盟让渡收益给快递公司、承担部分快递服务努力成本、提升快递服务单价三种协调方案，并分别推导了收益让渡比例 θ_1、快递服务努力成本分担比例 η_1 及快递服务单价上调比例 φ_1 的范围。当 $4ak - 3b^2 > 0$，探讨了联盟让渡收益给快递公司、承担部分快递服务努力成本、提升快递服务单价及快递公司让渡部分收益给联盟等四种协调方案，并分别推导了联盟收益让渡比例 θ_2、快递服务努力成本分担比例 η_2、快递服务单价上调比例 φ_2 及快递公司收益让渡比例 δ 的范围。在电商平台与快递公司组成的联盟的利益协调方案中，探讨了末端配送商让渡部分收益给联盟企业及分担部分快递服务努力成本两种协调方案，并推导了收益让渡比例 θ_3、成本分担比例 η_3 的范围。

最后通过算例分析，分别证实了电商平台与末端配送商组成的联盟协调方案下收益让渡比例 θ_1、快递服务努力成本分担比例 η_1 及快递服务单价上调比例 φ_1、电商平台与快递公司组成的联盟协调方案下收益让渡比例 θ_3、快递服务努力成本分担比例 η_3 的不同取值下双方利润的变化。具体的契约方案选择取决于各主体在谈判及博弈中的比较优势。

（二）管理建议

对电商平台而言，当快递公司与末端配送商联盟时，其获得的利润最多，但无法对物流服务质量进行把控，无法解决现实中"最后一公里"的服务瓶颈问题。电商平台与末端配送商联盟，一方面可以提高物流服务质量，解决末端配送的瓶颈问题，另一方面也可以提高物流服务供应链的整体利润，通过收益共享、成本共担和调整物流服务单价等多种渠道与快递公司达成契约协调方案。电商平台与快递公司联盟时，契约协调方案只能是末端配送商通过收益共享或成本共担的方式让渡收益给联盟企业。因此，对电商物流服务供应链而言，电商平台与末端配送商联盟是较优的联盟方案。现实生活中的菜鸟联盟就是典型的体现。

第四节　联盟式电商共同配送利益的协调

近年来，随着电子商务的迅猛发展，我国逐渐认识到城市共同配送的意义，2014 年在国家商务部、交通部等部委支持下共评选全国 22 个城市作试点推广。2016 年 7 月，李克强总理在国务院会议上强调："推进互联网＋物流，既是发展新经济，又能提升传统经济"，而且电商与物流的融合发展是"互联网＋物流"的主要形式。可见，城市共同配送是国家大力倡导的，也是未来电商"最后一公里"物流配送的主要模式。全国 22 个试点城市围绕创新共同配送体系建设、构建共同配送综合服务信息平台、共同配送模式选择评价和末端配送网络网点布局等方面开展城市共同配送试点工作，其中南京、郑州、贵阳和东莞等试点城市相继组建城市共同配送联盟，将物流资源共享、配送成本共担和提高物流效率等作为试点工作中的重要工作内容。然而，在推行城市共同配送联盟的过程中，利益分配是联盟企业首要考虑的焦点问题，成为城市共同配送联盟可持续健康发展的瓶颈所在，如近期阿里巴巴旗下菜鸟物流与顺丰速运的电子商务联盟式共同配送因物流数据资源共享引起利益分配矛盾。

一、联盟式电商共同配送利益分配体系设计

在我国快递包裹业务量跃居世界第一的同时，区域包裹量的不均衡导致部分城市不同快递公司间业务量的不均，导致末端网点开始整合，组建配送联盟进行共同配送。例如，当某区域的快递包裹数量不多且路途遥远时，不同快递公司的配送人员会相互交换快递包裹，以便各自顺利完成配送任务。这种联盟以隐形联盟的模式存在，并以功能性联盟为主，其主要目的是在实现配送功能的前提下，通过合作节省部分成本，且合作空间较大。但是，这种模式主要存在于配送人员

的私下合作中，不为高层管理人员所接受。因为从高层管理人员的角度来说，组成联盟实施共同配送，一方面可能会弱化企业辛苦创建的品牌，服务同质化导致客户关系维护和拓展困难；另一方面由于各个快递公司的管理体制、结算方式和服务标准及要求不同，成立联盟可能会存在"搭便车"或是配送服务质量降低的隐忧，利益分配的不均也往往导致联盟的矛盾重重甚至是瓦解。因此，电子商务环境下物流快递企业实施联盟式城市共同配送需要建立在一定的基础之上，否则实施难度将大大增加。

（一）实施联盟式电商共同配送的假设

假设1：该联盟属于功能性联盟，旨在解决各快递公司配送成本高、效率低、客户体验差的问题。从该假设出发，各联盟成员即快递公司均有参与联盟的积极性与可能性。

假设2：该联盟的配送人员仍隶属于原快递公司，联盟并不从本质上改变其原有的经济利益。从该假设出发，各参与共同配送的配送员工不存在因为经济利益不确定或是可能降低而带来的不愿加入联盟配送的问题。

假设3：该联盟的利益分配主要基于联盟所带来的各快递公司的人工、车辆的成本降低金额和单件快件的配送成本。从该假设出发，实施共同配送联盟后，各联盟成员即快递公司能得到实质的实惠，分享联盟带来的收益。

假设4：该联盟实施共同配送后，配送人员的工作量不会增加，总体服务质量不会降低。从该假设出发，各参与共同配送的配送人员不会因为工作量的增加而降低服务质量，从而导致各联盟成员即快递公司之间的矛盾，特别是联盟成立前服务质量较好的快递公司的投诉率上升带来的退出联盟企业的不良后果，使联盟能长远、有效地发挥作用。

基于以上假设，在构建利益分配影响因素的指标体系时，各联盟企业的配送工作量主要体现在配送的快件数量和配送距离上；服务贡献量主要体现在服务质量上；资源投入量主要体现在人工和车辆上；承担风险量主要体现在各种延迟交货、货损货差等投诉带来的索赔。

（二）联盟式电商共同配送利益分配基本原则

在目前的电子商务环境下，在电子商务末端共同配送中引入联盟模式较为适应目前的发展需求，能有效解决末端配送中存在的成本高、效率低、客户体验差的瓶颈问题。在满足上述假设的前提下，需要解决的核心问题就是利益分配的问题。电子商务末端实施联盟式共同配送，利益分配上应满足以下的原则：

1. 公平性原则

在共同配送的实施过程中所有的参与成员都要被公平看待，他们均处于平等的地位，不能因企业在联盟中的地位不同而有差别待遇。

2. 互惠互利原则

所建立的分配机制必须确保每个联盟企业都能获得应得的利益，以此来激励参与成员的积极性，保证合作能够长期顺利高效地进行。

3. 有效性原则

在共同配送过程中涉及到的全部费用都要由成员企业共同分摊，收入由联盟企业之间共同分配。

4. 风险与收益共担的原则

共同配送的利益分配中需要充分考虑联盟各方的投入产出问题，根据其投资额及对联盟企业的贡献确定其分配比例。

基于以上的利益分配基本原则，在进行利益分配时，根据各联盟企业的配送工作量、服务贡献量、资源投入量和承担风险量对利益分配进行调整和修正。

（三）构建利益分配影响因素指标体系

由各配送企业组成的联盟实施共同配送时，各联盟企业对实施共同配送的贡献必然不同，如果不能确立合理的分配标准，会引起联盟企业之间的矛盾，严重的话可能会有企业退出共同配送，导致联盟不能发挥作用甚至是解散。因此，确立一个公平合理的利益分配机制和方法，对于保障联盟的正常运行具有非常重要的现实意义。

有关联盟利益分配的影响因素，陈伟等引入投资、风险、成本和贡献等量化指标研究低碳技术创新联盟的利益分配；王积田等认为对联盟的投入额度、贡献水平、风险程度和谈判能力等四个因素对产业技术创新战略联盟的利益分配产生重要影响；吴琨等提出了努力值、贡献值、投资值和联盟风险等四个因素影响技术联盟的利益分配；曾德明等引入贡献率、投入比率、风险承担率及谈判力强度等影响因素研究高技术产业技术创新战略联盟的利益分配；李军等提出了考虑创新资源投入、创新创造收益和创新承担风险等因素解决供应链企业协同创新的利益分配。由此可见，大多数学者主要从资源投入、贡献水平、风险承担等因素考虑联盟主体的利益分配问题。对于联盟企业共同配送的利益分配，结合联盟在城市共同配送的特点，主要考虑配送工作量、服务贡献量、资源投入量和风险承担量，具体分析如下：

联盟企业实施共同配送的基础是组建快递企业联盟后，各快递公司为此减少的人力资源成本即人工费、车辆投入成本及折旧费、油耗成本。配送工作量、服务贡献量、资源投入量和风险承担量从不同侧面反映了各联盟主体对联盟组织的投入和贡献，体现了联盟共同配送利益分配的原则。因此，联盟企业共同配送利益分配的影响因素为配送工作量、服务贡献量、资源投入量和风险承担量，为一级指标；根据一级指标的设定，考虑快递行业联盟的实际情况，设定二级指标。如图 5-10 所示：

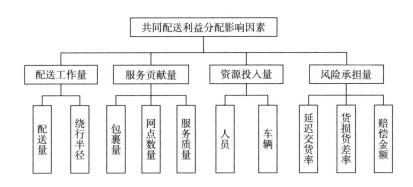

图 5-10 利益分配影响因素指标体系

二、基于 AHP – 熵权法利益分配的评判模型

（一）评判方法选择

学者对于利益分配方法的研究主要有：修正的 Shapley 值法、Raiffa 解法和 Nash 谈判模型。其中运用最多的是修正的 Shapley 值法，如王鹏等、陈伟等、何喜军等分别引入竞争力指标、构建基于 AHP – GEM 法的指标、考虑企业在供应网络中的重要性及企业承担的风险因素等进行修正。胡海青等、宾厚等均采用考虑风险因素等改进的 Raiffa 解法解决产业集群、物流网络联盟及城市共同配送的收益分配问题。田刚等运用 Nash 谈判模型解决物流供应链的利益分配问题，梁招娣等基于合作联盟成员的满意度，利用多维度 Nash 协商模型解决利益分配

问题。

以上方法均存在一定的不足。Shapley 值法的缺陷在于，一是这种方法只考虑单一因素进行利益分配，因此不少学者引入其他因素或方法进行了修正。二是 Shapley 值法需要知晓每种合作对策下的收益情况，这在实际经济活动中难以取得。三是随着合作数量的增加，需要知晓的合作联盟组合数量及计算呈指数级增加。因此，修正的 Shapley 值法在解决实际问题时存在合作联盟数量上的局限性。Raiffa 解法的优点是考虑了利益分配的上下限，在一定程度上保护了弱者。在存在 n 个企业联盟时，需要知道 $n-1$ 个企业合作的收益。尽管相对于 Shapley 值法来说，需要知道的合作对策收益大大减少，但在实际经济活动中也难以做到。Nash 谈判模型在对共同配送收益进行分配的时候，假定参与共同配送各方的地位是相同的，实质是将共同配送的收益在参与共同配送各方进行平均分配，因此需要考虑其他因素对初始利益分配进行修正。

层次分析法 AHP 可将定性问题定量化，确保在进行利益分配时考虑多种因素以体现利益分配的相对公平性；熵权法是一种根据指标数据所包含的信息量大小确定权重的客观赋权法，由于其在权重确定方面具备客观性的优点，因此被广泛运用于物流能力、产业集群竞争力评价等方面。将层次分析法 AHP 和熵权法结合起来解决共同配送联盟的利益分配问题，既可以兼顾层次分析法多因素分析的优点，又可以用熵权法修正层次分析法权重确定主观性的不足。先用层次分析法得出各指标的主观权重 v_j，再用熵权法计算出各指标的客观权重 w_j，然后运用加权平均法求出综合权重 λ_j。基于此，本书拟在考虑多种影响利益分配因素的基础上采用层次分析法结合熵权法解决电子商务城市共同配送的利益分配问题。

（二）层次分析法

层次分析法是根据专家对影响利益分配的各级指标进行综合评价而确定各指标权重的一种方法，具有一定的主观性。因此，为弥补层次分析法存在权重确定主观性的缺陷，本书在影响利益分配因素的指标确定上，全部选取可量化的指标。在各二级指标权重的确定上，大部分根据收入或人员、车辆的投入或油耗折旧成本的分摊情况确定二级指标的权重，如配送工作量指标项下的配送量和绕行半径的权重、资源投入量指标项下的人员和车辆的权重等。以量化指标为主，结合专家对非量化指标的综合评价，即将定量与定性相结合的方法确定层次分析法下，联盟式共同配送利益分配影响因素的各二级指标权重 v_j。

（三）熵权法

信息论中的熵是用来度量信息量的大小。某项指标携带和传输的信息越多，表示该指标对决策的作用越大，因此通过熵权的大小反映出不同指标在决策中的重要性。

假设 n 个共同配送主体对 m 个共同配送影响因素指标值构成的评价指标决策矩阵 $Y = (y_{ij})_{n \times m}$，其中元素 y_{ij} 表示共同配送主体 i 的第 j 个利益分配影响因素指标。对矩阵 $Y = (y_{ij})_{n \times m}$ 进行规范化处理得到规范化决策矩阵 $D = (d_{ij})_{n \times m}$。

其中 $d_{ij} = y_{ij} / \sqrt{\sum_{i=1}^{n} y_{ij}^2}$　　式中 $i = 1, 2, \cdots, n$；$j = 1, 2, \cdots, m$

根据信息熵定义，评价矩阵 Y 第 j 个指标信息熵 e_j 为：

$$e_j = -\frac{1}{\ln m} \sum_{i=1}^{n} d_{ij} \ln d_{ij}$$

所有指标的总熵为 $E_0 = \sum_{j=1}^{n} e_j$

设定指标 j 的偏差为 $1 - e_j$，则 j 指标的熵权为：

$$W_j = (1 - e_j)/(m - E_0)$$

将层析分析法和熵权法确定的权重相结合，通过 $\lambda_j = w_j v_j / \sum_{j=1}^{n} w_j v_j$，计算指标综合权重 λ_j。

（四）基于 AHP - 熵权法共同配送利益分配模型的实施步骤

基于 AHP - 熵权法共同配送利益分配模型的实施步骤如下：

步骤一：根据电子商务末端共同配送的特点，确定影响共同配送的各因素及子因素，即确定准则层和指标层的指标。

步骤二：根据定量及定性方法确定各准则层及指标层的指标权重。

步骤三：根据熵权法确定各指标在决策中的重要程度。

步骤四：将层次分析法与熵权法结合起来确定综合权重。

步骤五：对影响共同配送的各因素及子因素进行标准化处理，确定各企业的最终评分。

步骤六：根据权重结果确定各参与共同配送联盟成员的利益分配值。

三、算例分析

假定某市四家快递公司（分别称为企业1、企业2、企业3、企业4）建立联盟进行末端共同配送工作。首先，将四家快递公司在该区域的网点进行整合，共设立20个网点。该区域在网点整合前，需要40个快递人员安排40辆车负责配送工作，该区域每月的快件数量大约为24万件。进行网点整合后，20个网点需要20个快递人员安排20辆车负责该区域的快件配送，也即节约了一半的人力资源成本和购车费、折旧及油耗成本。假定每位快递人员的工资、提成及福利支出平均约为0.5万元/月，每辆车的折旧、保险及维护成本约为0.1万元/月，每辆车的平均油耗约为0.2万元/月。则节约的人工成本约为10万元/月，车辆折旧、保险及维护成本约为2万元/月，油耗成本约为4万元/月，合计约为16万元/月。假定每派送一件快递的收入为1元/件，则合计为24万元/月。两项收益合计为40万元/月。

四家快递公司的资源投入量、配送工作量、服务贡献量及承担风险量如表5-24所示：

表5-24　共同配送影响因素

影响因素	具体指标	企业1	企业2	企业3	企业4
配送工作量	配送量（万件）	8.4	9.6	2.4	3.6
	绕行半径（公里）	5	9	2	4
服务贡献量	包裹量（万件）	6	10	3	5
	网点数量（个）	8	6	2	4
	服务质量	9	8	6	7.5
资源投入量	人员（人）	8	6	2	4
	车辆（辆）	8	6	2	4
承担风险量	延迟交货（件/百万件）	1	2	2.5	2.5
	货损货差（件/百万件）	2	4	5	5
	赔偿金额（元/百万件）	120	160	200	200

第一步，确定一级指标的权重。

方法：选择上述四家快递公司的物流快递管理人员和从事物流与供应链管理的专家共20名，对影响共同配送利益分配的各项因素进行评分，得到相应的一级指标权重（见表5-25）。

表 5 - 25　一级指标权重

一级指标	认为该项指标重要的人员数量	权重（%）
配送工作量	7	35
服务贡献量	6	30
资源投入量	4	20
承担风险量	3	15

第二步，确定各二级指标的权重 v_j。

对于配送工作量指标中的配送量和绕行半径的权重分配，根据配送收入和车辆折旧、维护及油耗成本的比例确定为 4∶1。即配送量的权重为 80%，绕行半径的权重为 20%。

对于服务贡献量指标中的包裹数量、网点数量及服务质量的权重分配，根据 20 名管理人员和专家的评分，得到权重为 5∶3∶2。即包裹数量的权重为 50%，网点数量的权重为 30%，服务质量的权重为 20%。

对于资源投入量指标中的人员和车辆的权重分配，根据人力资源成本和车辆折旧、维护和油耗成本的比例确定为 5∶3。即人员的权重为 62.5%，车辆的权重为 37.5%。

对于承担风险量指标中的延迟交货、货损货差及赔偿金额的权重分配，根据 20 名管理人员和专家的评分，得到权重为 1∶2∶2。即延迟交货的权重为 20%，货损货差的权重为 40%，赔偿金额的权重为 40%。

根据上述权重确定方法，得到各层级指标的权重如表 5 - 26 所示。

表 5 - 26　AHP 下各指标权重

影响因素	具体指标	权重分配
配送工作量 0.35	配送量（万件）0.8	配送量（万件）0.28
	绕行半径（公里）0.2	绕行半径（公里）0.07
服务贡献量 0.3	包裹量（万件）0.5	包裹量（万件）0.15
	网点数量（个）0.3	网点数量（个）0.09
	服务质量 0.2	服务质量 0.06
资源投入量 0.2	人员（人）0.625	人员（人）0.125
	车辆（辆）0.375	车辆（辆）0.075

影响因素	具体指标	权重分配
承担风险量 0.15	延迟交货（件/百万件）0.2	延迟交货（件/百万件）0.03
	货损货差（件/百万件）0.4	货损货差（件/百万件）0.06
	赔偿金额（元/百万件）0.4	赔偿金额（元/百万件）0.06

第三步，基于熵权法确定各指标的权重 w_j。

首先，根据熵权法的原理对表 5 - 1 的原始数据进行规范化处理，得到规范化矩阵 D。

$$D = \begin{pmatrix} 0.7054 & 0.3059 & 0.5371 & 0.7303 & 0.5843 & 0.7303 & 0.7303 & 0.4417 & 0.2390 & 0.3464 \\ 0.6393 & 0.3824 & 0.7005 & 0.5477 & 0.5194 & 0.5477 & 0.5477 & 0.4417 & 0.4781 & 0.4619 \\ 0.1543 & 0.5353 & 0.2102 & 0.1826 & 0.3895 & 0.1826 & 0.1826 & 0.5522 & 0.5976 & 0.5774 \\ 0.2645 & 0.6882 & 0.4203 & 0.3651 & 0.4869 & 0.3651 & 0.3651 & 0.5522 & 0.5976 & 0.5774 \end{pmatrix}$$

其次，计算评价矩阵 Y 第 j 个指标信息熵 e_j 和熵权 W_j。具体如表 5 - 27 所示。

第四步，通过公式 $\lambda_j = w_j v_j \big/ \sum_{j=1}^{n} w_j v_j$，计算指标综合权重 λ_j，具体如表 5 - 27 所示。

表 5 - 27　熵权法下各指标的熵权系数

系数	配送量	绕行半径	包裹量	网点数量	服务投诉率	人员	车辆	延迟交货	货损货差	赔偿金额
e_j	0.5091	0.5740	0.5539	0.5375	0.5958	0.5375	0.5375	0.5983	0.5690	0.5899
w_j	0.1116	0.09687	0.1014	0.1052	0.09192	0.1052	0.1052	0.09135	0.09801	0.09326
v_j	0.2800	0.07000	0.1500	0.09000	0.06000	0.1250	0.07500	0.03000	0.06000	0.06000
λ_j	0.3019	0.06552	0.1470	0.09148	0.05329	0.1271	0.07623	0.02648	0.05682	0.05406

第五步，对表 5 - 24 的指标进行标准化处理，结果如表 5 - 28 所示。

表 5 - 28　共同配送影响因素标准化（百分制）

影响因素	具体指标	企业 1	企业 2	企业 3	企业 4
配送工作量	配送量（万件）	40	36.25	8.75	15
	绕行半径（公里）	16	20	28	36

影响因素	具体指标	企业1	企业2	企业3	企业4
服务贡献量	包裹量（万件）	28.75	37.5	11.25	22.5
	网点数量（个）	40	30	10	20
	服务质量	29.51	26.23	19.67	24.59
资源投入量	人员（人）	40	30	10	20
	车辆（辆）	40	30	10	20
承担风险量	延迟交货（件/百万件）	22.22	22.22	27.78	27.78
	货损货差（件/百万件）	12.5	25	31.25	31.25
	赔偿金额（元/百万件）	17.65	23.53	29.41	29.41

根据各指标的权重，计算各个企业的得分，计算结果如表5-29所示。

表5-29 共同配送影响因素标准化

影响因素	具体指标	权重	企业1	企业2	企业3	企业4
配送工作量	配送量（万件）	0.3019	12.08	10.94	2.64	4.53
	绕行半径（公里）	0.06552	1.05	1.31	1.83	2.36
服务贡献量	包裹量（万件）	0.1470	4.23	5.51	1.65	3.31
	网点数量（个）	0.09148	3.66	2.74	0.91	1.83
	服务质量	0.05329	1.57	1.40	1.05	1.31
资源投入量	人员（人）	0.1271	5.08	3.81	1.27	2.54
	车辆（辆）	0.07623	3.05	2.29	0.76	1.52
承担风险量	延迟交货（件/百万件）	0.02648	0.59	0.59	0.74	0.74
	货损货差（件/百万件）	0.05682	0.71	1.42	1.78	1.78
	赔偿金额（元/百万件）	0.05406	9.54	12.72	15.90	15.90
合计	—		41.56	42.73	28.53	35.82

第六步，根据综合权重，确定共同配送的利益分配值。

由此，企业1分配到的利益为：

$$T1 = \frac{41.56}{41.56 + 42.73 + 28.53 + 35.82} \times 40 = 11.18（万元）$$

企业2分配到的利益为：

$$T2 = \frac{42.73}{41.56 + 42.73 + 28.53 + 35.82} \times 40 = 11.50 \text{（万元）}$$

企业 3 分配到的利益为：

$$T3 = \frac{28.53}{41.56 + 42.73 + 28.53 + 35.82} \times 40 = 7.68 \text{（万元）}$$

企业 4 分配到的利益为：

$$T4 = \frac{35.82}{41.56 + 42.73 + 28.53 + 35.82} \times 40 = 9.64 \text{（万元）}$$

该结果表明：投入越多的企业可以获得越多的收益。特别是配送工作量和服务贡献量对收益的影响较高。因此，企业要想获得较高的收益，一方面要加大各方面资源的投入，另一方面就是要提高配送工作量及服务质量。此种分配方案能引导快递联盟企业优化资源配置，提高服务质量，使联盟企业向着良性循环的方向发展，同时能有效地分配快递联盟企业的利益，达到公平、公正的目的。尽管层次分析法在权重分配方面存在一定的主观因素，但熵权法的客观性能较为有效地弥补层次分析法的不足，两种方法的结合不仅能合理分配联盟企业的利益，且限制条件较少、能综合考虑多种因素的影响，是一种较理想的解决利益分配问题的方法。

四、实施电商联盟式共同配送的若干建议

（一）搭建联盟式共同配送体系，实现利益共享

实施联盟式共同配送能实现物流资源共享与互补，达到规模经济和低碳配送的效果，具有良好的社会效益和经济效益。但由于其组织结构相对松散，存在合作竞争的共存性和管理的复杂性等可能导致共同配送体系的稳定性差的问题。因此，电子商务联盟式共同配送体系的构建需要建立在一系列的合作框架之上，制定合理的合作标准和要求，搭建利益共享平台，合作各方本着互惠互利、收益共享风险共担的理念，以达到在不降低配送服务质量的前提下降低合作各方的成本，提升合作各方的收益。

（二）制定科学的利益分配方法，稳定利益分配模式

电子商务联盟式共同配送体系作用的有效发挥有赖于制定合理的利益分配方案，该方案使联盟各方因加入该共同配送体系可获得额外的经济效益。利益分配优先需要考虑的是合作各方对于共同配送体系的贡献，可从配送工作量、服务贡

献量、资源投入量和承担风险量等四个方面进行考察，共同制定定量化的指标，以避免合作各方因对定性标准的认识不同带来的矛盾。利益分配模式上可采取 AHP 结合熵权法，通过熵权法权重确定客观性的优点修正 AHP 主观性的不足，形成稳定的利益分配方案，以促进联盟作用的有效发挥。

（三）建立联盟协同机制，保证可持续性发展

电子商务联盟式共同配送的组织结构松散性和合作竞争的共存性特点，不可避免地会导致联盟成员间出现由于利益分配不均带来的矛盾。因此，为保障联盟式共同配送的持续有效运行，需要制定一系列的激励机制、信任机制和监督机制，以降低联盟成员的趋利行为带来的不利影响。激励联盟成员信息共享，建立奖惩机制；建立开放透明的信息交流平台，促进成员之间的沟通协调；通过绩效监督和风险监控促进联盟成员维护联盟体系的共同利益。从而提升联盟体系的凝聚力，保证联盟体系运行的可持续性。

五、结语

在国家 2016 年最新出台的《全国电子商务物流发展专项规划（2016～2020年)》及《关于深入实施"互联网＋流通"行动计划的意见》两个文件中，有关政策的正确指引下，试点城市推行联盟式共同配送，能较为有效地解决物流配送的成本高昂、效率低下、交通拥挤、环境污染等现实问题。通过制定合理的标准和要求，搭建利益共享平台，吸引联盟企业积极加入。在保证配送服务质量的同时，通过合理优化流程降低配送成本，最大限度地发挥联盟作用。注重利益分配模式，制定科学的利益分配方法，将联盟成员的贡献进行量化考核，以公平公正的解决联盟企业的利益分配问题。此外，为保证联盟机制的持续长效运行，建立一系列协调机制，加强联盟企业间的沟通，维护联盟企业共同的利益，保障联盟体系的长远发展。可见，联盟式共同配送对加快物流网络体系、提高电子商务物流信息化水平、推动电子商务与物流快递的融合发展、构建开放共享的电商物流服务体系具有重要意义。

参考文献

[1] Alexander Sehone, Wolfgang Sehmid. On the joint distribution of a quadratic and a linear form in normal variables [J] . Journal of Multivariate Analysis, 2000 (2): 163 – 18.

[2] Armstrong, M. Competition in two – sided markets [J] . RAND Journal of Economics, 2006, 37 (3): 668 – 691.

[3] Bai, Q. , Chen, M. & Xu, L. Revenue and promotional cost – sharing contract versus two – part tariff contract in coordinating sustainable supply chain systems with deteriorating items [J] . International Journal of Production Economics, 187, 85 – 101.

[4] Cai, J. , Hu, X. , Tadikamalla, P. R. & Shang, J. Flexible contract design for vmi supply chain with service – sensitive demand: Revenue – sharing and supplier subsidy [J] . European Journal of Operational Research, 2017, 261 (1): 143 – 153.

[5] Chiang, W. Y. K. , Chhajed, D. & Hess, J. D. Direct marketing, indirect profits: A strategic analysis of dual – channel supply – chain design [J] . Management Science, 2003, 49 (1): 1 – 20.

[6] Dai J. Revenue sharing contract for a supply chain with demand depending on promotion and pricing [J] . Chinese Journal of Management, 2018, 15 (5): 774 – 781.

[7] Ellision, G. & Glaeser, E. L. Geographic concentration in U. S. manufacturing industries: A dartboard approach [J] . Journal of Political Economy, 1997 (105): 889 – 927.

[8] Ghazanfari, M. , Mohammadi, H. , Pishvaee, M. S. & Teimoury, E.

Fresh – product trade management under government – backed incentives: A case study of fresh flower market [J]. IEEE Transactions on Engineering Management, 2019, 66 (4): 774 – 787.

[9] Giri, B. C., & Sarker, B. R. Coordinating a multi – echelon supply chain under production disruption and price – sensitive stochastic demand [J]. Journal of Industrial & Management Optimization, 2019, 15 (4): 1631 – 1651.

[10] Heydari, J. & Ghasemi, M. A revenue sharing contract for reverse supply chain coordination under stochastic quality of returned products and uncertain remanufacturing capacity [J]. Journal of Cleaner Production, 2018, 197: 607 – 615.

[11] Huang, W. & Swaminathan, J. M. Introduction of a second channel: Implications for pricing and profits [J]. European Journal of Operational Research, 2009, 194 (1): 258 – 279.

[12] Hou, Y., Wei, F., Li, S. X., Huang, Z. & Ashley, A. Coordination and performance analysis for a three – echelon supply chain with a revenue sharing contract [J]. International Journal of Production Research, 2017, 55 (1): 202 – 227.

[13] Kaiser, U. & J. Wright. Price structure in two – sided markets: Evidence from the magazine industry [J]. Intenational Journal of Industrial Organization, 2006 (24): 1 – 28.

[14] Liu, P. & Yi, S. Investment decision – making and coordination of a three – stage supply chain considering data company in the big data era [J]. Annals of Operations Research, 2018, 270 (1): 255 – 271.

[15] Liu, X., Li, J., Wu, J. & Zhang, G. Coordination of supply chain with a dominant retailer under government price regulation by revenue sharing contracts [J]. Annals of Operations Research, 2017, 257 (1 – 2): 587 – 612.

[16] Luo, J. & Chen, X. Coordination of random yield supply chains with improved revenue sharing contracts [J]. European Journal of Industrial Engineering, 10 (1): 81 – 102.

[17] Meng, Q., Chen, J. & Qian, K. The complexity and simulation of revenue sharing negotiation based on construction stakeholders. Complexity, vol. 2018, Article ID 5698170.

[18] Mohammadi, H. , Ghazanfari, M. , Pishvaee, M. S. & Teimoury, E. The revenue and preservation – technology investment sharing contract in the fresh – product supply chain: A game – theoretic approach [J] . Journal of Industrial and Systems Engineering (JISE), 2018 (11): 132 – 149.

[19] Mohammadi, H. , Ghazanfari, M. , Pishvaee, M. S. & Teimoury, E. Fresh – product supply chain coordination and waste reduction using a revenue – and – preservation – technology – investment – sharing contract: A real – life case study [J] . Journal of Cleaner Production, 2019 (213): 262 – 282.

[20] Pace R. K. , Barry R. , Clapp J. M. , et al. Spatiotemporal autoregressive models of neighborhood effects [J] . Journal of Real Estate Finance & Economics, 1998, 17 (1): 15 – 33.

[21] Pang, Q. H. , Chen, Y. E. & Hu, Y. L. Coordinating three – level supply chain by revenue – sharing contract with sales effort dependent demand [J] . Discrete Dynamics in Nature and Society, 2014.

[22] Pang, Q. H. , Wu, X. Y. , Tan, M. L. & Cao, X. Y. Supply chain coordination using revenue – sharing contract with distributor's effort dependent demand [J] . International Journal of Simulation Modelling, 2015, 14 (2): 335 – 348.

[23] Pang, Q. , Hou, Y. & Lv, Y. Coordinating three – level supply chain under disruptions using revenue – sharing contract with effort dependent demand [J] . Mathematical Problems in Engineering, 2016.

[24] Peng, H. , Pang, T. , & Cong, J. Coordination contracts for a supply chain with yield uncertainty and low – carbon preference [J] . Journal of Cleaner Production, 2018 (205): 291 – 302.

[25] Raza, S. A. Supply chain coordination under a revenue – sharing contract with corporate social responsibility and partial demand information [J] . International Journal of Production Economics, 2018 (205): 1 – 14.

[26] Rochet, J. & J. Tirole. Platform competition in two – sided markets [J] . Journal of the European Economic Association, 2003 (1): 990 – 1029.

[27] Sang, S. Revenue sharing contract in a multi – echelon supply chain with fuzzy demand and asymmetric information [J] . International Journal of Computational

Intelligence Systems, 2016, 9 (6): 1028 – 1040.

[28] Sheu J. B. A novel dynamic resource allocation model for demand – responsive city logistics distribution operations [J]. Transportation Research Part E, 2006, 42 (6): 445 – 472.

[29] Song, H. & Gao, X. Green supply chain game model and analysis under revenue – sharing contract [J]. Journal of Cleaner Production, 2018 (170): 183 – 192.

[30] Toshinori Nemoto. Experiment on co – operative parcel pick – up system using the Internet in the central business district in Tokyo [J]. City Logistics, 2003.

[31] Wu, Z., Feng, L. & Chen, D. Coordinating pricing and advertising decisions for supply chain under consignment contract in the dynamic setting [J]. Complexity, vol. 2018, Article ID 7697180.

[32] Xie, J., Zhang, W., Liang, L., Xia, Y., Yin, J. & Yang, G. The revenue and cost sharing contract of pricing and servicing policies in a dual – channel closed – loop supply chain [J]. Journal of Cleaner Production, 2018 (191): 361 – 383.

[33] Yan, N., Liu, Y., Xu, X., & He, X. Strategic dual – channel pricing games with e – retailer finance [J]. European Journal of Operational Research, 2020, 283 (1): 138 – 151.

[34] Yan, R., & Pei, Z. Retail services and firm profit in a dual – channel market [J]. Journal of Retailing and Consumer Services, 2009, 16 (4): 306 – 314.

[35] Yan Z., Liu, L., Bai S. & Chen W. Coordinating supply chain under "hunger marketing" using revenue sharing contract [J]. Management Review, 2017, 29 (2): 69 – 78.

[36] Yuan Y., Ju, S., Fan, Y. & Bian, W. The revenue – sharing model of logistics service supply chain for online seafood retailing [J]. Journal of Coastal Research, 2019, 94: 659 – 665.

[37] Zabihi, F. & Bafruei, M. K. Supply chain coordination using revenue sharing contract with price discount and stochastic demand dependent on time and price [J]. International Journal of Integrated Supply Management, 2016, 10 (2): 132 – 150.

［38］Zhang, J., Liu, G., Zhang, Q. & Bai, Z. Coordinating a supply chain for deteriorating items with a revenue sharing and cooperative investment contract ［J］. Omega, 2015 (56): 37 - 49.

［39］Zhao, H., Song, S., Zhang, Y., Gupta, J. N., Devlin, A. G. & Chiong, R. Supply chain coordination with a risk - averse retailer and a combined buy - back and revenue sharing contract ［J］. Asia - Pacific Journal of Operational Research (APJOR), 2019, 36 (5): 1 - 23.

［40］Zhao, J., Zhou, Y. W., Cao, Z. H. & Min, J. The shelf space and pricing strategies for a retailer - dominated supply chain with consignment based revenue sharing contracts ［J］. European Journal of Operational Research, 2020, 280 (3): 926 - 939.

［41］Zhao, L., Li, L., Song, Y., Li, C. & Wu, Y. Research on pricing and coordination strategy of a sustainable green supply chain with a capital - constrained retailer ［R］. Complexity, 2018, Article ID 6845970.

［42］Zhong, Y., Guo, F., Wang, Z. & Tang, H. Coordination analysis of revenue sharing in e - Commerce logistics service supply chain with cooperative distribution ［J］. SAGE Open, 2019, 9 (3): 1 - 15.

［43］Zou, H., Qin, J., Yang, P. & Dai, B. A coordinated revenue - sharing model for a sustainable closed - loop supply chain ［J］. Sustainability, 2018, 10 (9): 3198.

［44］王大飞, 张旭梅, 周茂森, 高华丽, 但斌. 考虑与消费者策略行为的产品服务供应链动态定价与协调 ［J］. 系统工程理论与实践, 2017, 37 (12): 3052 - 3065.

［45］王子敏. 经济增长、互联网发展与快递业的关系研究 ［J］. 北京交通大学学报 (社会科学版), 2012 (3): 63 - 67 + 73.

［46］王利, 王勇, 姜林. 物流服务水平影响需求的3PL参与下的供应链协调研究 ［J］. 科技管理研究, 2013 (22): 205 - 210.

［47］王宏涛, 陆伟刚. 基于双边市场理论的互联网定价模式与反垄断问题研究 ［J］. 华东经济管理, 2012 (6): 69 - 74.

［48］王君君, 陈兆波, 田春英, 姚锋敏. 规模经济下考虑策略式顾客的供

应链协调策略［J］．软科学，2018，32（8）：112 - 116.

［49］王玫，兰洪杰．城市物流性能及其评价指标体系构建［J］．北京交通大学学报（社会科学版），2015（4）：107 - 113.

［50］王宝义．中国快递业发展的区域差异及动态演化［J］．中国流通经济，2016（2）：36 - 44.

［51］王积田，任玉菲．产业技术创新战略联盟利益分配模型研究［J］．哈尔滨商业大学学报（社会科学版），2013（4）：59 - 66.

［52］王雪冬，董大海．商业模式创新概念研究述评与展望［J］．外国经济与管理，2013（11）：29 - 36 + 81.

［53］王程，王涛，蒋远胜．西部地区生鲜农产品物流水平评价和发展模式选择［J］．软科学，2014（2）：136 - 139.

［54］王鹏，陈向东．基于改进夏普利值的物流企业战略联盟利益分配机制研究［J］．统计与决策，2011（12）：48 - 50.

［55］邓琪，余利娥．基于产业关联的安徽省物流需求预测［J］．统计与决策，2013（17）：109 - 111.

［56］左鹏．共同配送——实现供应链管理的途径［J］．物流工程与管理，2002（6）：29 - 31.

［57］申海波．城市户外广告大牌媒体定价影响因素的实证研究［J］．统计与决策，2013（14）：100 - 102.

［58］田帅辉，刘宇．中国电子商务与快递业复合系统协同度评价［J］．技术经济，2018（2）：85 - 90.

［59］田刚，马志强，梅强等．考虑创新激励的物流企业与制造企业共生利益分配模式研究［J］．预测，2014，33（4）：64 - 69.

［60］代建生．促销和定价影响需求下供应链的收益共享契约［J］．管理学报，2018，15（5）：774 - 781.

［61］冯居易，罗养霞，张娜娜．我国电子商务与快递业的长短期关系研究——基于协整理论和误差修正模型的实证研究［J］．技术经济与管理研究，2018（9）：13 - 17.

［62］尼科斯·A. 萨林加罗斯．城市结构原理［M］．北京：中国建筑工业出版社，2001：19.

［63］朱宝琳，戚亚萍，戢守峰，邱若臻，崔世旭．不确定条件下三级供应链收益共享契约研究［J］．工业工程与管理，2016，21（5）：69－75.

［64］伍星华，姚珣，李思寰．低碳物流服务供应商选择的 GST－ANP 模型研究［J］．科技管理研究，2015（20）：253－258.

［65］刘丹，卢伟伟．我国电子商务业与快递业的协同发展路径［J］．技术经济，2014（2）：45－49.

［66］刘丹，修菊华．全产业链下物流业服务贡献研究［J］．商业经济研究，2017（23）：87－89.

［67］刘玉霜，张纪会．零售商价格竞争下的最优决策与收益共享契约［J］．控制与决策，2013（2）：269－274.

［68］刘似臣，董新新，戴梓轩．中国快递业发展状况——基于内、外资的对比研究［J］．调研世界，2016（5）：7－12.

［69］刘国荣．动态需求下快递同时取送路径优化问题研究［D］．重庆大学，2018.

［70］刘承良．武汉城市零售业空间布局变动研究［J］．现代城市研究，2006（4）：45－52.

［71］刘思峰．灰色系统理论及其应用［M］．北京：科学出版社，2013.

［72］齐爱民，马春晖．协同创新下我国知识产权利益分享的法律构建［J］．江西社会科学，2017，37（9）：171－178.

［73］关高峰，董千里．物流发展水平视角下区域物流网络构建研究——基于湖北省16个地市、州2012年截面数据的实证分析［J］．学术论坛，2013，36（9）：99－105.

［74］汤文彬．我国房地产价格影响因素实证分析［J］．价格理论与实践，2016（1）：119－121.

［75］许和连，邓玉萍．外商直接投资、产业集聚与策略性减排［J］．数量经济技术经济研究，2016，33（9）：112－128.

［76］孙学琴，王宝义．中国电商与快递协同发展的影响因素及未来趋势［J］．中国流通经济，2015（7）：17－24.

［77］苏玉峰．河南省航空物流业发展策略研究——以郑州机场为例［J］．价格月刊，2016（3）：50－54.

[78] 李玉民. 中国快递业集聚发展时空特征研究 [J]. 工业技术经济, 2017 (12): 99-105.

[79] 李军, 朱先奇, 姚西龙等. 供应链企业协同创新利益分配策略——基于夏普利值法改进模型 [J]. 技术经济, 2016, 35 (9): 122-126.

[80] 李宝库, 吴正祥, 郭婷婷. 考虑零售商公平偏好的两级供应链收益共享契约机制 [J]. 软科学, 2016, 30 (5): 130-135.

[81] 李剑, 姜宝. 物流产业集聚对区域经济增长影响研究——基于省际数据的空间计量分析 [J]. 中南大学学报 (社会科学版), 2016, 22 (4): 103-110+115.

[82] 李晓超, 倪玲霖, 林国龙. 浙江省邮政业的产业关联与波及分析 [J]. 运筹与管理, 2016 (8): 195-202.

[83] 李娟, 王琴梅. 基于效率视角的河南省物流业发展质量研究 [J]. 管理学刊, 2019 (2): 25-35.

[84] 李磊, 张敏, 王炯. 完善我国快递业价格形成机制的研究——浅谈分步法在快递定价中的应用 [J]. 价格理论与实践, 2013 (6): 54-55.

[85] 杨申燕, 胡斌. 物流信息服务产品的定价决策 [J]. 统计与决策, 2014 (10): 54-56.

[86] 杨萌柯, 周晓光. "互联网+" 背景下快递末端协同配送模式的构建 [J]. 北京邮电大学学报 (社会科学版), 2015 (6): 45-50+57.

[87] 吴昊, 谭克虎. 快递业对经济社会发展的作用分析 [J]. 经济问题探索, 2014 (2): 48-51.

[88] 吴琨, 熊成扬, 林蓉. 创新驱动背景下知识主导型技术联盟利益分配路径研究 [J]. 科技进步与对策, 2015 (21): 13-16.

[89] 吴喜雁, 周建波. 大众参与众筹投资决策影响因素分析 [J]. 科技进步与对策, 2015 (12): 12-16.

[90] 吴鹏. 协同创新视角下的快递业发展路径研究 [J]. 暨南学报 (哲学社会科学版), 2017, 39 (3): 25-29.

[91] 何喜军, 武玉英, 蒋国瑞. 基于 Shapely 修正的供应网络利益分配模型研究 [J]. 软科学, 2014, 28 (2): 70-73.

[92] 汪海, 王喆. 促进快递业健康发展的思考 [J]. 宏观经济管理, 2016

（10）：64 - 68.

［93］沈丹阳，何仕奇．我国航空公司国内快递运价研究［J］．云南社会科学，2015（2）：64 - 67.

［94］沈颂东，亢秀秋．大数据时代快递与电子商务产业链协同度研究［J］．数量经济技术经济研究，2018（7）：41 - 58.

［95］宋华，胡左浩．现代物流与供应链管理［M］．北京：经济管理出版社，2002.

［96］张于喆．中国特色自主创新道路的思考：创新资源的配置、创新模式和创新定位的选择［J］．经济理论与经济管理，2014（8）：5 - 19.

［97］张运生，张利飞等．高科技企业创新生态系统技术标准多边许可定价研究［J］．软科学，2013（12）：126 - 129.

［98］张雨濛，王震．多级双渠道供应链的联合契约研究［J］．中国管理科学，2015，23（S1）：537 - 542.

［99］张振刚，陈志明，余传鹏．企业创新路线图：理论基础与概念框架［J］．管理学报，2014（12）：1826 - 1833.

［100］陈永锋，韩姣．山西快递业与相关主体产业关联度研究分析［J］．物流技术，2014（11）：218 - 220.

［101］陈伟，张永超，马一博等．基于 AHP - GEM - Shapley 值法的低碳技术创新联盟利益分配研究［J］．运筹与管理，2012，21（4）：220 - 226.

［102］陈阳，马驷，赵睿．竞争条件下快运货物班列定价研究［J］．铁道科学与工程学报，2016（3）：590 - 594.

［103］陈治国，杜金华，李红．物流业的产业影响效应及其政策启示——基于全国 35 个大中城市面板数据的实证研究［J］．中国流通经济，2018，32（12）：31 - 40.

［104］陈思伟．快递站点货柜存储空间动态分配优化研究［D］．南京理工大学，2015.

［105］陈洪满．物流配送动态车辆路径优化研究［D］．兰州交通大学，2015.

［106］陈宾．电子商务与快递业的互动关系研究——基于 VAR 模型的动态实证分析［J］．福建师范大学学报（哲学社会科学版），2016（1）：63 - 69 + 82.

［107］武淑萍，于宝琴．电子商务与快递物流协同发展路径研究［J］．管理评论，2016（7）：93－101.

［108］林光平，龙志和，吴梅．中国地区经济 σ－收敛的空间计量实证分析［J］．数量经济技术经济研究，2006（4）：14－21＋69.

［109］罗能生，李建明．产业集聚及交通联系加剧了雾霾空间溢出效应吗？——基于产业空间布局视角的分析［J］．产业经济研究，2018（4）：52－64.

［110］周应恒，刘常瑜．"淘宝村"农户电商创业集聚现象的成因探究——基于沙集镇和颜集镇的调研［J］．南方经济，2018（1）：62－84.

［111］周珍，张强等．基于直觉模糊集的电子商务第三方物流选择［J］．运筹与管理，2015（5）：18－23.

［112］孟丁．平台企业竞争战略框架及策略性行为研究［J］．华东经济管理，2013（1）：107－112.

［113］孟丽君，黄祖庆，郭小钗．二级物流服务供应链的契约协调机制研究［J］．运筹与管理，2014（4）：107－115.

［114］赵玉洲，张慧峰，王帆．我国快递服务定价机制改革及相关建议［J］．价格月刊，2016（4）：12－17.

［115］赵秀丽，郭梅．基于熵权的供应链物流能力综合评价［J］．科技管理研究，2013，33（2）：200－202.

［116］胡凯．快递业与制造业协同发展：转型升级的有效路径［J］．中国发展观察，2016（9）：31－33.

［117］胡海青，李智俊，张道宏．基于改进 Raiffa 解的产业集群收益分配策略研究［J］．经济问题，2011（2）：36－39.

［118］柳谊生，李鸿磊．产业发展视角下中国快递业发展的实证研究［J］．首都经济贸易大学学报，2017（1）：66－73.

［119］钟昌宝，钱康．长江经济带物流产业集聚及其影响因素研究——基于空间杜宾模型的实证分析［J］．华东经济管理，2017，31（5）：78－86.

［120］钟耀广，唐元松．基于"源创新"理论的电子商务共同配送体系创新［J］．贵州社会科学，2016（1）：168－142.

［121］段华薇，严余松．高铁快递与传统快递合作定价的 Stackelberg 博弈模型［J］．交通运输系统工程与信息，2015（5）：10－16.

［122］侯石安，胡杨木. 现代物流、要素投入对贵州农业经济增长的影响——基于贵州省 1995－2018 年时间序列数据［J］. 贵州社会科学，2019（3）：126－132.

［123］侯海涛. 基于空间计量的河南省经济与物流集聚研究［J］. 统计与决策，2017（7）：110－112.

［124］侯祥鹏. 基于投入产出法的我国省际物流业发展比较［J］. 中国流通经济，2013（1）：48－64.

［125］姜波. 我国快递企业面临的挑战与发展对策［J］. 商业研究，2012（5）：156－164.

［126］姜玲，苏楚楠，温锋华，王丽龄. 基于拥挤收费定价模型的高速公路收费政策研究［J］. 管理评论，2013（12）：25－31.

［127］秦星红，苏强，洪志生，王世进. 服务质量约束下网络商店与物流服务商协调模型［J］. 同济大学学报（自然科学版），2014（9）：1444－1451.

［128］聂正彦，李帅. 物流业对中国经济增长影响的区域差异——基于 1998－2013 年省级面板数据的实证分析［J］. 产经评论，2015，6（5）：92－100.

［129］郭云，谭克虎. 快递业规模经济与我国快递业的发展［J］. 兰州学刊，2015（2）：184－190.

［130］郭月凤，郭程轩，杨玉匀等. 中国快递服务发展的区域差异研究［J］. 华南师范大学学报（自然科学版），2013（4）：119－124.

［131］唐为民. 级差地租理论在城市规划中的应用［J］. 经济地理，1993，13（1）：51－53.

［132］唐建荣，张鑫和. 物流业发展的时空演化、驱动因素及溢出效应研究——基于中国省域面板数据的空间计量分析［J］. 财贸研究，2017，28（5）：11－21.

［133］宾厚，汪妍蓉，单泪源. 基于模糊综合评价法的城市共同配送风险评价研究［J］. 科技管理研究，2015（8）：52－56.

［134］宾厚，张伟康，王欢芳. 基于生态因素的城市共同配送利益分配研究［J］. 求索，2016（12）：99－103.

［135］黄先军. 模糊物元模型在物流服务商评价与选择中的应用［J］. 统计与决策，2015（12）：80－82.

［136］黄玮青，安仲文，陈娅娜．铁路快运物流市场化研究［J］．铁道运输与经济，2015（12）：12 – 15.

［137］黄栋，吴宸雨．我国风电发展的障碍与对策：基于" 源创新" 理论的分析［J］．科技管理研究，2014（13）：11 – 15.

［138］曹巍，刘南．终端网点参与下物流外包的协调策略研究［J］．管理工程学报，2015，29（4）：194 – 204.

［139］龚新蜀，张洪振．物流产业集聚的经济溢出效应及空间分异研究——基于丝绸之路经济带辐射省份面板数据［J］．工业技术经济，2017，36（3）：13 – 19.

［140］盛晏．中国物流业的经济效应及其变动分析——基于历次投入产出表视角［J］．工业技术经济，2012（2）：129 – 135.

［141］梁红艳，王健．物流业与制造业的产业关联研究——基于投入产出表的比较分析［J］．福建师范大学学报（哲学社会科学版），2013（2）：70 – 78.

［142］梁招娣，陈小平，孙延明．基于多维度 Nash 协商模型的校企合作创新联盟利益分配方法［J］．科技管理研究，2015，337（15）：203 – 207.

［143］梁雯，柴亚丽．我国电子商务与快递物流协同发展路径研究［J］．湖南社会科学，2018（5）：141 – 148.

［144］董芝芳．基于共同配送的城市快递各等级网点布局研究［D］．大连理工大学，2017.

［145］韩小改．大数据时代电子商务物流信息反馈机理研究［J］．江西社会科学，2014，34（8）：232 – 235.

［146］覃运梅．基于快递柜的快递物流系统优化研究［D］．东南大学，2017.

［147］童心，于丽英．基于商业生态系统的技术创新与商业模式创新耦合机制研究［J］．科技进步与对策，2014（12）：17 – 22.

［148］曾德明，张丹丹，张磊生．高技术产业技术创新战略联盟利益分配研究［J］．经济与管理研究，2015（7）：119 – 126.

［149］温卫娟，邬跃，唐秀丽．共同配送协同效应评价体系构建［J］．中国流通经济，2015（10）：21 – 27.

［150］谢德荪．源创新：转型期的中国企业创新之道［M］．北京：五洲传

播出版社，2012．

　　［151］鄢章华，刘蕾，白世贞，陈伟．基于收益共享契约的"饥饿营销"模式供应链协调研究［J］．管理评论，2017，29（2）：69－78．

　　［152］蒲徐进，诸葛瑞杰，包含．零售商风险规避和公平关切对供应链运作的影响研究［J］．软科学，2014，28（7）：76－81．

　　［153］熊峰，方剑宇，袁俊，金鹏．盟员行为偏好下生鲜农产品供应链生鲜努力激励机制与协调研究［J］．中国管理科学，2019，27（4）：115－126．

　　［154］颜波，李鸿媛，胡蝶．物流与价格双重竞争下产品替代对供应链决策的影响［J］．科技管理研究，2015（15）：108－117．

　　［155］潘冬，刘东皇等．信息化背景下物流网络资源动态整合能力评价指标体系的构建——基于模糊评价法［J］．兰州学刊，2015（3）：147－153．